David Clutterbuck/Susan Kernaghan

Empowerment

David Clutterbuck/Susan Kernaghan

Empowerment

So entfesseln Sie die Talente Ihrer Mitarbeiter

 verlag
moderne industrie

Die Deutsche Bibliothek – CIP-Einheitsaufnahme

Clutterbuck, David:
Empowerment: So entfesseln Sie die Talente Ihrer Mitarbeiter / David Clutterbuck,
Susan Kernaghan.
[Aus dem Engl. von Helga Höhlein]. – Landsberg/Lech: Verl. Moderne Industrie, 1995
    ISBN 3-478-35290-8
NE: Kernaghan, Susan:

© Clutterbuck Associates 1994
Kogan Page Limited, Großbritannien
Titel der englischen Originalausgabe: „The Power of Empowerment"
Aus dem Englischen übersetzt von Helga Höhlein

Umschlaggestaltung: Liebe & Partner, 86899 Landsberg
Satz: Typo Grafik Jackscha, 86874 Tussenhausen
Druck und Bindearbeiten: Friedrich Pustet, 93051 Regensburg
Printed in Germany 350 290/059501
ISBN 3-478-35290-8

Inhalt

Vorwort

Empowerment – ein Machtpotential

Das vorliegende Buch ist aus zunehmender Frustration entstanden. Management-Moden kommen und gehen – ich habe in den vergangenen 20 Jahren genug davon erprobt und eingesetzt, um zu der folgenden Erkenntnis zu gelangen: Meistenteils handelt es sich schlicht um neue Betrachtungsweisen gegenüber Sachverhalten, die jeder erfolgreiche Manager ohnehin längst kennt, aber nicht recht zu formulieren oder zu systematisieren versteht. Zudem entwickelt jedes neue Konzept schnell ein die Vorstellungen seines Urhebers sprengendes Eigenleben, wenn auch noch andere ihre Interpretationen einbringen.

Empowerment hat diesen Reifeprozeß in Windeseile durchgemacht – so schnell, daß es kaum möglich erscheint, zu einem einigermaßen vernünftigen Konsens zu gelangen, was genau darunter zu verstehen ist. Bei meinen Besuchen in Unternehmen rund um die Welt habe ich Organisationen kennengelernt, für die Empowerment die völlige Auflösung der Managementstruktur zugunsten eines semi-egalitären Ideals bedeutet. Andere Unternehmen sehen in Empowerment kaum mehr als das Delegieren von Aufgaben. Wieder andere betrachten Empowerment lediglich als Teil eines umfassenden Veränderungsprogramms wie *Total Quality Management,* in dessen Rahmen den Mitarbeitern gerade so viel Eigenverantwortung zugestanden wird, daß sie ihrer Aufgabe – der Erfüllung von Kundenbedürfnissen – gerecht werden, auf andere entscheidende Fragen bezüglich ihres Arbeitsplatzes jedoch wenig oder gar keinen Einfluß nehmen können.

Die Argumente, die solch unterschiedlichem Verständnis von Empowerment zugrunde liegen, sind gleichermaßen vielfältig, doch wird gewöhnlich darauf verwiesen, daß sich der Gesamtprozeß für die einzelnen Mitarbeiter ebenso vorteilhaft auswirkt wie für das ganze Unternehmen. Diese Ansicht wird von den Mitarbeitern allerdings nicht immer geteilt: Nur zu häufig gerät Empowerment zur Übertragung von mehr Verantwortung für weniger Lohn. Zudem sehen sich die Mitarbeiter in solchen Fällen kaum in der Lage, *nein* zu sagen.

Überhaupt ist es durchaus einer Überlegung wert, ob die Zahl der Empowerment-Opfer nicht möglicherweise größer ist als die der Nutznießer. Selbst auf mittleren Führungsebenen, wo – der Theorie zufolge – Machtteilung gar Macht*zuwachs* bedeuten soll, sieht die Realität eher so aus, daß ein betroffener Manager durch Empowerment vollends aus seiner Position verdrängt wird.

Es kann daher nicht überraschen, wenn ich in den Organisationen von Mitarbeitern aller Führungsebenen zu hören bekam, sie seien einigermaßen frustriert darüber, nicht zu wissen, was Empowerment wirklich *ist* – und sein *sollte.* Doch der Versuch, Empowerment in eine Standarddefinition zu pressen, wäre genauso undurchführbar – und vermutlich unerwünscht – wie das Bestreben, „korrektes Englisch" (oder „korrektes Deutsch") festzuschreiben. Dagegen erschien die Absicht, die im Unternehmensalltag ablaufenden Prozesse zu begreifen und einige Aspekte erfolgreichen Vorgehens aufzuzeichnen, durchaus praktikabel und sinnvoll. Genau dies haben wir uns in unserem Buch zum Ziel gesetzt.

Die Abstimmung über geeignete Untersuchungsmethoden und über die Strukturierung des Buches führte uns unweigerlich in eine Diskussion darüber, ob nicht der Ausdruck Empowerment als solcher ein Hindernis sein könnte. Schließlich haben sich einige sehr erfolgreiche internationale Unternehmen wie die *British Airways* dafür entschieden, statt dessen von „Übernahme von Verantwortung" zu sprechen, um keine Verwirrung hinsichtlich der Zielvorstellung aufkommen zu lassen. Allerdings sind alle Alternativen, die wir ermitteln konnten, letztlich gleichermaßen vielseitig zu deuten. Wir gelangten also zu der Schlußfolgerung, daß es wohl doch nicht weiter wichtig ist, welchen Namen man der Rose *Empowerment* gibt, solange sie den Mitarbeitern hilft,

– mehr Kontrolle über ihre Arbeitsplätze und ihr Arbeitsumfeld auszuüben,
– ihren Beitrag als Individuen wie auch als Teammitglieder zu steigern und
– Möglichkeiten zur persönlichen Entfaltung und Selbstverwirklichung zu nutzen.

10

Wie diese Aufgaben im Einzelfall gelöst werden, ist von der Unternehmenskultur und den speziellen betrieblichen Umständen abhängig, aber generell sind wir zu der Ansicht gelangt, daß Empowerment weniger einen Prozeß oder eine Technik als vielmehr eine Zielvorstellung bedeutet. Eine solche Sichtweise läßt sich auch besser mit der Vielzahl vorangegangener „neuer" Managementtechniken wie semi-autonome Arbeitsgruppen, Qualitätszirkel und „360°-Beurteilung" in Einklang bringen: All diese Techniken scheinen beim Empowerment eine Rolle zu spielen, sind als solche aber nicht umfassend genug.

Einer anderen Betrachtungsweise zufolge ist Empowerment als ein Syndrom mit vielen möglichen Symptomen zu verstehen, von denen in einem Unternehmen jeweils nur einige zum Tragen kommen.

Aus all unseren Gesprächen mit Dutzenden von Unternehmen über ihr Verständnis von Empowerment lassen sich vier entscheidende Erfolgskriterien ableiten:

- Erarbeitung eines klaren Konzepts bezüglich Ihres Verständnisses von Empowerment (oder wie immer Sie die Zielvorstellung benennen mögen, Ihre Mitarbeiter zu ermächtigen) sowie klare und ausführliche Bekanntgabe dieses Konzepts gegenüber den Mitarbeitern sämtlicher Führungsebenen – und in vielen Fällen auch gegenüber Ihren Kunden;
- absolute Ehrlichkeit im Hinblick auf die Gründe für die Investition zeitlicher und materieller Ressourcen in ein Vorhaben, das wohl in den meisten Organisationen erhebliche Veränderungen in Unternehmenskultur, Systemen und Infrastruktur nach sich zieht;
- realistische Einschätzung von Arbeitsaufwand, erforderlichem Engagement und Zeitbedarf;
- ehrliches Interesse an der Herbeiführung solcher Veränderungen – Einsicht und die feste Überzeugung, daß dieser Wandel für das langfristige Überleben der Organisation unerläßlich ist.

Mit unserem Buch wollen wir zunächst versuchen, ein wenig Klarheit in die verschiedenen Auffassungen von Empowerment und die zugrundeliegenden Prinzipien zu bringen. Dann werden wir einige der wichtigsten Bausteine betrachten – Organisationsstrukturen, Teamarbeit und Ansätze zur Verhaltensänderung sowohl bei den Führungskräften als auch bei den

Mitarbeitern vor Ort. Ganz besonders wollen wir uns mit Empowerment auf dem Dienstleistungssektor befassen, bevor wir uns dann der Frage zuwenden, wie Sie sich selbst Empowerment verschaffen können. Abschließend werden wir durch Fallstudien von Unternehmen aus Großbritannien, Europa und den Vereinigten Staaten die verschiedenen Möglichkeiten im Rahmen von Empowerment-Initiativen veranschaulichen.

Einige der erfolgreichsten Beispiele für Empowerment habe ich in kleinen Pionierunternehmen schon vor 20 Jahren kennengelernt (erfolgreich sowohl für die Organisationen als auch für die darin arbeitenden Mitarbeiter). Da gab es zum Beispiel eine kleine australische Elektronikfirma, bei der die Belegschaft selbst darüber entschied, wer welche Arbeiten übernehmen sollte und wie hoch die Gehälter zu bemessen wären. Eindrucksvoll war auch die Situation eines kalifornischen Einzelhändlers, dessen Mitarbeiter persönlich darüber befanden, welcher Verdienst und wieviel Urlaub ihnen zustehen sollten. Die Herausforderung heute besteht nun darin, solche von großem Vertrauen und engagierten Mitarbeitern geprägten Unternehmenskulturen auf Organisationen zu übertragen, die Hunderte oder gar Tausende von Arbeitnehmern beschäftigen. Wie unsere Fallstudien zeigen, *kann dies gelingen*. Doch bedarf es dazu Zeit, äußerster Anstrengungen und der Bereitschaft, vorübergehend ein hohes Maß an Unbequemlichkeit in Kauf zu nehmen. Auch die Rose *Empowerment* ist nicht ohne Dornen: Wer sie bricht und keinen Schmerz verspürt, dem entfaltet sich vermutlich auch nicht ihre Wirkkraft!

Kapitel 1
Empowerment – für wen?

Empowerment ist das unternehmerische Äquivalent zum Jungbrunnen.

Management-Autor Peter Kizilos[1]

Wenn ich das Wort Empowerment höre, sehe ich rot. Nichts als neue Schläuche für alten Wein.

Bernard Taylor, Professor für Unternehmenspolitik am Henley Management College[2]

Immer diese Schlagworte! Empowerment? Unsinn! Die Leute müssen wissen, was sie zu tun haben.

W. Edward Deming, Mitbegründer des TQM

Im November 1993 stellte sich Kevan Robinson, einer der Betriebsköche bei *Walkers Smiths Snack Foods* in Lincoln, vor die versammelte Führungsmannschaft des Unternehmens und forderte 25000 englische Pfund für die Einrichtung einer neuen Gewürzautomatik an seinem Produktionsband.

Robinsons Mitarbeiter hatten Untersuchungen durchgeführt, aus denen hervorging, daß die neue Maschine die Qualität und damit die Verkaufschancen der von ihnen hergestellten Imbißhappen verbessern würde.

Mit Projekten wie diesen hoben sich Robinson und seine Kollegen deutlich von der großen Mehrzahl der Fabrikarbeiter ab, die meist mehr Geschicklichkeit bei ihren täglichen Fahrten zur und von der Arbeit aufbringen als zu irgendeinem Zeitpunkt im Verlauf ihres Arbeitstages. Ein ungeheuer großes Potential an Innovation, Intelligenz und Gehirnkapazität

(*„free brain power"*, wie Geoff Tempest, einer der Arbeiter an den Verpackungsmaschinen von *Walkers Smiths,* sich ausdrückte) bleiben in der Industrie ungenutzt. Die meisten Unternehmen vergeuden solche Kräfte – was ihnen im Traum nicht einfiele, wenn es sich um konkrete Rohstoffe handeln würde.

Nur langsam wachen die Unternehmen auf und erkennen die Vorzüge, die sich ihnen bieten, wenn sie die Fähigkeiten ihrer Mitarbeiter fördern und ihnen entsprechende Eigenverantwortung zugestehen. Die Ergebnisse der Erhebung zur Beschäftigungssituation in Großbritannien *(Employment in Britain Survey)* von 1993 deuten darauf hin, daß sich die britischen Arbeitnehmer – zumindest in einigen Bereichen – mit größeren Verantwortungen betraut sehen als noch vor wenigen Jahren.

63 Prozent der befragten Arbeitnehmer gaben an, das Niveau ihrer Arbeit habe sich in den vergangenen fünf Jahren erhöht, und 70 Prozent meinten, sie hätten Einfluß auf Routineentscheidungen hinsichtlich Umfang und Qualität ihrer Arbeit; auch wies ein erheblich größerer Prozentsatz als im Jahr 1984 darauf hin, man sei an der Entscheidungsfindung über die eigenen Arbeitsaufgaben beteiligt.

Es überrascht nicht, daß die befragten Arbeitnehmer größere Zufriedenheit mit den Ergebnissen der technischen und organisatorischen Veränderungen zeigten, wenn sie selbst am Prozeß der Entscheidungsfindung beteiligt waren.[3]

Allerdings scheint diese jüngst ermittelte Einflußnahme noch nicht so weit ausgeprägt zu sein, wie es die Arbeitnehmer gern sähen. Nur 32 Prozent der Befragten waren der Meinung, sie könnten Einfluß auf umfassende Veränderungen bezüglich ihrer Arbeitsorganisation nehmen, während 49 Prozent ein größeres Mitspracherecht bei solchen Entscheidungen wünschten.

Eine kürzlich durchgeführte Umfrage unter amerikanischen Arbeitern[4] ließ ähnliche Reaktionen erkennen: 64 Prozent der Befragten meinten, in ihren Unternehmen würde Empowerment gefördert, während 86 Prozent die Ansicht vertraten, die Unternehmensleiter brächten es nicht fertig, in die Praxis umzusetzen, was sie predigten.

1. Was ist Empowerment?

Zum Teil sind die Verständnis- und Umsetzungsprobleme in bezug auf Empowerment auf die Schwierigkeit zurückzuführen, die Bedeutung des Konzepts genau zu definieren.

Richard Carver, geschäftsführender Direktor der *Coverdale Organisation,* definiert Empowerment dahingehend, die einzelnen Mitarbeiter müßten aufgefordert und ermächtigt werden, persönliche Verantwortung sowohl für Verbesserungen hinsichtlich ihrer Arbeitsorganisation als auch für verstärkte Beiträge zur Verwirklichung der Unternehmensziele zu übernehmen. Dazu bedarf es der Schaffung einer Unternehmenskultur, in der die Arbeitsleistung der Mitarbeiter auf allen Unternehmensebenen Anerkennung findet und diese entsprechendes Selbstbewußtsein und die erforderlichen Fähigkeiten entwickeln können.

Als durchaus brauchbar ermittelten wir auch folgende Definitionen:

– Suche nach neuen Möglichkeiten zur gezielten Übertragung von Machtbefugnissen insbesondere auf solche Mitarbeiter, die dieser Ermächtigung in besonders hohem Maß bedürfen, um ihren Aufgaben gerecht zu werden: Konzentration von Autorität, Verantwortung, Ressourcen und Befugnissen auf der einer bestimmten Arbeitsaufgabe angemessenen Ebene;
– weitestmögliche Delegierung der Verantwortung für die Entscheidungsfindung „von oben nach unten";
– kontrollierter Machttransfer vom Management zum Arbeitnehmer im langfristigen Interesse des Gesamtunternehmens;
– Schaffung von Arbeitsbedingungen, unter denen die Mitarbeiter ihre Kenntnisse und Fähigkeiten bei der Verfolgung gemeinsamer zwischenmenschlicher wie gewinnorientierter Ziele maximal entfalten können;
– psychologische Aktivierungsenergie.

Die Auffassungen zum Empowerment gehen vor allem deshalb durcheinander, weil keine Klarheit darüber herrscht, was *Macht (power)* eigentlich bedeutet und wie damit umzugehen ist. Jeffrey Pfeffer von der *Stanford*

Business School meint, Macht habe lange Zeit als verpöntes Wort gegolten, sei letztlich aber die einzige Garantie für die Funktionsfähigkeit von Unternehmen.

Er führt Unfähigkeit zur Erledigung von Aufgaben und zur Durchsetzung von Ideen und Entscheidungen auf Fehlzuweisung und Mißbrauch von Macht zurück:

„Indem wir schlicht behaupten, Macht und Einfluß existierten nicht, tragen wir zu einer Situation bei, die mir wie auch anderen als das größte Problem erscheint, mit dem sich viele Unternehmen heute, ganz besonders in den Vereinigten Staaten, auseinandersetzen müssen – die Unfähigkeit sämtlicher Mitarbeiter außer den Spitzenmanagern, Maßnahmen zu ergreifen und Entscheidungen durchzusetzen. Man muß Macht konzentrieren, um Macht nutzen zu können, aber in den meisten Unternehmen ist alle Macht an der Spitze konzentriert, weit weg von der Front, wo sie am sinnvollsten einzusetzen wäre."[5]

Und Richard Carver meint:

„Macht ist personengebunden – Macht kann nicht von der Unternehmensleitung delegiert werden. Empowerment ist ein Prozeß zur Schaffung der richtigen Umgebung und Struktur, um den Mitarbeitern eine optimale Arbeitsleistung unter Entfaltung ihrer besten Kräfte zu ermöglichen. Traditionsgemäß gehen wir in Großbritannien so vor, daß Anweisungen von oben erfolgen, doch Empowerment trägt der Tatsache Rechnung, daß es überall in einer Organisation Macht und Autorität gibt; es kommt nur darauf an, diese Macht freizusetzen und effektiv zu nutzen.

Allerdings ist dies für die mit Empowerment ausgestatteten Mitarbeiter nicht immer bequem. Sie können dann nämlich nicht mehr sagen: ‚Es ist nicht meine Schuld, daß die Anlage abgebrannt ist – ich habe meine Anweisungen genau befolgt.‘ Indem wir Mitarbeitern Handlungsfreiheit zugestehen, verlangen wir von ihnen, daß sie ein höheres Maß an Verantwortung übernehmen.

‚Die meisten Leute sind sich einig, was Macht heißt: die Fähigkeit und Befugnis, Entscheidungen in die Praxis umzusetzen, zu erreichen, daß die

Mitarbeiter tun, was man will – das letzte Wort zu haben; doch wenn der Chef heutzutage weniger Macht ausübt, wie erreicht er dann, daß alles funktioniert – und richtig funktioniert?' Thomas A. Stewart, Mitherausgeber des Wirtschaftsmagazins *Fortune,* fragt noch weiter: ,Wo sammelt sich Macht an, wenn die Hierarchien abgeflacht sind oder wenn eine Organisation dezentralisiert wird? Den tyrannischen Chef mag es immer seltener geben; der neue Vorgesetzte ist eher ein netter Kumpel. Aber ist er deshalb weniger mächtig?' "[6]

Stewart zufolge gibt es fünf grundlegende Spielarten von Macht:

- die Macht zu belohnen;
- die Macht zu bestrafen;
- autoritätsbezogene Macht: Machtbefugnis am Arbeitsplatz; die Macht zum Veto; die Macht, Schecks über 1000 Pfund auszustellen;
- Fachwissen und Erfahrung;
- persönlichkeitsbezogene Macht, die einer Autorität in Form von Bewunderung entgegengebracht wird.

Richard Carver fügt noch einen sechsten Machttypus – die „prozeßbezogene Macht" *(process power)* – hinzu: die Macht einzelner Mitarbeiter, unterstützend in interaktive Prozesse einzugreifen.

Jane Halpert, Professorin für Industrie- und Organisationspsychologie an der *de-Paul*-Universität in Chicago, weist darauf hin, daß die ersten drei Arten von Macht – Belohnung, Bestrafung und Autorität – positionsgebunden sind: Je höher der Rang, desto mehr Macht hat der Betroffene. Dagegen sind Fachwissen/Erfahrung und persönlichkeitsbezogene Macht personengebunden. Sie sind überall in einer Organisation anzutreffen. Die besten Führungskräfte, meint sie, nutzen ihre persönliche Macht.

Bei Stewart heißt es dazu:

„Dieser Übergang von positionsgebundener Machtausübung zur Nutzung persönlicher Machtverhältnisse scheint eine neue Tendenz in amerikanischen Unternehmen zu sein. Die Macht, Belohnungen vorzunehmen, wird zunehmend umschrieben ... und Bestrafungen sind bei einer mobilen Belegschaft ohnehin nicht generell möglich.

Wirkliche Macht entsteht daraus, daß sie anderen übertragen wird, die in einer vergleichsweise besseren Ausgangsposition sind, Entscheidungen und Aktionen durchzusetzen. Einer umfassenden Machtteilung liegt die Vorstellung zugrunde, Entscheidungen möglichst dorthin zu verlagern, wo entsprechende Aktionen durchgeführt werden können. Es geht nicht darum, Macht zu verteilen, sondern gezielt zu übertragen. Auf diese Weise werden Entscheidungen schneller und eindeutiger getroffen, so daß mehr Probleme gelöst und mehr Arbeit geleistet werden können. Zwischen dezentralisierter Macht und diffundierter Macht besteht ein großer Unterschied – wie in einer lokalen Planungskommission, in der viele Leute *nein* sagen können, aber durchaus nicht geklärt ist, wer *ja* sagen darf."[7]

Wie ein Elektrizitätsverbundnetz ist die Macht in Organisationen nur selten auf ein einziges Individuum oder eine einzige Gruppe von Mitarbeitern konzentriert. Selbst in einer stark zentralisierten Organisation treten innerhalb des Verbunds immer wieder kleinere Machtkonzentrationen auf – vielfach gewissermaßen als Schutzwälle gegen Übergriffe seitens der Zentrale.

Doch auch im Verbundnetz fließt Macht: Für eine bestimmte Aufgabe werden Kompetenzen delegiert, oder aufgrund externer Bedingungen wächst Teilen der Organisation größerer Einfluß zu als anderen. So gewinnt die Marketing-Funktion tendenziell an Macht, wenn das Geschäft gut läuft; die Finanzabteilung ist gefragt, wenn es eher schlecht um das Unternehmen bestellt ist.

Eine Organisation, die sich dem Empowerment verschrieben hat, zielt unter anderem darauf ab, daß Macht

– niemals in ein bis zwei Teilen der Organisation „blockiert" ist und
– frei dorthin fließen kann, wo und wann immer man ihrer bedarf.

Wird die Analogie zur Elektrizitätsversorgung auf den Punkt gebracht, so geht es darum, „wer das Licht anmacht". Soll ein Hausbewohner den öffentlichen Versorgungsbetrieb anrufen und darum bitten, daß die Küchenbeleuchtung eingeschaltet wird, oder soll er den Schalter selbst betätigen?

2. Wie funktioniert Empowerment?

David E. Bowen, ein Management-Professor an der *Arizona State University,* und Edward E. Lawler, Direktor des *Center for Effective Organizations* an der *University of Southern California,* haben in einer umfangreichen Untersuchung die Unternehmensleistung von Organisationen mit Empowerment der Leistung von konventionellen Organisationen mit Fließbandproduktion gegenübergestellt.

Sie definieren Empowerment dahingehend, daß vier organisatorische Grundelemente mit den Mitarbeitern vor Ort geteilt werden:

1. Informationen über die Unternehmensleistung;
2. Belohnungen im Zusammenhang mit der Unternehmensleistung;
3. Kenntnisse, aufgrund derer die Mitarbeiter die Unternehmensleistung verstehen und einen eigenen Beitrag leisten können;
4. Machtbefugnisse im Hinblick auf eine Entscheidungsfindung, die sich auf Ausrichtung und Leistung des Unternehmens auswirkt.[8]

Bei einem an Fließbandproduktion orientierten Ansatz sind diese Elemente in aller Regel auf die obersten Führungsebenen beschränkt. Im Rahmen des Empowerment-Ansatzes hingegen werden sie verstärkt nach unten hin zu den mit der Durchführung befaßten Mitarbeitern verlagert. Doch selbst unter Berücksichtigung einer solchen Definition kann Empowerment immer noch alles mögliche bedeuten – von der Einrichtung eines Briefkastens für Verbesserungsvorschläge seitens der Mitarbeiter bis hin zur Aufforderung derselben, den Betrieb ohne Manager zu führen.

Bowen und Lawler unterscheiden drei Arten von Empowerment:

1. Die *Beteiligung in Form von Verbesserungsvorschlägen* bedeutet einen kleinen Schritt weg vom Kontrollmodell: Die Arbeitnehmer werden ermutigt, Ideen im Rahmen eines formell eingerichteten betrieblichen Vorschlagswesens oder in Qualitätszirkeln beizutragen, aber ihre tägliche Arbeitsroutine wird dadurch nicht nennenswert verändert. Zudem sind die Arbeitnehmer nur ermächtigt, Empfehlungen auszusprechen;

normalerweise behält sich die Unternehmensleitung das Recht vor, darüber zu befinden, ob die Ideen der Mitarbeiter verwirklicht werden sollen oder nicht.

„Eine Beteiligung in Form von Verbesserungsvorschlägen kann ein gewisses Maß an Empowerment bewirken, ohne den grundlegenden, an der Fließbandproduktion orientierten Ansatz zu verändern", meinen Bowen und Lawler. „Bei *McDonald's* beispielsweise hört man den Mitarbeitern vor Ort aufmerksam zu. So waren der *Big Mac,* der *Egg McMuffin* und der *McBLT* ursprünglich Ideen der Mitarbeiter. Das mit dem *Deming-Quality-Award* ausgezeichnete Unternehmen *Florida Light & Power* definiert Empowerment im Sinne einer Beteiligung der Mitarbeiter in Form von Verbesserungsvorschlägen."

2. Die *Beteiligung in Form von Arbeitsplatzgestaltung* stellt einen signifikanten Schritt weg vom Kontrollmodell dar: Sie birgt ein ungeheuer großes Potential zur Steigerung der Zufriedenheit am Arbeitsplatz. Die Aufgabenbereiche werden so umgestaltet, daß die Mitarbeiter vielfältige Fähigkeiten entwickeln. Die Mitarbeiter sind überzeugt, daß sie einen wichtigen Beitrag leisten, sie verfügen über beträchtliche Entscheidungsfreiheiten im Hinblick auf die Durchführung ihrer Arbeit, sie erhalten mehr *Feedback* als die Mitarbeiter in einer *Kommando/-Kontroll*-Organisation, und sie sind für einen abgeschlossenen, identifizierbaren Arbeitsabschnitt zuständig.

Doch trotz des damit verbundenen erhöhten Maßes an Empowerment hat auch eine Beteiligung in Form von Arbeitsplatzgestaltung keinen Einfluß auf höherrangige strategische Entscheidungen bezüglich Organisationsstruktur, Machtbefugnissen und Zuteilung von Belohnungen. Diese Bereiche bleiben ausschließlich den leitenden Führungskräften vorbehalten.

3. Die *Maximalbeteiligung* ist eine dritte Form, wie sie von den Unternehmen *Federal Express*, *Semco Brazil* und dem inzwischen geradezu berühmten *Johnsonville Foods* aus Sheboygan, Wisconsin, praktiziert wird.

Unternehmen, die ihren Mitarbeitern ein Maximum an Beteiligung zugestehen, beziehen selbst die untersten Ebenen ein – nicht nur in Fragen der Arbeitsplatzgestaltung oder bei der Anerkennung effektiver Gruppenleistungen, sondern auch in Fragen der gesamten Unternehmensleistung. Ein solcher Ansatz unterscheidet sich in buchstäblich jedem Organisationsaspekt von einem kontrollorientierten Ansatz. So werden Informationen über alle betrieblichen Belange horizontal ebenso verbreitet wie entlang der vertikalen (abgeflachten) Organisationsstruktur.

Die Mitarbeiter entwickeln umfassende Fähigkeiten im Hinblick auf Teamarbeit, Problemlösung und betriebliche Prozesse und sind an den Managemententscheidungen bezüglich ihrer Arbeitseinheit beteiligt. Unternehmen, die ihren Mitarbeitern eine derart weitgehende Beteiligung zugestehen, bringen häufig auch Modelle zur Gewinnbeteiligung und zum Arbeitnehmereigentum zur Anwendung.

Bei Bowen und Lawler heißt es in diesem Zusammenhang:

„Die Umsetzung von Modellen mit dem Ziel einer Maximalbeteiligung kann teuer werden. Besonders problematisch ist wohl, daß solche Managementtechniken vergleichsweise wenig ausgefeilt und erprobt sind. Die Fluggesellschaft *People Express* beispielsweise hat versucht, ihren Betrieb unter maximal möglicher Einbeziehung der Arbeitnehmer zu führen, doch der ständige Kampf um das Kennenlernen und Verbessern dieses neuen Organisationsmodells hat die betrieblichen Probleme eher noch verstärkt.

Derzeit ist die Fluggesellschaft *America West* dabei, eine Form der Maximalbeteiligung in die Praxis umzusetzen. Neu eingestellte Mitarbeiter investieren 25 Prozent ihres Gehalts im ersten Jahr in das Aktienkapital des Unternehmens. Alle Mitarbeiter erhalten alljährlich Aktienoptionen. Flugbegleiter und Piloten bestimmen ihre eigenen Arbeitsabläufe und Zeitpläne. Die Mitarbeiter sind in hohem Maß darin geschult, Leistungen zu erbringen, wo sie gebraucht werden. Erst mit der Zeit wird sich herausstellen, ob *America West* das Modell einer Maximalbeteiligung mit Erfolg zur Anwendung bringen kann – trotz der anstehenden Finanzkrise infolge hoher Treibstoffkosten und schnellen Wachstums.

Auch *Federal Express* läßt viele Merkmale einer Maximalbeteiligung erkennen. In den späten 80er Jahren wurde im ganzen Unternehmen eine Umstellung auf Teamarbeit eingeleitet – auch in der internen Betriebsabwicklung. So wurden die 1000 Büroangestellten in Memphis in Superteams mit je fünf bis zehn Leuten organisiert, die dann – mit entsprechenden Befugnissen und Schulungen versehen – eigenverantwortlich vorgehen sollten. Diese Teams ermöglichten dem Unternehmen 1989 eine 13prozentige Reduzierung seiner Kundendienstprobleme (fehlerhaft ausgestellte Rechnungen, Verlust von Gepäckstücken)."

Ob man nun allen drei Formen der Mitarbeiterbeteiligung gleichermaßen die Bezeichnung *Empowerment* zuerkennen will, spielt keine Rolle. Wichtig ist vielmehr, daß man zwischen diesen drei Formen unterscheidet, um zu verstehen, was Empowerment bedeuten kann. Genauso wichtig ist die Einsicht, welche Form in welcher Situation angemessen ist. Bowen und Lawler betonen, es gebe keinen Ansatz, der für jede Industrie, jedes Unternehmen, jede Funktion oder jede Situation gleichermaßen geeignet wäre. Wie so viele andere Aspekte im Bereich des Managements sind auch das ideale Maß und die ideale Form von Empowerment von den jeweiligen Umständen abhängig.

Im Zusammenhang mit Empowerment sind einige Fehlinterpretationen weitverbreitet. Empowerment bedeutet nicht:

1. *Delegation:* Der Management-Autor David Oates macht einen Unterschied zwischen Delegation und Empowerment: „Delegation", sagt er, „geht von der Führungskraft aus. Empowerment, wenn es gut funktioniert, geht vom Untergebenen aus."[9]
   Jack Furrer, Direktor für Managementausbildung am Schweizer multinationalen Pharmakonzern *Ciba-Geigy*, kann dem nur zustimmen: „Nur allzuhäufig kommt Delegation einem Dumping gleich. Manchmal ist die Entwicklung positiver, so daß ein Gleichgewicht zwischen Direktion und Autonomie gewahrt bleibt. Doch gewöhnlich fehlt auch dann noch das Element der freiwilligen Unterstützung, das zum Empowerment gehört."[10]
2. *Verantwortung:* „Verantwortung allein bedeutet noch nicht Empowerment", sagt Paul Evans, Professor für Organisationsverhalten an der französischen Wirtschaftshochschule *INSEAD.* „Beim Empowerment geht es nicht nur darum, in einer Organisation mehr Verantwortung nach unten zu verlagern. Es wäre dumm und hirnverbrannt, dergleichen mit Leuten zu veranstalten, die nicht die Fähigkeit und die fachliche Kompetenz besitzen, um ihre Arbeit selbst organisieren zu können."

John Nevin, Geschäftsführer von *Firestone*, hat dies einmal so formuliert: „Wenn Sie jemanden zum Wahnsinn treiben wollen, brauchen Sie ihm nur ein tief sitzendes Verantwortungsgefühl – ohne jegliches Autoritätszugeständnis – zu vermitteln."[11]

Paul Evans von *INSEAD* zieht dem Ausdruck *Empowerment* den französischen Begriff *Responsabilization* vor. Empowerment stellt seiner Ansicht nach den Inbegriff von Amerikanismen dar. „Wenn man überhaupt ein Wort dafür braucht, dann würde ich den französischen Ausdruck vorziehen – er ist weniger emotional und irreführend."

3. *Kostenreduzierungsmaßnahme:* „Wird den Leuten nun Empowerment zugestanden, um das Geschäft voranzubringen, oder sollen sie für Kostensenkung sorgen und kurzfristige Gewinne machen?", fragt Bernard Taylor vom *Henley Management College.* „Die Leute sind doch nicht dumm."

„Mitarbeiter brauchen eine Vision von der Zukunft und eine Art Rückversicherung, daß ihr Arbeitsplatz auch in einigen Jahren noch da sein wird. Es bedarf schon eines gewissen Engagements, wenn alles gutgehen soll. Zur Zeit stehen die Unternehmen jedoch vor einem großen Problem, wenn sie ihre Mitarbeiter motivieren und zu verstärktem Einsatz anregen wollen. Das liegt daran, daß die Gewerkschaften an Einfluß verloren haben, daß massive Umstrukturierungen zu erheblichen Arbeitsplatzeinsparungen geführt haben, daß Unternehmen wie Gebrauchsgüter gehandelt werden und daß Führungskräfte und Angestellte nie sicher sein können, ihren Arbeitsplatz nicht von einer Minute zur anderen zu verlieren. Empowerment hat häufig etwas von einer *Kraftproben*-Mentalität."

3. Warum ist Empowerment heute wichtig?

Obgleich der Ausdruck *Empowerment* im Zusammenhang mit Managementtechniken eine vergleichsweise neue Wortschöpfung ist, reichen seine Wurzeln in der Managementtheorie mehrere Jahrzehnte zurück. Das *Hawthorne*-Experiment bei *Westinghouse*, mit dem bewiesen wurde, daß die Produktivität steigt, wenn die Belegschaft angemessene Beachtung erfährt, geht zurück bis in die 20er Jahre. Nach dem Zweiten Weltkrieg setzten die Besatzungsmächte Werksdirektoren in größeren deutschen Unter-

23

nehmen ein, wiesen es aber weit von sich, dieselbe Medizin im eigenen Land zu verordnen.

Erst in den 60er Jahren und im Zuge einer verständlichen Distanzierung von den im vorangegangenen Jahrzehnt populären Zeit- und Bewegungsstudien wurde die Vorstellung, die Mitarbeiter in die Gestaltung ihres Arbeitsplatzes einzubeziehen, tatsächlich aufgegriffen. Erst dann begannen eine Reihe von Management-Theoretikern wie Smith und McGregor, Drucker und Likert die Rolle der Mitarbeiter an den neuen, hochautomatisierten Arbeitsplätzen zu hinterfragen. Ihre Untersuchungen führten zum Konzept der Arbeitsplatzbereicherung: Repetitive Bewegungen mögen zwar die technisch effizienteste Durchführung eines Arbeitsschritts gewährleisten, doch eine vielseitigere Arbeitsaufgabe konnte größere Motivation und Produktivität bewirken.

In Skandinavien forderten der Freidenker Einar Thorsrud und seine Kollegen vom *Arbeidspsykologisk Institute* in Oslo während der 60er und 70er Jahre die Unternehmen auf, mit semi-autonomen Arbeitsgruppen zu experimentieren. Die technischen Fortschritte der 70er Jahre auf dem Gebiet der Werkzeugmaschinen ermöglichten den Einsatz gruppentechnologischer Konzepte, wobei die Produktion auf sogenannte „Zellen" ausgerichtet war und umfangreiche Arbeitsaufgaben von vielseitig ausgebildeten und erfahrenen Arbeitern und Technikern durchgeführt wurden. Gleichzeitig räumten ein paar radikale europäische *Entrepreneurs* wie der deutsche Unternehmer Hauni ihren Mitarbeitern das Recht ein, sich ihre Vorgesetzten selbst auszusuchen und letztlich sogar Besitzanteile am eigenen Unternehmen zu erwerben.

Die aus Japan importierten Qualitätszirkel öffneten dem Westen die Augen für den potentiellen Beitrag von Mitarbeitern auf der Durchführungsebene, wobei die Popularität des Konzepts vom *Total Quality Management* in dieselbe Richtung weist.

Aus all diesen Ideen enstand allmählich Empowerment in seinen verschiedenen Ausprägungen. Ende der 80er Jahre ließen die Entwicklungen in der Welt der Unternehmen eine breiter gefächerte Delegation wie auch die Delegation von lohnenderen Arbeitsaufgaben vordringlich werden. Die Unternehmen sahen sich gezwungen,

- ihre Organisationen verstärkt der Marktsituation anzupassen,
- Führungsebenen in ihren Organisationen abzubauen, um sie anpassungsfähiger und kosteneffektiver zu machen,
- die Mitarbeiter verschiedener Disziplinen zur Zusammenarbeit bei minimaler Lenkung von oben zu veranlassen, indem sie horizontale Kommunikation anstelle vertikaler Kommunikation in der Unternehmenshierarchie förderten,
- die leitenden Führungskräfte und das Top-Management aus dem Alltagsgeschehen herauszuhalten und mehr strategische Arbeit von ihnen zu verlangen,
- alle Ressourcen zu nutzen, die zur Aufrechterhaltung und Verbesserung der Wettbewerbsfähigkeit beitragen,
  sowie
- den höheren Erwartungen einer immer besser gebildeten Arbeiterschaft Rechnung zu tragen.

Michael Osbaldeston, Direktor des *Ashridge Management College,* trug auf einer Konferenz im Jahr 1993 vor, warum Empowerment seiner Ansicht nach in den letzten Jahren so wichtig geworden ist:

- Die zunehmende Geschwindigkeit, mit der sich Wandel vollzieht, die turbulenten Entwicklungen in der betrieblichen Umwelt, eine Wettbewerbssituation, die immer schnellere Anpassung verlangt, sowie verstärkte Kundenerwartungen erfordern derart schnelle und flexible Unternehmensreaktionen, wie sie im *Kommando/Kontroll*-Organisationsmodell alten Stils nicht mehr gewährleistet sind.
- Die Organisationen selbst unterliegen einem Wandel. Unternehmensverkleinerungen, Abbau von Führungsebenen und Dezentralisierung haben dazu geführt, daß die alten Methoden zur Erzielung von Koordination und Kontrolle nicht mehr angemessen sind. Unter diesen neuen Bedingungen können gute Leistungen nur erbracht werden, wenn die Mitarbeiter weitaus größere Verantwortung übernehmen und praktizieren.
- Die Organisationen brauchen ein höheres Maß an funktionsübergreifenden Arbeitsweisen, mehr Kooperation zwischen den verschiedenen Bereichen und eine verstärkte Integration ihrer Prozesse, wenn sie den Kundenbedürfnissen gerecht werden wollen. Eine solche Kooperation kann durch Empowerment erreicht werden.

- Wirklich gute Management-Talente gelten zunehmend als rar und teuer. Wenn solche Talente für die direkte Überwachung von Mitarbeitern, die sich selbst organisieren könnten, eingesetzt werden, verschärft dies die Situation. Dagegen können sich Management-Talente im Rahmen eines Empowerment-Konzepts auf externe Herausforderungen konzentrieren und brauchen sich weniger um interne Problemlösungen zu kümmern.
- Empowerment kann Management-Talente aufdecken, die bislang unerkannt geblieben sind, zumal Arbeitsbedingungen geschaffen werden, unter denen sich solche Talente entfalten können.
- Die Mitarbeiter sind nicht länger bereit, die alten *Kommando/Kontroll*-Systeme hinzunehmen. Der weitaus größere Zugang zu Bildungsmöglichkeiten, verstärkte Betonung einer lebenslangen Entwicklung und das endgültige Aus bisheriger Sicherheiten in bezug auf Arbeitsplatzgarantie und stetige Beförderung haben zu einer Situation beigetragen, in der Arbeitsplätze nicht mehr als solche, sondern zunehmend unter dem Aspekt der damit verbundenen Entwicklungschancen eingeschätzt werden. Organisationen, die solchen Erwartungen nicht Rechnung tragen, werden das erforderliche Leistungsniveau nicht erreichen und mit der Zeit „ausbluten", weil sie ihre besten Mitarbeiter verlieren.

Stephen Brandt von der *Stanford Business School* erteilt eine aufschlußreiche Geschichtslektion:

„Vor hundert Jahren waren die Unternehmen – zumindest die Herstellbetriebe – von den Handwerkern abhängig. Die individuellen Fähigkeiten und das Engagement der Beschäftigten waren für den Erfolg eines Unternehmens von zentraler Bedeutung. Zu Beginn dieses Jahrhunderts mußte die Handwerkerproduktion (unwillig) der Massenproduktion weichen – einer neuen Organisationsphilosophie für Unternehmen, in denen Waren gefertigt wurden. Das Ergebnis? Dem Verbraucher entstanden geringere Unkosten – aber auf Kosten der Warenvielfalt und mit Hilfe von Arbeitsmethoden, die von den meisten Beschäftigten als langweilig und deprimierend empfunden wurden.

Das Management umfaßte zu damaligen Zeiten Planung, Organisation, Lenkung und Kontrolle, so daß die meisten Beschäftigten auf dem Weg zum Arbeitsplatz ihren Kopf gewissermaßen draußen vor der Tür lassen

26

konnten. Liegen diese Zeiten gänzlich hinter uns? Die Antwort scheint *ja* zu lauten, zumal finanzielle Erfolge und Marktanteile zunehmend solche Unternehmen begünstigen, in denen die Beschäftigten ihren Kopf zur tagtäglichen Arbeit mitbringen."[12]

Paul Neate, Direktor für betriebsstrategische Entwicklung bei *Rothmans International,* meint:

„Die Leute, die in unseren Fabriken und Büros arbeiten, führen in ihrem häuslichen Leben gewissermaßen einen sehr dynamischen Betrieb. Sie verwalten ihren Haushaltsetat. Sie leihen Geld in großen Mengen und vergeben Kredite vor dem Hintergrund nicht voraussagbarer Zinsschwankungen. Sie haben Kinder, um deren Erziehung und Ausbildung sie sich kümmern – häufig unter großen persönlichen Opfern. Sie führen Reparaturen an Gebäuden und Fahrzeugen durch; sie gehören Clubs an und sitzen häufig in Ausschüssen, die über beträchtliche Geldsummen zu verfügen haben. Wenn sie dann aber in unsere Fabriken kommen, ist es nicht nur so, daß wir ihnen vielfach einfache und unbedeutende Aufgaben übertragen – als zusätzliche Beleidigung ernennen wir auch noch jemanden, der sie beaufsichtigt.

Unter diesen Umständen kann es kaum überraschen, daß der Aufsichtführende demotiviert und kleinlich wird, während die Beaufsichtigten mit Verärgerung und Verachtung gegenüber einer Organisation reagieren, die sie solchermaßen behandelt."[13]

Arthur Catteral, Berater bei der *Coverdale Organisation,* stimmt dem zu:

„Wenn man den Pendlern auf ihrer Heimfahrt im Zug zuhört, stellt man fest, daß viele von ihnen mit Kollegen und Freunden ausführlich über ihren Arbeitsplatz diskutieren. Auch wird hinlänglich auf Kollegen oder Vorgesetzte geschimpft. Wenn man nur fünf Minuten zuhört, erfährt man sehr schnell, daß sich die Leute im wesentlichen über den Mangel an Macht und Einfluß in ihrer täglichen Arbeitssituation beschweren."

Catteral hörte einmal, wie sich eine Krankenhausangestellte bitter darüber beklagte, daß der Betrieb nicht mehr für das Essen anläßlich der Weihnachtsfeier für die Belegschaft aufkommen wollte. Sie sagte, sie hätte sowieso keine Lust, daran teilzunehmen. Für sie sei der Arbeitsplatz nur etwas, wo man Geld verdiene, und dann ginge man eben heim. Doch Catteral meint dazu:

„Wenn ihr so daran gelegen war, die Angelegenheit in ihrer Freizeit derart leidenschaftlich zu diskutieren, war sie offensichtlich sehr wohl an ihrer Arbeit interessiert; die Arbeit bedeutete ihr mit Sicherheit mehr als nur eine Geldquelle. Empowerment sollte darauf ausgerichtet sein, diejenige Energie zu nutzen, die dazu aufgebracht wird, eine Situation zu beklagen, und sie so zu kanalisieren, daß der Arbeitsplatz verbessert wird. Die Leute haben durchaus ein fundamentales Interesse an ihrer Arbeit."

Unternehmen, die sich für Empowerment entschieden haben, erreichen – oder erhoffen – eine Reihe meßbarer Vorteile, wenn sie ihre Mitarbeiter mit Eigenverantwortung ausstatten:

Qualität

„Die meisten Unternehmen sehen ein, daß sie ständig Verbesserungen erzielen müssen, um wettbewerbsfähig zu bleiben", sagt William Byham, Autor von *Zapp! The Lightning of Empowerment.*

„Wie aber erreicht man, daß Mitarbeiter ständig Verbesserungen erzielen wollen? Ich bin überzeugt, daß die einzige Möglichkeit darin besteht, die Mitarbeiter dazu zu bringen, sich für ihre Arbeit voll verantwortlich zu fühlen. Dazu kann man sie nicht überreden, dazu kann man sie nicht zwingen, und dazu reicht selbst eine gute Bezahlung nicht aus. Nichts dergleichen kann auf lange Sicht funktionieren. Empowerment hingegen vermag den Mitarbeitern die Motivation zu ständiger Verbesserung zu vermitteln."[14]

TQM setzt ein hohes Maß an Engagement für das Erkennen von Problemen und deren Lösung voraus – auf der Ebene der einzelnen Mitarbeiter wie auf Teamebene und auf Unternehmensebene. Solche Teams sind häufig funktionsübergreifend angelegt, so daß kaum mit natürlicher Gruppenloyalität oder mit Gruppenengagement zu rechnen ist. Die einzige Methode, schnell Gruppenloyalität zu schaffen, besteht darin, die Teams davon zu überzeugen, daß sie die Macht haben, nicht nur signifikante Veränderungen zu empfehlen, sondern auch dafür zu sorgen, daß diese Veränderungen durchgesetzt werden.

Innovation

Ein weiterer wichtiger Aspekt von Empowerment ist die Freisetzung von Kreativität und Engagement bei den Mitarbeitern. Viele Unternehmen halten dies sogar für das vorrangige Unternehmensziel bei der Durchführung von Empowerment-Programmen. Dies mag auch der Grund sein, warum solche Programme so häufig scheitern, denn die andere Seite der Gleichung – die Kosten, die das Unternehmen aufbringen muß, um die Mitarbeiter zu Kreativität und freiwilligem Engagement zu veranlassen – ist der bedingungslose Transfer von Macht und Einfluß; dieser Preis erscheint manch einem Unternehmen zu hoch.

Mitarbeiterloyalität und Vermeidung von Mitarbeiterfluktuation

Einem Bericht der *Confederation of British Industry* zufolge spricht eine zwingende Logik für die effektive Einbeziehung der Mitarbeiter. Nicht nur ist es so, daß das Prinzip der Arbeitgeber, die Arbeitnehmer in einschlägigen Angelegenheiten einzubeziehen und zu befragen, in weiten Kreisen Anerkennung und Unterstützung findet. Vielmehr erkennen die Arbeitgeber, daß eine solche Einbeziehung der Mitarbeiter auch unternehmerisch Sinn macht.

Wenn Mitarbeiter regelmäßig mit relevanten Informationen versorgt und nach ihrer persönlichen Meinung zu entsprechenden Vorschlägen seitens der Unternehmensleitung befragt werden, so verstärkt dies die gemeinsame Verpflichtung gegenüber den Zielen der Organisation. Dies wiederum fördert ein positives Klima, in dem sich die Mitarbeiter motiviert fühlen, ihrerseits zum Unternehmenserfolg beizutragen – was Arbeitgebern und Arbeitnehmern gleichermaßen zum Vorteil gereicht.[15]

Ein Gefühl der Machtlosigkeit schwächt ganz eindeutig die Loyalität gegenüber einem Unternehmen. Inwieweit Empowerment die Loyalität erhöht, läßt sich allerdings weniger eindeutig beweisen. Logischerweise sollte dies der Fall sein, aber vielfach verzerren individuelle Motivationen die Auswirkungen, die Empowerment auf die Einstellung der Arbeitnehmer gegenüber ihrem Arbeitgeber hat.

Dennoch scheinen solide Beweisgründe vorzuliegen, daß die Fluktuation unter den Mitarbeitern bei Arbeitsplätzen ohne Empowerment höher ist als bei solchen mit Empowerment. Eine Erhebung aus dem Jahr 1992, die von der Zeitschrift *Industry Week* und der *Association for Quality and Participation* durchgeführt wurde, deutet darauf hin, daß etwa 25 Prozent der US-amerikanischen Unternehmen irgendwo in ihrer Organisationsstruktur Empowerment eingeführt haben. Diese Unternehmen – von Herstellern wie *Texas Instruments* und *Digital Equipment Corporation* bis hin zu Dienstleistungsbetrieben wie die *Aid Association to Lutherans* – haben vielfach eindrucksvolle Ergebnisse erzielt. Sie haben die Fluktuation unter den Mitarbeitern beträchtlich reduziert und ihre Produktivität beziehungsweise ihr Dienstleistungsangebot um 50 Prozent oder mehr steigern können. Wem die Arbeit Spaß macht, der bleibt auch seinem Arbeitsplatz treu.[16]

Andererseits möchte nicht jeder Mitarbeiter an einem Arbeitsplatz bleiben, der im Rahmen einer Empowerment-Initiative mit mehr Eigenverantwortung ausgestattet worden ist. So kam es bei *Harvester Restaurants* in den ersten sechs Monaten nach Einführung eines Empowerment-Programms im Jahr 1992 zu erhöhter Fluktuation unter den Arbeitnehmern. Die Umstellung, die größere Verantwortung und die neue Arbeitsweise waren eben nicht jedermanns Sache.

Besonders Leute mit guter Ausbildung nutzen zunehmend die ihnen zugestandenen Entscheidungskompetenzen als Kriterium für die Wahl eines künftigen Arbeitgebers; solche Mitarbeiter legen weniger Wert auf das angebotene Gehalt und die Arbeitsbedingungen, sofern ihnen ihre Arbeit starke persönliche Erfüllung vermittelt. In einer 1991 durchgeführten *Gallup*-Meinungsumfrage sollten US-Arbeiter angeben, was sie an einem Arbeitsplatz für besonders wichtig halten. Mit 64 Prozent aller Antworten lag „die Möglichkeit zu selbständigem Arbeiten" sogar noch vor „hohem Einkommen" und „Aufstiegschancen".

Besonders stark könnte sich Empowerment auf die Loyalität im mittleren Management auswirken, wo im Zuge der Reduzierung von Bürokratie und Kosten in den westlichen Unternehmen ganze Führungsebenen abgebaut worden sind. Die Abflachung der Managementhierarchie verringert die Aussichten auf eine Beförderung und hat viele der verbliebenen Führungskräfte veranlaßt, sowohl das Verhalten des Unternehmens ihnen gegenüber als auch ihr persönliches Engagement für das Unternehmen in Frage zu stellen. Empowerment gilt zunehmend als ein Instrument zur Erneuerung dieser wechselseitigen Bindung.

Produktivität und Profit

„Einer der Hauptgründe für die rückläufige Produktivität in der amerikanischen Industrie ist das Unvermögen der Unternehmensleiter, ihre Ressourcen effektiv einzusetzen", argumentieren Barry und Irving Bluestone – ersterer Volkswirtschaftler, letzterer Professor für Arbeitsökonomie.

„Daß die Produktivität auf dem arbeitsintensiven Dienstleistungssektor kein Wachstum mehr zu verzeichnen hat, deutet darauf hin, daß der Einsatz der Arbeitskräfte im Unternehmen sehr wohl ein gewichtiger Grund für den Einbruch des Produktivitätswachstums in den Vereinigten Staaten sein könnte. Eine von der Unternehmensberatungsfirma *Theodore H. Barry Associates* durchgeführte Studie zur Ermittlung unternehmerischer Effizienz kam zu dem Ergebnis, daß nur 4,4 Stunden während des Arbeitstages eines typischen amerikanischen Arbeitnehmers produktiv gearbeitet wird. Dieses Untersuchungsergebnis bedeutet nicht notwendigerweise, daß die Arbeiterschaft in Amerika faul wäre. Es deutet vielmehr darauf hin, daß die Arbeiter schlecht eingesetzt und ihre Intelligenz, ihre Fähigkeiten und ihre Motivation nicht angemessen genutzt werden."[17]

Die beiden Bluestones führen die Arbeit des *Harvard*-Professors Quinn Mills an, der behauptet, die von ihm untersuchten Unternehmen mit erfolgreich eingeführtem Empowerment erzielten häufig Jahr für Jahr Produktivitätssteigerungen von 30 bis 50 Prozent. Sie verweisen auch auf die *McDonelly Corporation,* einen Hersteller von Spiegel- und Glasprodukten aus Michigan: Dort soll die Arbeiterselbstverwaltung zwischen 1975 und 1984 zu einer Produktivitätssteigerung von 110 Prozent geführt haben – was mit einer durchschnittlichen Erhöhung von mehr als 7 Prozent jährlich um ein Fünffaches über dem Landesdurchschnitt liegt. „Trotz der schweren Rezession, die die Autoindustrie Anfang der 90er Jahre getroffen hat, setzte das Unternehmen weiterhin auf Expansionskurs und erzielte Gewinne. Seinen Erfolg schreibt es in aller Offenheit dem Empowerment seiner Mitarbeiter zu."

Eine kürzlich vorgenommene Bemessung der Produktivität bei der britischen Finanzgesellschaft *Frizzell Financial Services* wies eine Steigerung von 62 Prozent aus. Der Nachwuchsausbilder Tony Miller führte die erzielten Einsparungen in Höhe von über 250000 Pfund auf Empowerment zurück. Zwar ist ein Teil dieser Einsparungen möglicherweise auch im Zusammenhang mit dem allgemein durchgeführten *Reengineering* im Unternehmen zu sehen, doch andere Einsparungen gehen unmittelbar darauf zurück, daß die Mitarbeiter verstärkt in die Verantwortung gezogen worden sind. So meinte *Frizzells* Spartendirektor Ian Wooley: „Empowerment hat definitiv 18 Arbeitsplätze abgebaut. Durch Problemlösung vor Ort wurden 198000 Pfund eingespart. Auch krankheitsbedingte Fehlzeiten sind zurückgegangen, die Zahl der bearbeiteten Anrufe erhöhte sich, und der Gesamtumsatz stieg, was teilweise auf Empowerment zurückzuführen ist." Allerdings sollte berücksichtigt werden, daß *Frizzell* derzeit ohnehin stark expandierte.[18]

Die schnell lernende Organisation

Eine schnell lernende Organisation ist eine Organisation, die ihre Mitarbeiter dazu bringt, eigenes Engagement für vorteilhafte Veränderungen im Hinblick auf einschlägige Verhaltensweisen und Fähigkeiten zu entwickeln. Empowerment ist nicht nur ein Instrument, das den Übergang zu einer schnell lernenden Organisation erleichtert; vielmehr ist Empowerment ein notwendiges Element in einer lernenden Organisation. Wenn Ihre Mitarbeiter nicht die Freiheit haben, die Situation, in der sie sich befinden, zum allgemeinen Wohl zu verbessern, dann ist Ihr Unternehmen auch nicht als eine „schnell lernende Organisation" zu bezeichnen.

Mitarbeiter, die Empowerment erfahren, müssen vielfach Funktionen übernehmen, die bisher nicht zur Stellenbeschreibung ihres Arbeitsplatzes gehörten – beispielsweise Ausbildung von Kollegen, Beratung leitender Führungskräfte, Durchführung von Seminaren und sogar Forschung und Entwicklung. Diesen zusätzlichen Anforderungen können sie nur dann Rechnung tragen, wenn sie in einer Organisation arbeiten, die ihnen eine kontinuierliche Entwicklung ermöglicht und ihnen Zugang zu geeigneten Lernmethoden verschafft – von Verbindungen zu Universitäten bis hin zu Ausbildungsseminaren und offenen Lernzentren.

Peter Senge führt in seinem Buch *The Fifth Discipline* vier Faktoren an, die insgesamt eine entscheidende Dimension beim Aufbau von lernenden Organisationen darstellen – Organisationen, die ihre Kapazität zur Realisierung ihrer kühnsten Erwartungen kontinuierlich zu erweitern verstehen:[19]

1. *Persönliche Lernfähigkeit:* Organisationen können nur über Individuen lernen, die ihrerseits lernfähig sind.
2. *Mentale Modelle:* Nicht hinterfragte Annahmen – insbesondere bei wichtigen Entscheidungsträgern – schränken den Aktionsradius einer Organisation auf vertraute und bequeme Vorgehensweisen ein. Die Hinterfragung des *Status quo* und die daraus gewonnenen Erkenntnisse sind eine wichtige Voraussetzung für individuelles und organisatorisches Lernen.
3. *Gemeinsame Vision:* Senge ist davon überzeugt, daß die Mitarbeiter den Aufbau gemeinsamer Visionen anstreben, weil sie an einem bedeutenden Unterfangen teilhaben möchten. Gemeinsame Visionen sind von entscheidender Bedeutung für die lernende Organisation, weil sie Ausrichtung und Energie für den Lernprozeß bereitstellen.
4. *Lernen im Team:* Die Kapazität eines Teams wird so ausgerichtet und gefördert, daß die von den Teammitgliedern angestrebten Resultate auch erzielt werden.

Das Konzept der schnell lernenden Organisation hat viel gemeinsam mit den Konzepten *Total Quality Management* und *Empowerment*. Alle drei Konzepte basieren auf der Vorstellung von kontinuierlicher Verbesserung; alle drei betonen nachdrücklich *Feedback,* Kreativität, Teamarbeit und Problemlösung. Diese Konzepte können nur dann zu wirklichem Erfolg führen, wenn sie gleichzeitig verfolgt werden.

Überleben

Über all diesen Beweggründen steht ein vorrangiger Imperativ – *Überleben*! Organisationen, die sich im Wettbewerb behaupten wollen, können die kontinuierlichen Veränderungen, die eine durch harten Wettbewerb geprägte Umwelt verlangt, nicht vollziehen, wenn nicht sowohl Führungskräfte als auch Mitarbeiter mehrheitlich *Goodwill,* Engagement und Verständnis aufbringen. Es ist durchaus möglich, die Mitarbeiter zur Akzeptanz von Veränderungen zu bewegen, wenn die Krise groß und real und die Peitsche lang und schneidend genug ist. Doch auch Furcht schleift sich mit der Zeit ab: Die Krisenmotivation verkommt allzuleicht zu tiefer Resignation. Um das vom Wandel vorgegebene Tempo durchhalten zu können, müssen die Mitarbeiter dazu gebracht werden, daß sie Veränderungen nicht nur akzeptieren, sondern auch die neuen Möglichkeiten zu nutzen verstehen. Ein solches Vorhaben – besonders bei schmerzhaften Veränderungen – kann nur gelingen, wenn die Mitarbeiter das Gefühl haben, die Vorgänge und ihre Hintergründe zu begreifen; wenn sie das Gefühl haben, zumindest teilweise die sie betreffenden Entwicklungen beeinflussen zu können; und wenn sie auf Unterstützung seitens der Kollegen und der Organisation selbst zählen können. Solche Gefühle lassen sich mit *Empowerment* umschreiben.

Ein großer Einzelhändler versuchte in einer Krisensituation – ohne Erfolg – die Einführung eines Empowerment-Programms in seinen Geschäften. Das Unternehmen mußte in einer Art Kehrtwende so schnell wie möglich Umsatzsteigerungen erzielen. Die Unternehmensleitung sorgte für eine entsprechende Ausbildung der Mitarbeiter in jeder einzelnen Filiale, verflachte die Managementstruktur und forderte die Mitarbeiter vor Ort auf, Aufsichtskompetenzen zu übernehmen. Zunächst ließ sich alles hervorragend an – der Umsatz stieg um 20 Prozent und mehr. Aber:

– Das Unterfangen war mit hohen Kosten verbunden – sowohl im Hinblick auf die Aus- und Weiterbildung als auch das Lernen durch eigene Fehler.
– Keiner sprach mit den Mitarbeitern über die erzielten Ergebnisse oder darüber, was für sie dabei heraussprang.

Als es an der Zeit war, zur nächsten Phase überzugehen, in der die Mitarbeiter noch mehr Verantwortung übernehmen sollten, reagierte die bisher passiv gebliebene Gewerkschaft ungnädig: „Und was bekommen wir als Gegenleistung?" wollte die Gewerkschaft wissen. Die Unternehmensleitung fiel aus allen Wolken.

4. Welche Vorteile hat Empowerment für die Mitarbeiter?

Das oben geschilderte Beispiel veranschaulicht einen entscheidenden, wenngleich häufig übersehenen Aspekt beim Empowerment: Viele Mitarbeiter sind nicht bereit, mehr Arbeit und Verantwortung zu übernehmen – nur um des angenehmen Gefühls willen, an Einfluß gewonnen zu haben. Allzuviele Empowerment-Programme erweisen sich letztlich als ein Transfer von Macht, Verantwortung – und Arbeit – vom Management auf die Belegschaft, ohne wirklich darüber nachzudenken, was für die Mitarbeiter dabei herausspringt.

Wenn die Zusammenhänge mit den Mitarbeitern nicht richtig besprochen worden sind, reagieren diese verständlicherweise mit Verärgerung: Warum sollen sie auf einmal die Aufgaben ihres Vorgesetzten übernehmen? Nun bedeutet dies nicht, daß die Mitarbeiter für ihr Empowerment eine finanzielle Vergütung bekommen müssen. Zugegeben: Es ist gewöhnlich nicht drin, daß die Mitarbeiter eine zusätzliche Bezahlung erhalten oder automatisch befördert werden. Zwar stehen sich viele Mitarbeiter, die mit Empowerment ausgestattet worden sind, aufgrund von Gewinnbeteiligungen oder Besitzanteilen am Unternehmen tatsächlich finanziell besser, doch wird ihnen die zusätzlich übernommene Verantwortung in aller Regel nicht besonders vergütet. Selbst Ricardo Semler, Geschäftsführer bei *Semco Brazil* – dem Unternehmen, das unter Managern weltweit als ein Paradebeispiel für Empowerment gilt –, verhandelt in Gehaltsfragen genauso hart wie jeder andere Unternehmensleiter. Beförderungen sind in Organisationen mit Empowerment sogar noch seltener als anderswo, weil die Managementstruktur im Unternehmen flacher ist. Als bei *Harvester Restaurants* ein Empowerment-Programm eingeführt wurde, fühlten sich viele Mitarbeiter zunächst demotiviert. Geschäftsführende Assistenten mußten als Teamleiter und Ober (wenngleich mit sehr verantwortungsvollem Aufgabenbereich) arbeiten, nachdem die

Ebene mit ihren bisherigen Positionen weggefallen war. Allerdings machte dies nur wenigen Mitarbeitern etwas aus, denn Empowerment hat ein starkes Motivationspotential, wenn das Konzept effektiv eingesetzt wird und die Mitarbeiter ausreichend informiert worden sind.

Im folgenden soll wiedergegeben werden, wie einige Mitarbeiter, mit denen wir gesprochen haben, auf die Veränderung ihres Arbeitsplatzes infolge einer Empowerment-Initiative reagierten.

Für Hazel Mayo, einen Verpackungsarbeiter bei der *Walkers Smiths Snack Foods Lincoln Factory,* bedeutete Empowerment, daß die Leute am Fließband ein größeres Mitspracherecht haben. „Wir tragen jetzt alle mehr Verantwortung. Es heißt nicht mehr: ‚Dies ist mein Job, das ist deiner.‘ Wir sind alle für das Produkt verantwortlich. Zum Beispiel können die Packer heute sagen: ‚Dieses Produkt ist mir nicht gut genug, das packe ich nicht ein.‘ “

„Ich nehme die Projekte, an denen ich arbeite, jetzt sehr persönlich. Wenn die Projekte nicht erfolgreich sind, habe ich das Gefühl, selbst auch nicht erfolgreich zu sein, und so versetze ich Berge, um doch noch ein gutes Ergebnis zu erzielen", meint Andrew Tyler, ein Meeresforscher bei der *British Marine Technology.*

Ocelia Williams, eine Fließbandarbeiterin bei der *Cine-Made Inc.* in Cincinnati, sieht die Veränderungen an ihrem Arbeitsplatz ganz pragmatisch: „Mir macht meine Arbeit mehr Spaß als je zuvor. Ich leiste mehr. Ich mache mehr Geld. Vermutlich wird sich Bob Frey [der Eigentümer] an diesen Gewinnen eine goldene Nase verdienen, aber so ist das Leben nun mal. Er hat mehr in das Unternehmen investiert als ich. So gesehen ist das auch in Ordnung."[20]

Nuruz Zaman, Inspektor beim *Indian Agricultural Extension Service* in Assam, meint: „Seit ich an dem Kurs [über Teamarbeit und Empowerment-Fähigkeiten] teilnehme, probiere ich in den Dörfern Sachen aus, die ich früher nie angepackt hätte. Ich habe größere Klarheit über meine eigenen Ziele gewonnen, und durch sorgfältigere Planung konnte ich schon 10 bis 20 Prozent meines Zeitaufwands einsparen."

Doch Empowerment kann sich für viele Leute auch als zweischneidiges Schwert erweisen, wie Pat Winter, Personalsachbearbeiterin in einer Bezirksfiliale des *Berkshire County Council,* feststellen mußte. Pat Winter war jahrelang nur für grundlegende Sekretariatsarbeiten zuständig gewesen. Nachdem der *Council* viele seiner Funktionen auf die Bezirksfilialen übertragen hatte, war sie verantwortlich für die Finanzkontrolle in ihrem Bezirk und mußte dafür sorgen, daß der Bezirk seinen Etat nicht überzog. Um dieser Aufgabe gerecht werden zu können, mußte sie sich Computerkenntnisse und verschiedene Buchhaltungstechniken aneignen, mit denen sie zuvor nie etwas zu tun gehabt hatte.

„Weil ich inzwischen mit dem Computer umgehen kann und eine Menge Kollegen Anfangsschwierigkeiten haben, gebe ich ihnen Nachhilfeunterricht, wenn sie nicht weiterwissen. Dadurch bleiben dem *Council* Unkosten erspart, und ich habe die Chance, andere Leute in der Organisation kennenzulernen. Vor der Umstellung wäre dies nicht möglich gewesen."

Doch ihr neuer Arbeitsplatz sei auch mit Nachteilen verbunden, fügt sie hinzu:

„Mir hat auch meine frühere Arbeit Spaß gemacht, aber nun habe ich viel mehr Verantwortung. Das ist weitaus schwerer, und obgleich ich gern dazugelernt habe, war mein Privatleben durch den Job zuweilen stark belastet. Bei drei Kindern zu Hause ist es schon nicht immer einfach, die Prioritäten richtig zu setzen. Außerdem bekomme ich für diese erhöhte Verantwortung keinen Pfennig mehr."

5. Schlußfolgerung

So schwierig eine Definition des Konzepts *Empowerment* auch sein mag: Empowerment ist ein Prozeß, den buchstäblich jede Organisation zumindest in Betracht ziehen muß, wenn sie wettbewerbsfähig bleiben will. Doch Empowerment in Betracht zu ziehen ist nur die eine Seite – Empowerment in die Praxis umzusetzen die andere. Im nächsten Kapitel wollen wir uns nun der Frage zuwenden, wie Empowerment in verschiedenen Arten von Organisationen praktiziert werden kann.

6. Literaturhinweise

[1] Kizilos, P. (1990) „Crazy about empowerment", *Training*, Dezember 1990

[2] Oates, D. (1993) *Leadership: The Art of Delegation* (London: Century Business Books)

[3] *Employee Commitment and the Skills Revolution*. The Policy Studies Institute, Juni 1993 (Teil einer Umfrage zur Beschäftigungssituation in Großbritannien – *Employment in Britain Survey*)

[4] „Empowerment, a leap of faith?", *Management Training*, August 1993

[5] Pfeffer, J. (1992) „Power: The not-so-dirty secret to success in organizations", *Stanford Business School Magazine*, März 1992

[6] Stewart, T.A. (1989) „A user's guide to power", *Fortune*, 6. November 1989

[7] Stewart, T.A. (1989) *ibid.*

[8] Bowen, D.E./Lawler, E.E. (1992) „The empowerment of service workers: what, why, how and when", *Sloan Management Review*, Frühjahr 1992, Band 33, Nr. 3

[9] Oates, D. (1993) *Leadership, op. cit.*

[10] Lorenz, C. (1992) „Power to the people", *Financial Times*, 30. März 1992

[11] Stewart, T.A. (1989) „A user's guide to power", *op. cit.*

[12] Brandt, C.S. (1991) „Bring your brains to work please", *Stanford Business School Magazine*, Dezember 1991

[13] Neate, P. (1992) Vortrag bei einem IIR-Seminar, November 1992

[14] Kizilos, P. (1990) „Crazy about empowerment", *op. cit.*

[15] *Social Europe After Maastricht, Freedom Not License*. Confederation of British Industry, März 1992

[16] Wellins, R. (1992) „Building self-directed teams", *Technical and Skills Training*, Mai/Juni 1992

[17] Bluestone, B./Bluestone, I. (1992) „Workers (and managers) of the world unite", *Technology Review*, November/Dezember 1992

[18] Pickard, J. (1993) „The real meaning of empowerment", *Personnel Management*, November 1993

[19] Senge, P. (1990) *The Fifth Discipline* (London: Century Business)

[20] Frey, R. (1993) „Empowerment or else", *Harvard Business Review*, September/Oktober 1993

Kapitel 2

Praktische Ansätze

*Nichts ist schwerer zu planen, nichts läßt mehr am Erfolg zweifeln,
und nichts ist gefährlicher umzusetzen als die Schaffung
einer neuen Ordnung.*

Niccolò Machiavelli

*Empowerment bedeutet die Freiheit, selbst den besten Weg zur
Durchführung von Aktionen zu finden – und nicht nur den Anweisungen
„von oben" folgen zu müssen.*

*Richard Carver,
Geschäftsführender Direktor der* Coverdale Organisation

Wo keine Offenheit ist, wird das Volk wild und wüst.

Sprüche 29.18

Die Definition von Empowerment als solche mag eine interessante Übung sein; doch in der Praxis tragen Auseinandersetzungen über die Definition eines Konzepts nicht eben viel zu dessen Verwirklichung bei. Im vorliegenden Kapitel befassen wir uns nun mit der Frage, wie man ein Empowerment-Programm am besten aufstellt und plant; dabei geht es in erster Linie um die Beobachtung von Zusammenhängen, die Empowerment-Initiativen – oder wie immer man solche Vorhaben nennen will – erleichtern beziehungsweise behindern.

1. Allgemeine Prinzipien bei der Einführung von Empowerment-Programmen

Zunächst einmal gilt, daß es keine festen Regeln gibt. Was bei der praktischen Umsetzung von Empowerment funktioniert und was nicht, ist genauso unterschiedlich wie Art und Beschaffenheit der Organisationen, die sich um die Einführung von Empowerment-Programmen bemühen. Somit ist ein präskriptives Vorgehen in dieser ersten Phase nicht zweckdienlich; immerhin aber lassen sich einige allgemeine Prinzipien aufstellen, die auf alle von uns untersuchten Fälle zuzutreffen scheinen:

Definieren Sie als erstes Ihre Zielvorstellung

Ein wichtiger Aspekt beim Empowerment ist die Klärung der Zielvorstellung – ein zur Herbeiführung von Veränderungen eingesetztes Team muß als erstes festlegen, was es sich von Empowerment verspricht, bevor es darüber nachdenkt, wie die praktische Umsetzung erfolgen soll. So meint Richard Carver, geschäftsführender Direktor der *Coverdale Organisation*:

„Solange in einer Organisation und bei den darin arbeitenden Individuen keine Klarheit über die Zielvorstellung eines Vorhabens besteht, sind auch keine effektiven Entscheidungen über die Durchführung dieses Vorhabens zu treffen. Dasselbe Vorhaben mit einer anderen Zielvorstellung würde völlig anders abgewickelt werden.

Das Maß an Empowerment, das einer bestimmten Organisation am zuträglichsten ist, hängt davon ab, inwieweit Empowerment den einzelnen Mitarbeitern die erforderliche Freiheit zur Verbesserung ihrer Arbeitssituation verschafft. Entsprechend könnte Empowerment beim Militär völlig anders aussehen als beispielsweise bei einem technischen Beratungsdienst. Dennoch gibt es wohl mehr Gemeinsamkeiten, als wir zunächst meinen – es mangelt lediglich an einer scharfen Abgrenzung. Bei jeder Arbeitsaufgabe gibt es Elemente, wo Entscheidungskompetenzen und die Freiheit zur Verbesserung der Aufgabendurchführung zum Vorteil gereichen."

Der Unternehmensberater Wally Cork stimmt dem zu: „Was wir eigentlich suchen, sind effektive Verhaltensweisen; und welche nun tatsächlich die effektivste ist, hängt von der Situation ab. Manchmal – zum Beispiel mitten in einer Notsituation – sind autokratische Maßnahmen am besten geeignet, Entscheidungen durchzusetzen."

Die amerikanischen Betriebswirtschaftler David Bowen und Edward

Lawler beschreiben fünf Kriterien, mit deren Hilfe bestimmt werden kann, welches Maß an Empowerment angemessen ist:

1. *Art der Unternehmensstrategie:* Ein produktionstechnisch orientierter Ansatz ist dann am sinnvollsten, wenn Ihre grundlegende unternehmenspolitische Zielsetzung ein möglichst umfassendes Dienstleistungsangebot zu möglichst geringen Kosten vorsieht. Ein solcher Ansatz schließt die Einbeziehung der Mitarbeiter über ein betriebliches Vorschlagswesen keineswegs aus. Die Mitarbeiter haben oft gute Ideen, auch wenn sie großenteils Routinearbeiten erledigen.

2. *Kundenbeziehungen:* Empowerment ist am meisten gefragt, wenn es bei der Durchführung von Dienstleistungen auch um zwischenmenschliche Beziehungen geht – im Gegensatz zur ausschließlichen Durchführung einer Transaktion. Die besten Ergebnisse werden erzielt bei besonders komplizierten Dienstleistungen und Bereitstellungssystemen: Je differenzierter eine Dienstleistung und je langfristiger eine Beziehung ist, desto mehr spricht für Empowerment.

3. *Technologie:* In einigen Fällen – zum Beispiel bei der *Fast-Food*-Produktion oder in Fernsprechämtern – setzt die technologische Infrastruktur den Möglichkeiten für ein Empowerment Grenzen. Doch selbst dort, wo die Technologie eine Einschränkung für Empowerment bedeutet, können die Vorgesetzten ihre Mitarbeiter vor Ort immer noch so unterstützen, daß sowohl deren Zufriedenheit als auch die Qualität der bereitgestellten Dienstleistungen erhöht werden. Sogar Routinearbeiten werden gern erledigt, wenn die Mitarbeiter davon überzeugt sind, daß ihre Arbeit wichtig ist. So kleben freiwillige Helfer stundenlang mit Begeisterung Umschläge im Rahmen einer Spendenaktion für die von ihnen unterstützte Wohltätigkeitsinstitution.

4. *Betriebliche Umwelt*: Unternehmen, die unter nicht vorhersagbaren Umweltbedingungen arbeiten, können von Empowerment mehr als die meisten anderen Unternehmen profitieren. Zum Beispiel ist es bei Fluggesellschaften vielfach unmöglich, die Mitarbeiter auf alle eventuell eintretenden Situationen angemessen vorzubereiten. Mitarbeiter, die für den Ernstfall unter chaotischen Umständen geschult sind, leisten auch in Anbetracht einer nicht vorhersagbaren betrieblichen Umwelt gute Arbeit.

5. *Art der Mitarbeiter*: Wenn Empowerment funktionieren soll, braucht das Unternehmen Führungskräfte, die davon überzeugt sind, daß ihre

Mitarbeiter selbständig arbeiten können. Sind die Führungskräfte hingegen der Auffassung, daß die Mitarbeiter genau kontrolliert werden müssen, kommt unter Umständen nur der produktionstechnisch orientierte Ansatz in Frage. Die Mitarbeiter reagieren auf Empowerment nur dann positiv, wenn sie das starke Bedürfnis haben, sich weiterzuentwickeln und ihre Fähigkeiten am Arbeitsplatz auszuloten. Einige Mitarbeiter ziehen schlicht einen an Fließbandarbeit orientierten Ansatz vor.

Definieren Sie die Bedeutung von Empowerment für Ihre Organisation, und geben Sie diese öffentlich bekannt

„Die Verwendung des Wortes *Empowerment* kann gefährlich sein", meint der Unternehmensberater Arthur Catterall. „Viele Unternehmen benutzen das Wort ohne weitere Qualifizierung; doch wenn ein Unternehmen ein Empowerment-Programm durchziehen will, ist es unbedingt erforderlich, daß die Führungskräfte einen klaren Überblick über die Konsequenzen des Programms vermitteln können. Wenn keine eindeutigen Parameter für Empowerment festgelegt werden, könnten sich die Mitarbeiter betrogen fühlen."

So wurde den Mitarbeitern in einer Organisation, mit der Catterall zu tun hatte, lediglich mitgeteilt, für sie sei Empowerment vorgesehen; es blieb ihnen überlassen, sich etwas darunter vorzustellen. Als dann Entscheidungen auf übergeordneter Ebene ohne Hinzuziehung der betroffenen Mitarbeiter gefällt wurden, fühlten sich diese überrumpelt und übergangen. Die leitenden Führungskräfte ihrerseits zeigten sich erstaunt, daß ihre Mitarbeiter geglaubt hatten, für solche unternehmenspolitischen Entscheidungen zuständig zu sein.

Um derartige Mißverständnisse zu vermeiden, schlägt Catterall folgendes vor:

„Ein Unternehmen, das Empowerment einführen will, sollte als erstes seine Mitarbeiter ausführlich über die Art des vorgesehenen Empowerment-Programms unterrichten und die Ansichten der Unternehmensleitung zur praktischen Umsetzung des Konzepts kundtun. Auch ist es wichtig, festzustellen, was die Mitarbeiter von der derzeitigen Arbeitssituation halten und welche Änderungen sie gern hätten, bevor etwas unternommen wird."

Rechnen Sie mit erheblichen Verhaltens- und Systemänderungen auf Organisationsebene, Teamebene und Mitarbeiterebene

Empowerment-Programme scheitern häufig deshalb, weil es den Organisationen nicht gelingt, dieses Konzept in seiner ganzen Tragweite zu begreifen; statt dessen konzentrieren sie ihre Empowerment-Maßnahmen lediglich auf ein oder zwei Ebenen – gewöhnlich auf die unterste Ebene.

Je mehr Mitarbeiter betroffen sind, desto schwieriger gestaltet sich die Umsetzung. Führungskräfte können problemlos den „gelegentlichen Glücksfall" ermächtigen – einen Mitarbeiter, der ganz offensichtlich so viel Dynamik, Eigeninitiative, Professionalität und natürliches Urteilsvermögen mitbringt, daß es nur eines kleinen Vertrauensaktes bedarf, um ihm umfassende Aufgaben mit allen Konsequenzen zu übertragen. Auch ein Mitarbeiter, der lange Zeit eine gute „Nummer zwei" war, verdient vielfach ein Empowerment, das durch Vertrautheit mit der Arbeitssituation zum Tragen kommt.[1]

Auf der Teamebene fällt die Beziehung zwischen der Führungskraft und den einzelnen Teammitgliedern hingegen recht unterschiedlich aus – wie auch die Fähigkeiten der Teammitglieder zu selbständigem Arbeiten und Handeln unterschiedlich ausgeprägt sind. Hier werden Machtbefugnisse einem Team überlassen, nicht aber gezielt zugeordnet. Diese Machtbefugnisse sollten innerhalb des Teams als Ganzem verbleiben und je nach Bedarf von den Teammitgliedern in Anspruch genommen werden. Die Führungskräfte müssen außerhalb der Teamstruktur angesiedelt sein, damit die Mitarbeiter ihre Befugnisse auch wirklich nutzen und nicht ständig Entscheidungen „von oben" erwarten.

Auf organisatorischer Ebene ist Empowerment im wesentlichen eine Philosophie und kein praktisches Managementinstrument. Wenn die Machtbefugnisse größtenteils auf die Teams übertragen worden sind, besteht die Funktion der Unternehmensleitung eher darin, durch ihren Einfluß und ihre Unterstützung für einen reibungslosen Betriebsablauf zu sorgen.

Bestimmen Sie, welches Maß an Entscheidungskompetenz Ihrer Zielvorstellung am besten entspricht

Bowen und Lawler stellen einen interessanten Vergleich an zwischen *Federal Express* und dem *United Parcel Service (UPS)* – zwei sehr erfolgreichen Unternehmen, die auf ein und demselben Markt mit einem weitgehend vergleichbaren Dienstleistungsangebot konkurrieren. Der Unterschied besteht darin, daß das eine Unternehmen seinen Mitarbeitern ein erhebliches Maß an Entscheidungsfreiheit einräumt, während das andere einen durch Befehle und Kontrollen geprägten Führungsstil aufweist.

Federal Express ist die erste Dienstleistungsorganisation, die mit dem *Malcolm Baldrige National Quality Award* ausgezeichnet worden ist. Das Motto des Unternehmens lautet: „Leute, Service und Profit". Hinter seinen blau-weiß-roten Flugzeugen und Uniformen stecken eigenverantwortliche Teams, Gewinnbeteiligungspläne und ermächtigte Mitarbeiter, die rund um die Uhr bemüht sind, ihren Kunden mit ganz unterschiedlichen Bedürfnissen einen flexiblen und kreativen Service bereitzustellen.

Bei *UPS* – von den Mitarbeitern als *Big Brown* bezeichnet – wurde die Philosophie von Jim Case, dem Gründer des Unternehmens, wie folgt formuliert: „Bester Service zu niedrigen Preisen". Auch hier stoßen wir auf engagierte Mitarbeiter und Gewinne. Aber wir finden kein Empowerment. Statt dessen ermitteln wir Kontrollen, Regeln, einen detaillierten Gewerkschaftsvertrag und ausgeklügelte Arbeitsmethoden. Wir finden auch keinerlei Zusage, derzufolge sich das Unternehmen verpflichtet, alles für die Kunden zu tun – so auch Versandstücke abzuholen beziehungsweise zuzustellen, wenn dies nicht in den üblichen Dienstplan paßt und die Größen- und Gewichtsnormen überschritten werden. Dafür tragen rigide Arbeitsrichtlinien dazu bei, dem Kunden einen zuverlässigen, preisgünstigen Service zu garantieren.

Federal Express ist eine horizontal koordinierte Organisation, die ihre Mitarbeiter in hohem Maß einbezieht und zu eigenverantwortlichem Handeln, notfalls über alle Vorschriften hinaus, ermutigt. *Bei UPS* handelt es sich um eine traditionell kontrollierte *Top-down*-Organisation, in der die Mitarbeiter feste Vorschriften in bezug auf Unternehmenspolitik und Vorgehensweisen zu befolgen haben; grundlegend sind detaillierte arbeitstechnische Studien, die Aufschluß darüber geben, wie der Service in all seinen Aspekten durchzuführen und wieviel Zeit dafür zu veranschlagen ist.

Bowen und Lawler stellen auch einen Vergleich zwischen Freizeitparks an: Auf der einen Seite wird das Begleitpersonal bei *Club Med* sorgfältig eingewiesen, was den Gästen mitgeteilt werden darf und was nicht; auf der anderen Seite haben die Mitarbeiter der *Disney*-Freizeitparks als echte Gastgeber die Freiheit, ihren Gästen spontan zu einem echten Ferienerlebnis zu verhelfen. Welcher Ansatz ist besser – bei *Fed Ex* oder bei *UPS*, bei *Club Med* oder *Disney*? Der Erfolg aller vier Unternehmen zeigt, daß diese Frage nicht eindeutig zu beantworten ist.

Inwieweit einzelne Mitarbeiter und Teams in der Lage sind, Eigenverantwortung zu übernehmen, ist von mehreren Faktoren abhängig:

Kenntnisse, Fähigkeiten und Erfahrungen:
Wer selbst nicht davon überzeugt ist, daß er Fähigkeiten zur Durchführung einer Aufgabe besitzt, wird normalerweise zögern, eine solche zu übernehmen – und sei es aus Furcht vor eventuellem Versagen. Daher hat eine Führungskraft teilweise auch die Funktion, den Mitarbeitern eine *„Das schaffe ich schon"*-Haltung zu vermitteln und ihnen zugleich die schrittweise Entwicklung der erforderlichen Fähigkeiten zu ermöglichen. Dabei erweist es sich als sinnvoll, die Mitarbeiter verschiedene Aktivitäten kurz ausprobieren zu lassen.

Eine Erweiterung der Wissensbasis der Mitarbeiter bedeutet im wesentlichen, daß ihnen die Möglichkeit gegeben wird, ihre Fähigkeiten und ihren gesunden Menschenverstand effizienter einzusetzen, weil sie den Gesamtkontext, in den ihre Aufgabe eingebettet ist, besser verstehen. Im Einzelhandel beispielsweise kann es auch wichtig sein, die Produktkenntnisse der Mitarbeiter zu erweitern. Darüber hinaus ist sicherzustellen, daß die Mitarbeiter Zugang zu allen Informationen erhalten, die für ihre Aufgaben relevant sind, aber an anderer Stelle verwaltet werden.

Entscheidungsfreiheit in bezug auf die Art der durchzuführenden Aufgaben:
Gewöhnlich haben selbst Führungskräfte, geschweige denn die Mitarbei-

ter auf der untersten Unternehmensebene, kaum eine Möglichkeit, darüber zu entscheiden, welche Aufgaben durchgeführt werden sollen. Mit einem Kunden wird ein Vertrag abgeschlossen, und dies bedeutet in aller Regel ein *Fait accompli*. Dennoch ist auch immer ein gewisser Handlungsspielraum gegeben. So haben inzwischen einige Arbeitsteams bei einzelnen Projektelementen die Freiheit zu entscheiden, ob etwas gekauft oder selbst hergestellt werden soll; unter der Voraussetzung, daß hinreichende Kosteninformationen vorliegen, können sie selbst bestimmen, welche Aufgaben in Teamarbeit durchgeführt werden und welche besser an Unterauftragnehmer zu vergeben sind. Vor einigen Jahren begegneten wir sogar einem Software-Unternehmen, dessen Mitarbeiter in einer wöchentlich stattfindenden Auktion Projektaufträge hereinholten!

Entscheidungsfreiheit über den Zeitpunkt der Aufgabendurchführung:
Bei klaren, relativ einfachen Prozessen und einer präzisen Definition des Zeitpunkts, zu dem der (interne oder externe) Kunde das Arbeitsprodukt benötigt, können die Mitarbeiter auf der durchführenden Ebene vielfach damit betraut werden, die Prioritäten bei ihrer Arbeit selbst zu setzen – sowohl auf individueller Basis als auch im Team. Sogar bei komplexer Fließbandproduktion läßt sich mit Hilfe computergestützter Arbeitsablauf-Planungssysteme größere Effizienz erzielen, wenn die zentral geplanten Aktivitäten auf die für die Aufrechterhaltung des Arbeitsflusses wesentlichen Schritte beschränkt werden und die Entscheidungen in bezug auf die restlichen Arbeitsschritte den Arbeitsgruppen selbst überlassen bleiben. Wichtig in diesem Zusammenhang ist zum einen die Aufstellung klarer Richtlinien über die Kriterien, nach denen Prioritätsentscheidungen zu treffen sind; zum anderen ist zu gewährleisten, daß die allgemeinen Annahmen der Logistikplaner bezüglich der Prioritätsentscheidungen auf höherer Ebene hinreichend bekannt sind.

Entscheidungsfreiheit über die Art der Aufgabendurchführung:
Im folgenden wird beschrieben, wie die Entscheidungskompetenzen hinsichtlich der Aufgabendurchführung hierarchisch gestaffelt sind:

1. *Voll präskriptive Vorgaben.* Eine an Arbeitsablaufstudien orientierte Organisation beispielsweise gibt vor, welche Aktionen ein Arbeiter oder Techniker in welcher Reihenfolge durchführt; häufig sind auch Standardzeiten für die einzelnen Aktivitäten festgelegt. In vergleich-

barer Weise bekommt Televerkaufspersonal zuweilen ein wortwörtliches Skript vorgeschrieben – einschließlich der Angabe, an welchen Stellen Pausen einzuhalten sind. In beiden Beispielen geht es darum, daß die Durchführung der Aufgabe in vollem Umfang gelenkt und kontrolliert wird. Die Akteure dürfen von den festgelegten Vorgehensweisen nur mit Genehmigung des Vorgesetzten abgehen.

2. *Gelenkt präskriptive Vorgaben.* Der Prozeß umfaßt eine Mischung aus voll präskriptiven Elementen und solchen Elementen, bei denen eine gewisse Entscheidungsfreiheit zugestanden wird. Zum Beispiel müssen sich Krankenschwestern an sehr strenge Vorschriften halten. Dennoch bleibt ihnen ein beträchtliches Maß an Ermessensfreiheit: Sie können selbst entscheiden, wie sie einen Patienten beruhigen, für welche Patienten sie besonders viel Zeit aufbringen usw. In solchen Fällen geht es vor allem um Lenkung und Kontrolle der kritischen Aufgabenelemente.

3. *Regulierung.* Eine Aufgabe läßt sich möglicherweise auf verschiedene Art und Weise durchführen. Zwar wird keine bestimmte Vorgehensweise vorgeschrieben, aber es gibt feste Richtlinien, anhand derer bestimmte Aktionen als verbindlich geregelt und andere Aktionen von vornherein ausgeschlossen werden. Anleitungen zu einer optimalen Vorgehensweise können auch interne und externe Vorschriften beinhalten. Beispielsweise unterliegt die Buchhaltung Gesetzesvorschriften, Vorgaben seitens der Berufsverbände sowie unternehmensinternen Gepflogenheiten. In einem solchen Fall geht es gleichermaßen um das nach eigenem Ermessen zu erzielende Arbeitsergebnis einerseits und um Lenkung und Kontrolle des Arbeitsprozesses andererseits.

4. *Lenkung.* Hier wird ein Prozeßschema, das zwischen Führungskraft und Mitarbeitern in bezug auf die Aufgabendurchführung vereinbart oder von letzteren sogar selbst vorgeschlagen worden ist, als Modell vorgegeben. Beispielsweise wird einem Televerkäufer zugestanden, sein Rollenskript als allgemeine Richtschnur zu verwenden, darüber hinaus aber ein Vorgehen zu erarbeiten, das seiner Persönlichkeit am besten entspricht und eine möglichst flexible Anpassung an verschiedene Kundentypen sicherstellt. Es geht weniger um Prozeßkontrolle als vielmehr um die Erzielung eines bestimmten Ergebnisses.

5. *Zielorientierung.* Wie ein Mitarbeiter (oder ein Team) seine Arbeit durchführt, ist unwichtig, solange zwei entscheidende Kriterien erfüllt sind:

- *Ziele*: Was muß bis wann im Rahmen welcher Budget- oder Ressourcen-Grenzen durchgeführt werden?
- *Konsequenzen*: Die Akteure sind verpflichtet, die Auswirkungen ihrer Vorgehensweise auf andere Leute zu berücksichtigen und selbst zu regeln. Ein solcher Fall ist beispielsweise dann gegeben, wenn ein Produktionsteam in einer mit Einzelaufträgen befaßten Verlagsanstalt die Erstellung von Arbeitszeitnachweisen lästig findet, die Rechnungsabteilung andernfalls aber nicht in der Lage ist, korrekte Rechnungen auszustellen.

Je mehr Verantwortungen ein Team übernehmen kann, desto weniger Einschränkungen unterliegt es bezüglich der Konsequenzen seiner Aktivitäten für andere. Wenn beispielsweise das Produktionsteam in der Verlagsanstalt selbst für die Ausstellung von Rechnungen verantwortlich ist, wird es seinen Zeitaufwand automatisch notieren, da die Teammitglieder den unmittelbaren Effekt für das eigene Budget erkennen.

6. *Orientierung an Fähigkeiten oder Selbstbestimmung*. Solche Fälle sind eher die Ausnahme, aber es gibt Arbeitsteams, die in ihrem Verantwortungsbereich sowohl die Art ihrer Aufgaben als auch ihre Vorgehensweise selbst bestimmen. Zum Beispiel arbeiten Konkursverwalter manchmal in Teams mit sehr umfassenden Aufgabenbereichen. Normalerweise entscheiden sie selbst, welche Fälle sie übernehmen wollen, welche Ziele im Einzelfall zu verfolgen sind und wie diese Ziele am besten erreicht werden.

Solche Individuen oder Teams besitzen beträchtliche Ermessensfreiheit: Es gibt keine fest vorgegebene Organisationsstruktur, die sie einschränken könnte, und häufig auch keine Kundschaft, die genügend Macht besäße, um auf präzise definierten Projektzielen bestehen zu können. Solche Teams sind meist von den Fähigkeiten und Ambitionen ihrer Mitglieder geprägt und nicht an externe Aufgabendefinitionen gebunden.

Selbst innerhalb ihrer eigenen Organisationen besitzen solche professionellen Mitarbeiter eine Handlungsfreiheit, die sich aus ihrem „Partner-Status" herleitet. Solange die Aktivitäten nur generell in den jeweiligen Zuständigkeitsbereich fallen, die Organisation finanziell nicht unzulässig belasten und den Rechtsvorschriften entsprechen, werden sie gebilligt oder sogar gefördert.

In großen Organisationen können sich derart selbständige Teams in Anpassung an eine größere Umstellung bilden. Gewöhnlich handelt es sich um *Ad-hoc*-Teams mit einem sehr umfassenden Auftrag zur Erarbeitung und Durchführung eines Veränderungsprogramms, die meist funktionsübergreifend arbeiten und unmittelbar dem geschäftsführenden Direktor unterstehen. Die Machtbefugnisse, die diese Teams nutzen, sind ihnen zum Teil vom Geschäftsführer übertragen worden, erwachsen aber normalerweise auch aus der im Team entwickelten Energie und seinen ersten Erfolgen.

Das Ausmaß, in dem eine Organisation – oder ein Teil der Organisation – Entscheidungskompetenzen seitens der Mitarbeiter tolerieren kann, hängt von einer Reihe von Faktoren ab – auch von der Bedeutung, die der Prozeßkontrolle beigemessen wird. Das nachstehende Diagramm ist dazu angetan, die relative Bedeutung der Prozeßkontrolle gegenüber dem Arbeitsergebnis einzelner Mitarbeiter oder Teams in einer Organisation zu verdeutlichen.

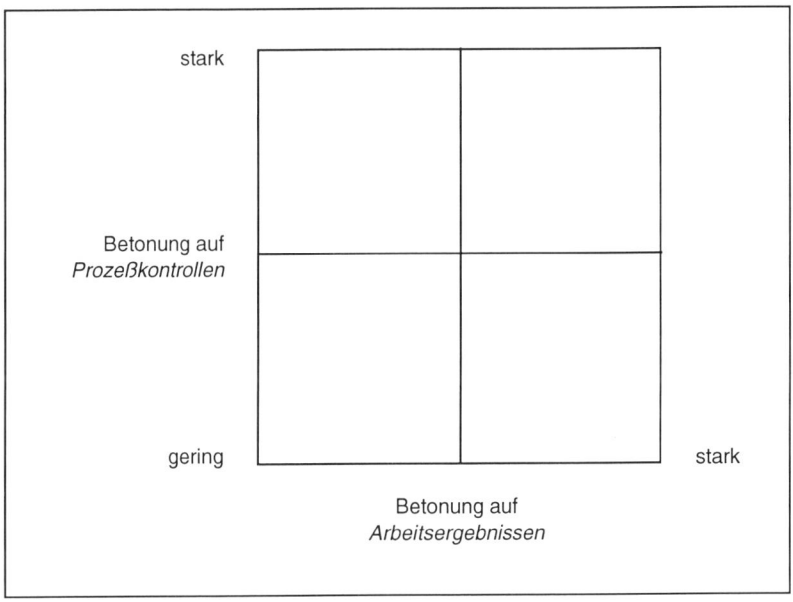

Organisationen mit geringer Betonung der individuell oder im Team erzielten Arbeitsergebnisse und starker Betonung von Prozeßkontrollen lassen bezüglich der Entscheidungsfindung nur sehr wenig Ermessensfreiheit zu. Zum Beispiel ist bei einigen *Fast-Food*-Ketten selbst das Lächeln des Personals bei der Bedienung der Kunden vorgeschrieben. In ähnlicher Weise sind manche Einzelhandelsketten davon überzeugt, daß Konsistenz in bezug auf Preisbildung, Präsentation und Lagerbestand als wesentliche Elemente des Versprechens gegenüber den Kunden wichtiger ist als die Durchführung lokaler Initiativen.

Organisationen, die den Arbeitsergebnissen hohe Bedeutung, den Prozeß-kontrollen hingegen geringe Bedeutung beimessen, geben den Mitarbeitern gewöhnlich Ziele vor und überlassen ihnen dann die Entscheidung, wie sie diese Ziele erreichen wollen. Erfolg wird belohnt; Versagen bedeutet häufig eine Trennung vom Unternehmen. Ein solcher Ansatz ist für viele Vertriebsorganisationen charakteristisch. Allerdings ist ein Nachteil darin zu sehen, daß die einzelnen Mitarbeiter beziehungsweise Teams nicht genügend Rückendeckung spüren und Möglichkeiten zur unternehmensweiten Einbindung optimaler Vorgehensweisen in die Verfahren häufig ungenutzt bleiben.

Organisationen, die sowohl die Prozeßkontrollen als auch die Arbeitsergebnisse nachdrücklich betonen, entwickeln unter Umständen schizophrene Verhaltensweisen. Zwar ist es durchaus möglich, hochgesteckte Ziele zu verlangen und zugleich im Detail vorzuschreiben, wie die Mitarbeiter diese Ziele erreichen sollen, aber aller Wahrscheinlichkeit nach kann sich bei einer solchen dualen Betonung kaum Kreativität entfalten.

Die Lösung des Problems besteht teilweise darin, Nachdruck auf die Prozesse als solche und nicht auf die Prozeßkontrollen zu legen. Mit anderen Worten: Die Mitarbeiter müssen von dem Wert der Prozesse überzeugt werden, damit sie diese freiwillig übernehmen. In einer Anfang der 80er Jahre durchgeführten Untersuchung verglich David Clutterbuck die Einstellungen von Führungskräften zu vergleichbaren Methoden betrieblicher Kontrolle: Die Führungskräfte in den meisten erfolgreichen Unternehmen waren überzeugt, daß ihnen die Kontrollen die Arbeit erleichterten; dagegen waren die Führungskräfte in den weniger erfolgreichen Unternehmen häufig der Ansicht, dieselben Kontrollsysteme gereichten eher irgend jemand anderem zum Vorteil.

Organisationen, die sowohl auf die Prozeßkontrolle als auch auf die Arbeitsergebnisse nur geringen Nachdruck legen, erzielen in aller Regel

keine Spitzenleistungen. Zum Beispiel könnte es sich um staatlich ge-
lenkte Monopolbetriebe handeln. Wenn solche Betriebe privatisiert werden oder einen ähnlichen Umbruch erfahren, wird die Unternehmensleitung bemüht sein, das Geschäft in eines der drei übrigen Kästchen zu verlagern; vielfach wird dann widersinnigerweise die Option mit starker Betonung auf Prozeßkontrolle *und* starker Betonung auf Arbeitsergebnissen
gewählt – ein Übergang, der nur unter außergewöhnlichen Schwierigkeiten, wenn überhaupt, zu bewältigen ist.

Möglichkeit der Einflußnahme auf die Unternehmenspolitik:
Unternehmenspolitische Richtlinien werden gewöhnlich auf Unternehmensebene festgelegt – aus guten praktischen Gründen. Organisationen,
die sich für Empowerment entschieden haben, sind bemüht, den Umfang
der zentral erstellten Unternehmenspolitik auf ein Minimum zu beschränken.

Wenn es um die Entscheidung geht, auf welcher Ebene unternehmenspolitische Richtlinien anzusiedeln sind, kann die folgende Checkliste wei-
terhelfen:

– Wo wirkt sich die unternehmenspolitische Richtlinie am stärksten aus?
– Wer übernimmt die Verantwortung für die unternehmenspolitische
  Richtlinie? (Mit anderen Worten: Wer ist für Erfolg oder Mißerfolg re-
  chenschaftspflichtig?)
– Wer muß einbezogen werden, wenn die unternehmenspolitische Richtlinie mit Erfolg in die Praxis umgesetzt werden soll?
– Welches ist die unterste Ebene, an welche die Erstellung der anstehenden unternehmenspolitischen Richtlinie delegiert werden könnte, ohne
  daß es zu schwerwiegenden Problemen kommt? Zum Beispiel tragen
  die *IBM*-Vertretungen im Vereinigten Königreich die Verantwortung
  für die Bemessung wohltätiger Spenden auf lokaler Ebene. *John Lewis*
  verfolgt dieselbe Politik.
– Zielt die unternehmenspolitische Richtlinie eher auf Restriktion oder
  auf Stimulierung von Aktionen ab?

Wichtig in diesem Zusammenhang sind Umfang beziehungsweise Detail-
lierungsgrad der jeweiligen unternehmenspolitischen Richtlinie. So kann
den Geschäftseinheiten eines Unternehmens beträchtlicher Freiraum zu-

gestanden werden, wenn dessen zentrale Wohltätigkeitspolitik lediglich den Etat, die grundsätzlichen Bereiche, in denen das Unternehmen einen Gemeindebeitrag leisten will, sowie einige allgemeine Kriterien in bezug auf die Auswahl lohnender und tragfähiger Projekte vorgibt.

Selbst wenn die Unternehmenspolitik zentral entschieden wird, kann dennoch allen Organisationsebenen die Möglichkeit einer *Einflußnahme* eingeräumt werden:

– Mitarbeit in funktionsübergreifenden, alle Ebenen umfassenden Gremien zur Diskussion und Überprüfung der Unternehmenspolitik;
– Meinungsumfragen;
– offene Diskussion unternehmenspolitischer Fragen in betriebsinternen Zeitungen, Teambesprechungen usw.

Möglichkeit zur Veränderung von Systemen mit Auswirkung auf Mitarbeiter in anderen Abteilungen oder Funktionen:
Eine der traditionellen Managementaufgaben auf mittlerer und oberer Führungsebene besteht darin, einen Ausgleich zwischen den konkurrierenden Bedürfnissen verschiedener Teams im Unternehmen herbeizuführen. Beispielsweise könnte eine geringfügige Veränderung, die den Mitarbeitern im Lager das Leben erleichtern würde, geradezu verheerende Auswirkungen für die Montage haben. Der Verkauf möchte häufig mit völlig anderen Vorlaufzeiten arbeiten, als die Produktion einzuräumen bereit ist. Wenn solche Angelegenheiten als *politische* Entscheidungen angesehen werden, fallen sie unweigerlich in den Verantwortungsbereich einer relativ hochrangigen Führungskraft. Betrachtet man sie hingegen als logistische Entscheidungen, die es im besten Interesse des Kunden und der dem Unternehmen entstehenden Gesamtkosten zu treffen gilt, können sie weitaus reibungsloser von den betroffenen Parteien selbst geregelt werden.

Unternehmen, die ein Empowerment-Programm einführen, sind bemüht, funktionsübergreifende Fragen zu entpolitisieren, indem sie den Mitarbeitern Gelegenheit geben, eventuelle Überschneidungsprobleme mit anderen Teams und Funktionen selbst zu lösen. Tabelle 1 zeigt, welche Techniken angewendet werden können, um verschiedene Empowerment-Elemente in die Praxis umzusetzen.

Tabelle 1: Empowerment-Techniken

	Produktionsarbeiter	Büroangestellte	Akademiker
Wissensbasis	– systematischer Arbeitsplatzwechsel – Gruppentechnologie/ eigenverantwortliche Teams	– systematischer Arbeitsplatzwechsel – eigenverantwortliche Teams – Aufgabenerweiterung	– Aufgabenerweiterung *und* – Aufgabenspezialisierung, um allen Mitarbeitern die Möglichkeit zu geben, sich zu Experten zu entwickeln
Entscheidungsfreiheit in bezug auf – Zeitpunkt der Aufgabendurchführung – Art der Aufgabendurchführung – Organisation neuer Aufgaben – Interpretation der Unternehmenspolitik Mitarbeit an unternehmenspolitischen Richtlinien	– eigenverantwortliche Teams – Problemlösungsfähigkeiten – Delegation – Abstimmungen – Informationsaustausch und Besprechungen (mit Nachdruck auf Kommunikation von unten nach oben) – Beteiligung (von Beratungsausschüssen bis zu Mitarbeitervertretungen im Vorstand)	– eigenverantwortliche Teams – Problemlösungsfähigkeiten – Delegation	– eigenverantwortliche Teams – Problemlösungsfähigkeiten – Delegation
Möglichkeit zur Veränderung von Systemen, die sich auf Mitarbeiter in anderen Funktionen/ Abteilungen auswirken	– innerbetriebliches Vorschlagswesen – funktionsübergreifende Teams zur Qualitätsverbesserung		

Behalten Sie sich ein Kontrollelement zur Gewährleistung von Qualitäts-, Sicherheits- und Dienstleistungsstandards vor

Nach Meinung von Jim Durcan, Leiter des Nachwuchsprogramms am *Ashridge Management College*, ermöglicht Empowerment eine effizientere und kosteneffektivere Art der Lenkung und Kontrolle als der Führungsstil in *Kommando/Kontroll*-Organisationen:

„Es gibt zwei Arten von Kontrollen: einerseits Kontrollen, die den Mitarbeitern von der Organisation auferlegt werden (extern), und andererseits Kontrollen, die sich die Mitarbeiter selbst auferlegen (intern). Die internen Kontrollen leiten sich aus persönlichen Motiven wie Stolz auf die eigene Arbeit, Selbstachtung und Verantwortungsgefühl ab. Externe Kontrollen gehen vom Vorgesetzten aus, der strikte Anweisungen erteilt und bei schlechten Leistungen Disziplinarverfahren und Bestrafungen einleiten kann.“[2]

Durcan argumentiert, interne Kontrollen seien effektiver und preiswerter zu haben, weil sie keine organisatorischen Ressourcen in Anspruch nehmen.

Bei *Harvester Restaurants* funktioniert Empowerment aufgrund ausgesprochen hochgesteckter Zielvorgaben:

„Das Personal hat volle Entscheidungsfreiheit bis auf eine Ausnahme: Es kann nicht darüber befinden, ob es mit Empowerment ausgestattet wird oder nicht. Das System [Teamarbeit-Funktionen] ist an die Basis verlagert und in allen Restaurants identisch. Innerhalb dieses Rahmens können die Mitarbeiter ihre eigenen Entscheidungen treffen. Und sie müssen hochgesteckte Ziele erreichen. Zum Beispiel wird von jeder Kellnerin im *Dulwich*-Restaurant erwartet, daß sie an allen Tischen für eine Zusatzbestellung sorgt. Gelingt ihr dies nicht, muß sie sich gefallen lassen, daß das Team nach den Gründen fragt.“[3]

Entwickeln Sie eine gemeinsame Sprache

Richard Carver meint in diesem Zusammenhang:

„Wenn Mitarbeiter im Rahmen eines Empowerment-Programms mit anderen zusammenarbeiten sollen, müssen sie sich über eine gemeinsame

Sprache oder Vorgehensweise verständigen, die das unterschiedliche Niveau von Kenntnissen und Erfahrungen sowie die unterschiedlichen Denkweisen in sich vereint. Dies ist ein entscheidendes Element bei der Teamarbeit, ohne das die ermächtigten Mitarbeiter nur als Individuum effektiv arbeiten können."

Gestehen Sie Ihren Mitarbeitern Fehler zu

„Wenn Mitarbeiter mit Empowerment ausgestattet werden sollen, dürfen Sie nicht erwarten, daß sie einerseits die Verantwortung übernehmen und andererseits in bezug auf ihre Vorgehensweisen verunsichert sind", sagt Carver. „Sie müssen damit rechnen, daß die Mitarbeiter auch Fehler machen."

Erwarten Sie keine schnellen Lösungen

Der Management-Autor Peter Kizilos ist überzeugt, daß zu viele Unternehmen nach unrealistisch bequemen Wegen zur Einführung von Empowerment suchen oder möglichst schnell davon profitieren wollen:

„Man gewinnt den Eindruck, daß sich viele Unternehmen von einer Phantasie-Empowerment-Version angezogen und gleichzeitig von der Realität abgestoßen fühlen. Wie schön, dynamische, engagierte Mitarbeiter zu haben, die stets die Initiative ergreifen (aber nur, wenn dies auch „angemessen" ist), die sich risikofreudig zeigen (aber nie riskante Entscheidungen treffen), die eigene Ideen vortragen (aber nur hervorragende Vorschläge machen), die nicht davor zurückscheuen, offen ihre Meinung zu sagen (aber nie jemandem dabei wehtun), die dem Unternehmen stets ihr Bestes geben (aber keine unangenehmen Fragen nach den Gegenleistungen des Unternehmens stellen). Mit anderen Worten: Wie schön könnte Empowerment sein, wenn man den Mitarbeitern keine Machtbefugnisse überlassen müßte."[4]

Diese Art von künstlichem Empowerment kann Kizilos zufolge schlimmer sein, als wenn gar nichts geändert würde:

„Wenn eine Organisation nur die Ideale des Empowerment propagiert, aber nicht für eine betriebliche Umwelt sorgt, in der eigenverantwortliches

Vorgehen gefördert wird, können die Mitarbeiter leicht zynisch werden und sich mehr denn je von den Zielen des Unternehmens distanzieren. Auch unklare Botschaften haben mit Sicherheit zur Folge, daß die Mitarbeiter mißtrauisch und zynisch auf Empowerment-Initiativen reagieren."

Der Buchautor William Byham, einer der größten Nutznießer des Empowerment-Trends, zeigt sich ebenfalls besorgt über die unrealistische Erwartungshaltung in vielen Organisationen. Byham stellt fest, daß überraschend viele Unternehmen ihren Mitarbeitern lediglich seinen Bestseller in die Hand drücken und dies dann als Empowerment-Programm bezeichnen. „Eine Menge *Zapp*-Bücher fanden Absatz in Unternehmen, die ihre Aufgabe lediglich darin sahen, ihren Mitarbeitern das Buch zu übergeben. Ich beklage mich keineswegs über die Anzahl der verkauften Exemplare, aber ich habe kein gutes Gefühl dabei", gesteht er. Auf die Frage, ob Empowerment zu einem Modebegriff entartet sei, gab Byham zu: „Jedenfalls geht die Entwicklung in diese Richtung. Eines der größten Probleme besteht darin, daß sich die Unternehmen auf Empowerment einlassen, ohne zu wissen, was es bedeutet, und deshalb haben sie damit auch keinen Erfolg."[5]

An der französischen Wirtschaftshochschule *INSEAD* hat Paul Evans informelle Untersuchungen durchgeführt und dabei den Unterschied zwischen erfolgreichen und nicht erfolgreichen Empowerment-Programmen ermittelt. Die Ergebnisse sind zum Teil ernüchternd.

„Der gemeinsame Nenner bei den erfolgreichen Unternehmen ist offenbar darin zu sehen, daß Empowerment nur als nachträgliches Etikett für bereits erfolgte Entwicklungen benutzt worden ist; in allen Fällen stand hinter den organisatorischen Veränderungen eine sichtbare Variante eines erklärten Unternehmensziels, irgend etwas besser, preisgünstiger oder schneller zu erledigen. Die Folge war eine abgeflachte, horizontal orientierte Organisation, und das Ganze wurde im nachhinein als Empowerment bezeichnet. Der gemeinsame Nenner bei den nicht erfolgreichen Unternehmen war eine explizite Ausrichtung auf Empowerment, wobei das Mittel zum Zweck wurde und letztlich Mißverständnisse und Frustrationen auf allen Ebenen auslöste. Ein Empowerment-Konzept, wie es häufig zur Anwendung kommt, begünstigt diese Falle."

Eine andere Schwierigkeit ist Lawler zufolge darin zu sehen, daß viele der zur Einführung von Empowerment erforderlichen organisatorischen Veränderungen die Mitarbeiter – zumindest kurzfristig – geradezu „entmachten". „Man darf Empowerment nicht als Selbstzweck betrachten", meint er. „Empowerment ergibt sich von selbst im Zuge von Restrukturierung, Betriebsverkleinerung, Abbau großer Arbeitnehmerlobbies und Prozeß-*Reengineering*. Die meisten solcher Prozesse tendieren zur Entmachtung der Mitarbeiter, weil Personal, Haushaltsmittel oder schlimmstenfalls der eigene Arbeitsplatz eingespart werden."[6]

In diese Falle tappte eine große Organisation aus dem öffentlichen Bereich. Der Geschäftsführer stellte ein Veränderungsprogramm auf und übertrug dem für die Durchführung der Veränderungen zuständigen Management-Team – einer eigens zu diesem Zweck zusammengestellten interdisziplinären Gruppe mit Mitarbeitern verschiedener Führungsebenen – erhebliche Machtbefugnisse. Die Unternehmensleitung gab diesem *Ad-hoc*-Team ihren Segen und ihre Unterstützung. Doch dann wurden die Aktivitäten des Veränderungsteams vom stellvertretenden Geschäftsführer betreut, und daraufhin fühlten sich die Mitglieder der Unternehmensleitung an den Rand gedrückt und „entmachtet". Die leitenden Führungskräfte gewannen – zu Recht – den Eindruck, das Organisationszentrum sei von ihnen weg verlagert worden. Zu dem Zeitpunkt wurde noch nichts dazu gesagt, aber als der Geschäftsführer die Organisation verließ und sein Stellvertreter den Posten übernahm, äußerte sich der Unmut der leitenden Führungskräfte in der Form, daß diese sämtliche Empfehlungen des Veränderungsteams blockierten. Ihr Verhalten ist eine unmittelbare Folge ihres Gefühls der Entmachtung – obgleich sie selbst diejenigen gewesen waren, die sich zunächst für die Veränderungen eingesetzt hatten.

Als problematisch erweist sich in so manchem Unternehmen auch eine Art „*Wer geht zuerst?*"-Syndrom. Viele Organisationen gelangen in eine fortgeschrittene Phase ihres Empowerment-Prozesses, um dann feststellen zu müssen, daß die Luft aus der Initiative heraus ist. Sie haben das Beste aus den erforderlichen strukturellen Veränderungen gemacht, das Management-Team ist – im Prinzip – bereit, Kompetenzen abzugeben, und die Mitarbeiter erwarten inzwischen, daß sie in den sie betreffenden Angelegenheiten hinzugezogen werden; dennoch bekommen weder das Personal noch das Management den endgültigen Machttransfer so recht zu spüren.

Ein Betriebsleiter meinte in Anbetracht dieser Situation zu den Autoren: „Wir wollen schon Empowerment für unsere Leute, aber zuerst müssen sie uns beweisen, daß sie dazu in der Lage sind." Dagegen äußerten die Mitarbeiter auf der Durchführungsebene derselben Organisation: „Wir könnten so viel mehr leisten, wenn uns die Führungskräfte nur hinzuziehen und uns sagen würden, was von uns erwartet wird."

Lawler fügt hinzu, viele Organisationen zeigten sich vermutlich längst nicht so begeistert, wenn sie wüßten, worauf sie sich letztlich einlassen:

„Viele Unternehmen nehmen eben nicht wirklich substantielle Veränderungen vor, wie sie in ihrer gesamten Organisationsstruktur und in ihren Managementpraktiken erforderlich sind. Nur unter der Voraussetzung solcher Veränderungen kann ein Unternehmen tatsächlich Empowerment schaffen – alles andere ist nur ein vorübergehender Aktivitäten-Rummel. Die Umstellung eines großen Unternehmens ist ein sehr langfristiger, harter Prozeß. Es bedarf dazu mindestens eines acht- bis zehnjährigen fortgesetzten Bemühens und einer Modifizierung buchstäblich aller Elemente in den Managementsystemen."

Seien Sie bereit, auch wieder einen Schritt rückwärts zu gehen

„Solange keine ernsthafte, langfristig angelegte Verpflichtung zu einer radikalen Veränderung der Unternehmenskultur besteht, könnte es unter Umständen besser sein, aus dem Empowerment-Spiel wieder auszusteigen", sagt Lawler.

„Selbst wenn die bisherige Umstellung gut gelaufen ist, bleibt zu fragen, ob dies wirklich in allen Situationen die beste Form des Managements ist. Waren die Bemühungen nicht zufriedenstellend, ist erst recht mit erheblichen Risiken zu rechnen. Wenn in einem Unternehmen ein Empowerment-Programm schlecht eingeführt wird, steht es sich vermutlich schlechter als bei Verfolgung eines eher traditionellen Führungsstils; die Gefahr chaotischer Verhältnisse ist einfach größer."

Gewöhnlich wird *Hewlett Packard* als das Paradebeispiel für Empowerment-Arbeitsplätze angeführt. Doch Druck von außen hat selbst bei dieser vielgerühmten Unternehmenskultur seinen Preis gefordert, wie Tony

Coleman, Leiter der Personalentwicklung für die Schaltkreistechnologie-Gruppe bei *Hewlett Packard* in Palo Alto, Kalifornien, zu berichten weiß. „Tatsache ist, daß wir von unserem eigentlichen Konzept wieder etwas abgekommen sind", sagt Coleman.

„Der Wettbewerb ist weitaus härter und auch globaler geworden. Dadurch hat sich die Struktur der Unternehmenskultur teilweise verändert – nicht nur bei uns, sondern auch bei anderen. Die Organisation hat wieder Direktiven entwickelt, um Entscheidungen durchzusetzen. So wird neueren Mitarbeitern eher gesagt, was zu tun ist, als daß sie irgendwelche umfassenden Zielvorgaben erhalten und dann die Methoden und Mittel zur Erreichung ihrer Ergebnisse selbst wählen können."[7]

Auch bei der Finanzgesellschaft *Frizzell Financial Services* ist Empowerment nicht ohne „Aufstoßen" erfolgt. Als das Empowerment-Programm eingeführt wurde, hatte man das Gefühl, „die Revolution sei ausgebrochen", wie es Spartendirektor Ian Wooley formulierte.[8]

Die Gruppenleiterin Anne-Marie Griffiths meint: „Alle kamen von der Schulung zurück und dachten: ‚Das ist toll; jetzt leiten wir das Unternehmen.' In den ersten Wochen dachte jeder nur an sich. Man ging vorzeitig nach Hause, machte lange Mittagspause und genehmigte sich ein Zigarettenpäuschen, wenn einem danach war." Darrin Vingoe, Koordinator für das von Griffiths geleitete Team, fügt hinzu: „Die Leute machten einfach ihre Zigarettenpause in der Hoffnung, es würde schon jemand anders ans Telefon gehen. So verhielten wir uns nicht geradezu verantwortungslos, aber wir waren doch weniger produktiv."

In der Tat waren die Teams so unproduktiv, daß einige der leitenden Führungskräfte allmählich „kalte Füße" bekamen und nahe daran waren, das Vorhaben nicht weiter zu unterstützen. Doch ließen sie sich von den Enthusiasten im Unternehmen überreden, bei der Stange zu bleiben, und inzwischen sind auch sie davon überzeugt, daß es die richtige Entscheidung war.

Allerdings mag der Personalleiter David Tomlinson das Wort *Empowerment* immer noch nicht hören; für ihn ist es nichts als ein Modewort. Seiner Ansicht nach geht es lediglich um eine Variante der Arbeitsplatzbereicherung beziehungsweise Mitarbeitereinbeziehung der 90er Jahre. „Wir besinnen uns auf grundlegende Prinzipien und versuchen, das Engagement der Mitarbeiter dadurch zu gewinnen, daß wir sie in die Verantwortung ziehen", meint er. Die Erfahrungen in Organisationen wie *Hewlett Packard* und *Frizzell* mit erfolgreich eingeführtem Empowerment zeigen, daß ein solches Programm viel Zeit in Anspruch nimmt und gezielter Bemühungen bedarf:

- Die Mitarbeiter sind von Empowerment nicht unbedingt angetan. Mit der unvermeidlichen Frage „Und was habe ich davon?" ist in jeder Organisation zu rechnen, die ihren Mitarbeitern aus heiterem Himmel mitteilt, nunmehr sei Empowerment angesagt. Ein wichtiger Teil einer jeden Empowerment-Kampagne muß darauf ausgerichtet sein, die Mitarbeiter von den Vorzügen für die Kunden, für die Organisation und für sie persönlich grundlegend zu überzeugen.

- Empowerment bei einem Mitarbeiter ohne dessen Mitwirkung durchsetzen zu wollen ist ein Ding der Unmöglichkeit. Keiner *muß* ein Empowerment akzeptieren. Ein Vorgesetzter kann seine Mitarbeiter allenfalls dazu ermutigen. In diesem Zusammenhang meint Alistair Wright, Leiter der Personalabteilung bei *Digital Equipment*: „Ich habe lange gebraucht, um eine grundlegende Erkenntnis über Empowerment zu gewinnen: Man kann Empowerment nicht übermitteln. Die Leute müssen schon selbst die Bereitschaft zu aktiver Mitarbeit mitbringen."[9]

- Die Mitarbeiter können einen Machtzuwachs häufig nur in kleinen Dosen verkraften. Nachdem man ihnen das ganze Leben lang vorgeschrieben hat, wie sie ihre Arbeit zu verrichten haben, und sie an der Entfaltung jeglicher Initiative gehindert hat, sind sie natürlich überaus vorsichtig, einen ihrem Verständnis nach „vergifteten Kelch" entgegenzunehmen.

- Konsistenz ist von entscheidender Bedeutung. Die Führungskräfte aller Ebenen müssen lernen, nicht nur von einer Kontrolle der Arbeitsaufgaben abzusehen, sondern auch der Versuchung zu widerstehen, die Kontrollkompetenz wieder an sich zu reißen, wenn sie mit den getroffenen Entscheidungen nicht einverstanden sind.

- Man darf es nicht bei einer Anpassung des vorhandenen Regelwerks belassen; vielmehr muß ein ganz neuer Anfang gemacht werden. Dabei bedürfen nur sehr wenige Aktivitäten einer unternehmensweiten Regelung; die meisten Regeln sollten innerhalb der Teams aufgestellt werden – als Hilfe für das Team und als ein Mittel zur Gewährleistung von Konsistenz bei der Bereitstellung von Dienstleistungen. Die tatsächlich benötigten Regeln lassen sich einteilen in unabdingbar zu befolgende Absolutregeln einerseits und normalerweise zu befolgende, in Ausnahmefällen bei spezifischem Kundenbedarf aber auch abzuändernde Standardregeln andererseits. Alle übrigen Aktivitäten können im Rahmen allgemeiner Richtlinien erfaßt oder ganz ins Ermessen der Mitarbeiter gestellt werden.

2. Charakteristika einer mit Empowerment ausgestatteten Organisation

Dem Management-Journalisten Jay Finegan zufolge weisen Unternehmen mit einem hohen Maß an Arbeitsplatzautonomie zumeist die folgenden Merkmale auf:[10]

- Sie investieren viel Zeit und Mühe in die Personalsuche, um sicherzustellen, daß die neu einzustellenden Mitarbeiter mit der Freiheit an ihrem Arbeitsplatz umgehen können.
- Sie haben eine flache Organisationshierarchie.
- Sie stellen Rahmenrichtlinien auf, damit die Mitarbeiter die Parameter ihrer Entscheidungsfindung kennen.
- Zuständigkeit und Verantwortung sind vorrangig – Ergebnisse zählen mehr als der Prozeß.
- Stets wird qualitative Höchstleistung erwartet.
- Offenheit und rege Kommunikation werden gefördert.
- Die Zufriedenheit der Mitarbeiter zählt zu den zentralen Werten.

Richard Carver zufolge sollten Unternehmen mit Empowerment die folgenden Charakteristika erkennen lassen:

- Jeder einzelne Mitarbeiter in der Organisation erfährt Wertschätzung und wird zu einem persönlichen Beitrag aufgefordert.
- Die einzelnen Mitarbeiter sind sich jederzeit im klaren darüber, was sie erreichen möchten, wie sie dabei vorgehen wollen und wie sich ihre Aktionen in die umfassenderen Unternehmensziele einfügen.
- Die einzelnen Mitarbeiter zeigen echte Bereitschaft, persönliche Verantwortung zu übernehmen – um eigenen Erfolg zu haben, um dem

Team, in dem sie arbeiten, zum Erfolg zu verhelfen und um zum Erfolg der Gesamtorganisation beizutragen.

Weitere Kennzeichen einer Organisation, in der Empowerment aller Wahrscheinlichkeit nach gut funktioniert, sind in Tabelle 2 aufgelistet. Es gibt aber auch andere brauchbare Anhaltspunkte – unter anderem den von der *Baldrige-Award*-Prüfungskommission eingesetzten Test. David Garvin, ehemaliger Geschäftsführer der *Motorola Company*, schrieb dazu in einem Artikel im *Harvard Business Review*:

„Um zu sehen, ob in einem Unternehmen tatsächlich Empowerment existiert, ermitteln die Prüfer, in welchem Umfang die Mitarbeiter vor Ort im Interesse der Kunden handeln können, ohne vorher entsprechende Genehmigungen einholen zu müssen. Steht es beispielsweise im Ermessen einer Verkäuferin, eine Ausgleichszahlung von $ 5000 an einen Kunden vorzunehmen, oder ist ihr Handlungsspielraum auf höchstens $ 10 begrenzt? Kann ein Kundendienstvertreter von den herkömmlichen Vorgehensweisen abweichen, wenn er merkt, daß dies dem Kunden hilft, oder muß er die Angelegenheit erst mit seinem Vorgesetzten durchsprechen? Haben die Produktionsarbeiter im Werk Zugang zu einem Stoppschalter, über den sie das Produktionsband anhalten können, wenn sie Qualitätsprobleme feststellen? Da solche Maßnahmen wesentlich effektiver sind, wenn das Betriebsklima entsprechende Möglichkeiten fördert, untersuchen die Prüfer auch die Vorgehensweisen der unmittelbaren Vorgesetzten. Was geschieht, wenn etwas schiefläuft? Werden die Mitarbeiter bestraft, oder werden sie angeleitet und unterstützt? Wird persönliche Initiative geschätzt oder gefürchtet?“

Der Unternehmensberater Wally Cork hält einen schnelleren „Härtetest“ bereit:

„Sie wissen, daß in Ihrer Organisation Empowerment vorherrscht, wenn Sie als geschäftsführender Direktor durch Ihren Betrieb gehen und sich einer Ihrer Arbeiter etwa mit den folgenden Worten an Sie wendet: ‚Hallo, Fred, ich habe schon alle möglichen Leute mündlich und schriftlich wegen dieses Problems angesprochen, und jetzt möchte ich auch wissen, was *Sie* zu tun gedenken.‘“

VON	ZU
Angst	Herausforderung und Abenteuer
Lernen ist eine Last	Lernen ist ein Abenteuer
Abhängigkeit	gegenseitige Abhängigkeit
Mitarbeiter ergreifen kaum Initiative	Mitarbeiter lösen ihre Probleme selbst
	Mitarbeiter schlagen Lösungsmöglichkeiten für die Probleme von Kollegen vor
	Mitarbeiter sind in der Lage, ohne Beaufsichtigung zu arbeiten
vereinzelt Schulung und Weiterbildung	ständige Entwicklung
Vermeidung von Veränderungen	Veränderungen stets willkommen
Feedback wird als Kritik aufgefaßt	*Feedback* gilt als Notwendigkeit
bisherige Erfahrungen sind irrelevant	anhalten, nachdenken und lernen
Schulung und Ausbildung gehören zum Verantwortungsbereich der Personalabteilung	Schulung und Ausbildung gehören zum Verantwortungsbereich eines jeden Mitarbeiters
Mangel an Vision	starke, gezielte und gemeinsam vertretene Vision
Problemvermeidung	Problemlösung
geschlossene Kommunikation	offene Kommunikation
	– Informationsaustausch
	– Ideenaustausch
	– Weitergabe von Fähigkeiten
Mißtrauen und Argwohn	Vertrauen

Tabelle 2: Organisation mit Empowerment-Programm

3. Schlußfolgerung

Bei der Einführung von Empowerment muß als erstes definiert werden, was darunter im Einzelfall zu verstehen ist. Keith Edwards, Unternehmensberater bei *Coverdale,* sagt zu Recht: „Empowerment ist eines jener Schlagworte, die bedeutungslos sind, solange die Organisation nicht die zutreffende Bedeutung definiert."

Im vorliegenden Kapitel haben wir uns mit der Frage befaßt, wie zu definieren ist, was Empowerment für eine bestimmte Organisation bedeutet; außerdem haben wir eine ganze Palette von Empowerment-Optionen vorgestellt – eine Palette, die sich genauso vielseitig gestaltet wie die Organisationen selbst.

Im nächsten Kapitel werden wir zur Sache gehen und uns die Haken und Ösen beim Empowerment vornehmen – es geht um die Schaffung von Empowerment-Strukturen.

4. Literaturhinweise

[1] Armistead, C./Clarke, G./Clutterbuck, D. (1993) *Inspired Customer Service* (London: Kogan Page)

[2] Zitiert in: Oates, D. (1993) *Leadership: The Art of Delegation* (London: Century Business Books)

[3] Pickard, J. (1993) „The real meaning of empowerment", *Personnel Management*, November 1993

[4] Kizilos, P. (1990) „Crazy about empowerment", *Training*, Dezember 1990

[5] Pickard, J. (1993) „The real meaning of empowerment", *op. cit.*

[6] Zitiert in: Kizilos, P. (1990) „Crazy about empowerment", *op. cit.*

[7] Zitiert in: Kizilos, P. (1990) „Crazy about empowerment", *op. cit.*

[8] Pickard, J. (1993) „The real meaning of empowerment", *op. cit.*

[9] „Empowerment, a leap of faith?", *Management Training*, August 1993

[10] Finegan, J. (1993) „People power", *Inc*, Juli 1993

Kapitel 3

Organisationsstruktur und Empowerment-Ziele

*Kein junger Mensch sollte heutzutage davon träumen,
spätestens mit 50 stellvertretender Geschäftsführer zu sein. Bis er 50 ist,
wird es keine Unternehmensbürokratien mehr geben.*

Norman McRae in The Economist

*Ein übergeordnetes Gremium sollte keine Verantwortungen
an sich ziehen, für die eigentlich ein Gremium auf nachgeordneter
Ebene zuständig ist.*

Päpstliche Enzyklika, 1941

*Alle Entscheidungen sollten so weit unten wie möglich in der
Organisation getroffen werden. Das Schießpulver für die Leichtbrigade
wurde auch von einem Offizier bestellt, der nicht selbst vor Ort war,
um das Gelände zu inspizieren.*

Robert Townsend, früherer Hauptgeschäftsführer bei Avis

Das Zeitalter der Hierarchie ist vorbei.

*James R. Houghton,
Vorsitzender und Geschäftsführer bei* Corning

Jeder erfolgreiche Ansatz zur Förderung von Empowerment in einer Organisation setzt voraus, daß an mehreren Strängen gleichzeitig gezogen wird – Änderung von Einstellungen und Verhaltensweisen auf allen Ebenen der Organisation, Bereitstellung von Schulungs- und Informationsmöglichkeiten für die Mitarbeiter, damit diese mehr Verantwortung über-

67

nehmen können, sowie Abbau organisatorischer Barrieren, die ein Empowerment behindern.

Bei solchen Barrieren handelt es sich in erster Linie um schwerfällige bürokratische Abwicklungsprozesse und den zähflüssigen Mechanismus der Entscheidungsfindung in traditionellen hierarchischen Organisationen. Die Beseitigung dieser Barrieren ist ein entscheidender Schritt in Richtung Empowerment – es gibt, wenn überhaupt, nur wenige Beispiele für Organisationen mit echtem Empowerment, die eine traditionelle hierarchische Struktur aufweisen.

Dennoch versuchen viele Unternehmen, eine Empowerment-Strategie umzusetzen und dabei die vorhandene Struktur weitgehend beizubehalten oder nur teilweise anzupassen. Solche „mit Volldampf betriebenen Empowerment-Programme", schreibt Christopher Lorenz von der *Financial Times*, „entwickeln die unangenehme Eigenschaft, ein paar Jahre später auf die organisatorischen Stoßdämpfer zurückzuschlagen."[1]

Dies dürfte an sich nicht überraschen. Wenn die „organisatorischen Stoßdämpfer" an ihrem bisherigen Platz bleiben, so wird damit ein grundlegendes Dogma des Wandels verletzt: Die Struktur muß der Strategie folgen. Ein Unternehmen, das eine Empowerment-Strategie für seine Mitarbeiter vorsieht, muß auch eine Organisationsstruktur entwickeln, die dieser Zielsetzung entspricht. Der Versuch, Empowerment innerhalb der Grenzen einer vorhandenen oder nur leicht veränderten Struktur einzuführen, läßt bestenfalls die teilweise Realisierung der mit Empowerment verbundenen Vorzüge zu.

Nach Meinung des Management-Autors Tom Peters setzt eine erfolgreiche Implementierung des gesamten Veränderungsprozesses voraus, daß alle organisatorischen Aspekte einem gleichzeitigen Wandel unterzogen werden:

„Die meisten Leute, die Empowerment-Initiativen anstreben, gehen nicht weitsichtig genug vor. Man muß das Konzept des Arbeitsplatzes ändern, die Arbeitsumgebung, die Struktur, die Hierarchie und die Kommunikationskanäle – und alles gleichzeitig. Wieviel Zeit das in Anspruch nimmt? Entweder schaffen Sie das an einem Wochenende, oder Sie werden nie damit fertig: Wenn Sie die erforderlichen Umstellungen nicht rasch hinter sich bringen, werden Sie Ihr Ziel überhaupt nicht erreichen. Sie werden immer irgendwo auf halbem Weg steckenbleiben."

Im Idealfall würde eine Empowerment-Initiative bedeuten, daß die Struktur vollkommen abgebaut und von Grund auf neu errichtet wird. Die Führungskräfte würden dann nicht nur einzelne Führungsebenen abbauen, wie es vielerorts geschehen ist. Vielmehr würden sie zunächst den Unternehmenszweck und den Zweck jeder einzelnen Funktion innerhalb der vorhandenen Organisationsstruktur bestimmen beziehungsweise neu definieren. Entsprechend würden sie dann eine Struktur aufstellen, die sowohl dem Unternehmen als auch den einzelnen Mitarbeitern die jeweilige Zweckerfüllung optimal ermöglicht.

Nur wenige Unternehmen haben einen derart radikalen Wandel vollzogen, doch wo dies zutrifft, werden jetzt die Früchte geerntet. Ein Paradebeispiel ist die *Semco Brazil*, ein kleines Herstellunternehmen für Industrieausrüstungen mit Sitz in São Paulo, das geradezu einen Kult aus der Abschaffung seiner Hierarchie gemacht hat. Der Geschäftsführer Ricardo Semler (er möchte lieber als „Berater" bezeichnet werden) entließ an seinem ersten Arbeitstag sein gesamtes Top-Team. Anschließend reduzierte er die bisherigen zwölf Führungsebenen auf drei und errichtete anstelle einer starren, hierarchischen Pyramidenstruktur eine Flachstruktur, in der sämtliche Mitarbeiter unmittelbar der Zentrale unterstehen. Ob das funktioniert? Zumindest scheint sich die Umstellung nicht nachteilig ausgewirkt zu haben: 93 Prozent der Belegschaft gaben in einer Umfrage an, sie seien gut motiviert und stolz auf ihre Arbeit; das Unternehmen ist seit den ausgehenden 80er Jahren um das Elffache gewachsen – und dies trotz des chaotischen, inflationsgebeutelten Wirtschaftsklimas in Brasilien.[2]

Meist lassen sich Organisationsstrukturen aber nicht ohne weiteres auseinandernehmen und wieder neu zusammensetzen; die meisten Organisationen sehen keine andere Möglichkeit als die gleichzeitige Änderung ihrer Strategie und ihrer Organisationsstruktur.

Viele Unternehmen streben ohnehin einen Strukturwandel an, wenngleich durchaus andere Gründe vorliegen als der Wunsch nach Einführung von Empowerment-Programmen.

In den 80er und besonders in den 90er Jahren sind die Unternehmen dazu übergegangen, ihre Pyramiden abzuflachen und mittlere Führungsebenen zu streichen – um Kosten einzusparen, um den Prozeß der Entscheidungsfindung zu beschleunigen und um die Anpassungs- und Wettbewerbsfähigkeit zu steigern. Und dann haben sie die Erfahrung gemacht, daß sie ohne eine Führungshierarchie nicht länger auf altbewährte hierarchische Art und Weise funktionieren konnten – sie brauchten Empowerment, um mit der neuen Struktur leben zu können.

Als Unternehmensberater der *Management Consultants Gemini* meint Dean Berry dazu:

„Die Unternehmen dürfen nicht mit dem Ziel des Empowerment vor Augen einfach loslegen; indem sie aber Führungsebenen streichen, die Entwicklungszeit bis zur Marktfähigkeit zu verkürzen suchen und andere Prozesse neu gestalten, werden sie letzten Endes Empowerment erreichen. Selbst mit einer noch so fortschrittlichen Informationstechnologie ist es nicht möglich, eine in ihrer Struktur abgeflachte Organisation mit *Kommando/Kontroll*-Methoden zu leiten. Der Weg über die Mitarbeiter ist zeitsparender, einfacher, kosteneffektiver und weniger riskant."[3]

Abgesehen davon, daß hierarchische Strukturen weitgehend aus der Mode gekommen sind, funktionieren Hierarchien in modernen Organisationen schon deshalb nicht, weil die meisten von uns auf die Kooperation von Mitarbeitern angewiesen sind, die wir ohnehin nicht kommandieren und kontrollieren können, fügt Jeffrey Pfeffer von der *Stanford Business School* hinzu.

„Wir müssen uns auf Mitarbeiter verlassen, die wir nicht kommandieren, belohnen oder bestrafen können, auch wenn wir dies wollten. Selbst die Autorität eines Geschäftsführers ist nicht absolut, denn es gibt auch außerhalb der zentralen Organisation Gruppen, die über Durchsetzungskompetenzen verfügen. Und wenn nun alles nur oder vorwiegend mittels hierarchischer Autorität erreicht würde – was geschieht, wenn sich die Person an der Spitze der Pyramide falsch verhält? Was geschieht, wenn diese Person nicht mehr den richtigen Durchblick hat oder in ihrem Führungspotential nachläßt?"[4]

1. Die „richtige" Strukturform für Empowerment

Eine hierarchische Struktur ist mit Empowerment nicht gänzlich unvereinbar. So weist der Unternehmensberater Wally Cork darauf hin, daß zahlreiche Unternehmen (insbesondere *ICL*) in den 60er und 70er Jahren ungeheuren Erfolg mit Empowerment-Initiativen hatten – man nannte das damals Arbeitsplatzbereicherung; dennoch wurden die hierarchischen Strukturen weitgehend beibehalten. „Eine Struktur braucht nicht völlig aufgelöst und neu aufgebaut zu werden", meint er. „Die beste Organisationsstruktur ist diejenige, die dem Unternehmen die Erzielung der angestrebten Resultate ermöglicht."

Die „richtige" Strukturform für Empowerment ist also immer dann gegeben, wenn die Mitarbeiter die Möglichkeit zur Übernahme von Verantwortung erhalten und entsprechend unterstützt werden. Im allgemeinen aber wird man sich eine auf Empowerment ausgerichtete Organisation flach vorstellen – mit kleinen, quasi-unabhängigen Einheiten, die mit der Zentrale über einige wenige Kontroll- und Stützsysteme verbunden sind. Die Kommunikationssysteme sind horizontal und nicht vertikal angelegt, und Anweisungen erfolgen in der Art, daß mit Empowerment ausgestattete Teams ihren internen Kunden und nicht ihrem Vorgesetzten verantwortlich sind.

Wie Richard Carver von *Coverdale* hervorhebt, hängt die „richtige" Strukturform für Empowerment von dem Zweck ab, den sie erfüllen soll:

„Das entscheidende Kriterium bei einer Restrukturierung wie auch bei jedem Schritt zur Schaffung einer auf Empowerment ausgerichteten Organisation ist die Zweckbestimmung. Was genau wollen wir als Individuen, als Team und als Gesamtorganisation erreichen? Wie passen all diese Zielvorstellungen zusammen, in welcher Wechselbeziehung stehen sie zueinander, und wie können die einzelnen Mitarbeiter dazu beitragen, ihre eigene Position, die Position des Teams und die Position der Gesamtorganisation zu verbessern?

In bürokratischen Organisationen besteht häufig Klarheit über die einzelnen Funktionen, aber für teambezogene oder unternehmensweite Zielsetzungen ist wenig Verständnis vorhanden. In Unternehmen, die auf Empowerment ausgerichtet sind, können die Mitarbeiter leicht die Funktion eines Kollegen übernehmen (die Funktionen sind meist entsprechend weniger differenziert), und dabei kommt ihnen zugute, daß sie einen besseren Gesamtüberblick haben."

Lorenz von der *Financial Times* beschreibt seine Version von einer dem Empowerment zweckdienlichen Struktur:

- Anstelle einer hierarchischen Abfolge von Führungsebenen, von denen jeweils die übergeordnete Ebene die unmittelbar nachgeordnete Ebene kommandiert und kontrolliert, gilt es, alle möglichen Machtbefugnisse und Informationen zu delegieren, zu dezentralisieren und zu diffundieren.
- Zwischen Vorgesetzten, Kollegen und Mitarbeitern muß ein Vertrauensverhältnis geschaffen werden.
- Einzelmaßnahmen innerhalb enger Abteilungsgrenzen müssen durch funktionsübergreifende Teamarbeit ersetzt werden.
- Anstatt Informationen jeweils auf den einzelnen hierarchischen Ebenen zu horten, muß ein Informationsaustausch – oder zumindest der Zugang zu entsprechenden Informationen – über ein geeignetes Kommunikationsnetz gewährleistet werden.
- Die neue Struktur bedeutet in jedem Fall, daß weniger Führungskräfte größere Verantwortungsbereiche übernehmen müssen. „Die Unternehmen gehen immer mehr von dem alten Prinzip ab, daß ein einzelner bestenfalls eine Leitungsspanne von fünf bis 15 Mitarbeitern effektiv bewältigen kann", schreibt Lorenz. „Viele Führungskräfte waren sogar der Ansicht, ganze acht Mitarbeiter seien das Maximum. Statt dessen richten sie nunmehr das ein, was Peter Drucker als ‚Empowerment-Spannen‘ (*spans of empowerment*) bezeichnet: Die Führungskraft agiert nicht mehr als Kontrollinstanz, sondern als Berater oder Mentor von gut 20 Mitarbeitern."[5]

Die „richtige" Strukturform für Empowerment muß natürlich auch die Bedürfnisse der Kunden berücksichtigen. Ein traditionelles Organisationsdiagramm – selbst das vieler Organisationen mit abgeflachter Struktur – weist gewöhnlich eine Pyramide aus, wobei die Führungskräfte an der Spitze und die Kunden am Fuß der Pyramide angesiedelt sind.

Einige Organisationen, die sich für Empowerment und kundenorientiertes Vorgehen entschieden haben, sind bemüht, ohne eine solche Struktur auszukommen und statt dessen Organisationen auf der Basis der Kundenerfordernisse aufzubauen. Viele haben schlicht versucht, die Pyramide auf den Kopf zu stellen und – zumindest bildlich gesprochen – die Kunden an die Spitze der Struktur zu stellen, darunter diejenigen Mitarbeiter, die mit den Kunden direkt zu tun haben, und weiter unten alle übrigen Mitarbeiter, die wie die leitenden Führungskräfte in größerer Entfernung zu den Kunden zu sehen sind. Dies mag eindrucksvoll klingen, aber der gesamte Strukturrahmen der Organisation und die darin arbeitenden Systeme vollziehen aller Wahrscheinlichkeit doch nicht das radikale Umdenken, wie es echtes Empowerment voraussetzt.

Ein großer französischer multinationaler Konzern machte sich den auf den Kopf gestellten hierarchischen Ansatz auf das enthusiastische Drängen seines Hauptgeschäftsführers hin tatsächlich zu eigen. Doch in bezug auf die Unterstellungsstrukturen beziehungsweise die Schnittstellen zu den Kunden änderte sich nur sehr wenig; zudem verhielt sich der Hauptgeschäftsführer auch in der Folgezeit ausgesprochen autokratisch. Zwar fand in der Tat in mehreren zentral gesteuerten Anläufen eine Dezentralisierung statt, doch trug dies lediglich zur allgemeinen Verwirrung bei. Die auf den Kopf gestellte Pyramide landete schließlich im Papierkorb, nachdem der Hauptgeschäftsführer aus seiner Position „weggelobt" worden war.

Paradoxerweise stellte sich tatsächlich ein gewisses Empowerment in einigen der dezentralisierten Filialen ein, wo das lokale Management eigene Entscheidungen über angemessene Strukturen traf. Obgleich sie die auf den Kopf gestellte Pyramide weitgehend ignorierten, war ihnen immerhin zu der Gelegenheit verholfen worden, in aller Ruhe und mit Erfolg selbständig zu experimentieren.

Zu den radikaleren Empowerment-Strukturen zählen das Bullauge, die Amöbe, der Stern, die Organisation „ohne Grenzen" oder gar die Urzellen-Organisation.

– *Das Bullauge*: Auf die abgeflachte Hierarchie folgt als nächste Phase eine Struktur, bei der die Kundschaft im Mittelpunkt steht: Die Organisation wird um die Kundenbedürfnisse herum errichtet. Beim Bullauge gibt es keine Hierarchievorstellung; statt dessen sind die verschiedenen Funktionen entsprechend ihrer Bedeutung für die Kunden gestaffelt. Die im Kundenverkehr tätigen Mitarbeiter sind nach den Kunden im Zentrum lokalisiert, während die weiter von den Kunden entfernten Mitarbeiter zur Peripherie hin tendieren. *Bullaugen*-Organisationen sind meist darauf bedacht, ihre Mitarbeiter vor Ort mit Empowerment auszustatten, tun sich jedoch schwer, dasselbe Maß an Empowerment auch den übrigen Mitarbeitern zuteil werden zu lassen.

– *Die Amöbe*: Die Organisationen von morgen werden eher amöbenartig strukturiert sein – sie werden ihre externe Strukturform kontinuierlich verändern und sich in neue, kleine Einheiten aufteilen. Sobald die Organisation eine bestimmte Größe erreicht hat, löst sich der Neuzuwachs ab und bildet eine selbständige Geschäftseinheit.
Eine *Amöben*-Organisation hat wie jede andere Struktur auch ihre Schwächen. Charles Handy führt das Beispiel eines Möbelfabrikanten an, der sich für ein Wachstum in die Breite, aber nicht in die Höhe entschieden hatte. Keine Geschäftseinheit sollte mehr als 100 Mitarbeiter umfassen. Mit zunehmender Ausdehnung errichtete das Unternehmen neue Fabriken und Minigeschäfte – alle autonom und eigenverantwortlich für den Aufbau von Stammkundschaft und Erfahrungswissen, alle mit der Verpflichtung, die erwirtschafteten Gewinne an die Zentrale abzuführen und die Zentrale – wie die anderen Einheiten – nur im Bedarfsfall zu belasten. Das System funktionierte gut zu Zeiten raschen Wachstums, aber als eine Rezession eintrat und es um die Zuweisung knapper Ressourcen ging, gab es keinen, der genügend Macht, Autorität oder Erfahrung besaß, um strategische Entscheidungen zu treffen. Die lokalen Einheiten waren zu lange sich selbst überlassen geblieben, als daß sie ein globales Denken hätten entwickeln können, und so konnte es vorkommen, daß fünf verschiedene Geschäftseinheiten gegeneinander um denselben Auftrag konkurrierten.[6]

– *Der Stern*: Diese Strukturform ist gelegentlich in Organisationen anzutreffen, die für eine sehr kleine Anzahl sehr wichtiger Kunden arbeiten. Solche Unternehmen werden zu einem „Bestandteil" ihrer Klientenorganisationen insofern, als sie häufig bei ihren Kunden vor Ort arbeiten und ihre gesamte Organisation um die Bedürfnisse der Klienten kreist. Entsprechend müssen *Stern*-Organisationen ihren Mitarbeitern ein hohes Maß an lokaler Autonomie zugestehen.
Zum Beispiel läßt das systemanalytisch orientierte Beratungsunter-

nehmen *Perot* seine Mitarbeiter bei den Klienten vor Ort arbeiten und hat so gut wie keine eigene Organisationszentrale. Entsprechend mußte *Perot* eine flexible Hierarchie innerhalb der Klientenstrukturen schaffen und die eigenen Mitarbeiter so mit Empowerment versehen, daß diese nicht nur den Bedürfnissen der Klienten, sondern auch deren Unternehmenskultur Rechnung zu tragen vermochten.

– *Die Organisation „ohne Grenzen"*: Wie die Form des Sterns ist auch diese Strukturform häufig in Organisationen anzutreffen, die wie Beratungsunternehmen sehr eng mit ihren Klienten zusammenarbeiten. Sie geht allerdings noch insoweit über die *Stern*-Form hinaus, als sie sich den Kunden so nahtlos anpaßt, daß die Grenzen zwischen Kunde und Lieferant so gut wie aufgehoben sind. Die Mitarbeiter in Organisationen „ohne Grenzen" müssen Empowerment erhalten, um sich in vollem Umfang auf die Kundenerfordernisse einstellen zu können.

– *Die Urzellen-Organisation*: Hier handelt es sich um eine noch vergleichsweise seltene Strukturform: Für spezifische Projekte bilden sich Teams, wobei die Mitarbeiter je nach Bedarf wieder auseinandergehen und sich zu neuen Kombinationen zusammenschließen. Auch das Management ist nichts anderes als ein Erfahrungsbereich, auf den das Team zurückgreifen kann. Die Macht liegt bei den einzelnen Mitarbeitern und Teams und gründet sich ausschließlich auf Vertrauen.

2. Die „richtige" Unternehmenskultur für Empowerment

Strukturelle Veränderungen allein werden ohne eine von allen Mitarbeitern gemeinsam getragene Unternehmenskultur ohne Wirkung bleiben. Richard Carver meint in diesem Zusammenhang: „Solange Sie keine Unternehmenskultur haben, in der die Notwendigkeit eines Wandels von einem autokratischen Führungsstil zur Einbeziehung der Mitarbeiter Anerkennung findet und die Kooperationsbereitschaft der einzelnen Mitarbeiter gefördert wird, solange werden Sie mit strukturellen Veränderungen als solchen kaum etwas erreichen."

Umgekehrt kommt Weisungsbefugnissen und hierarchischer Autorität eine weitaus geringere Bedeutung zu, wenn die Mitarbeiter eines Unternehmens gemeinsam auf bestimmte Ziele hinarbeiten, eine gemeinsame

Perspektive in bezug auf ihre Arbeit und deren Durchführung haben und eine gemeinsame Sprache sprechen, die es ihnen ermöglicht, sich in ihrem Verhalten aufeinander abzustimmen. Die Mitarbeiter sind zu kooperativer Zusammenarbeit fähig, ohne auf Weisungen von den übergeordneten Führungsebenen warten zu müssen.

Das wohl augenfälligste Merkmal (und in Unternehmen mit echtem Empowerment der oberflächlichste Aspekt) von Empowerment ist der Verzicht auf äußere Status- und Hierarchiesymbole. So spricht man sich in einer auf Empowerment ausgerichteten Organisation üblicherweise mit dem Vornamen an, selbst wenn die Gesprächspartner völlig unterschiedlichen Führungsebenen – oder auch nationalen Kulturkreisen – angehören. Für das Management gibt es nur einige wenige Privilegien wie reservierte Parkplätze oder ein eigenes Kasino. Die Mitarbeiter aus den verschiedenen Funktionsbereichen finden schnell zueinander. Arbeiter und Angestellte haben denselben Status, und das Unternehmen ist um gute Arbeitsbedingungen bemüht.

Im neuen Wartungsbetrieb der *British Airways* bei Cardiff beispielsweise, 1993 gewissermaßen „auf der grünen Wiese" errichtet, verbringen alle Mitarbeiter – von der Empfangsdame bis zum geschäftsführenden Direktor – mindestens einen Tag pro Vierteljahr in der Flugzeughalle, um dort eigenhändig an einem Flugzeug zu arbeiten. Außerdem muß das gesamte Personal einschließlich der Führungskräfte die Dienstzeit mit Stechuhren registrieren und dieselben weißen Overalls tragen.

Bei der *Semco Brazil* gibt es keine Sekretärinnen oder Empfangsdamen. Jeder, auch die leitenden Führungskräfte, stellt sich selbst ans Kopier- oder Faxgerät.

Im britischen Betrieb des Lebensmittelherstellers *Mars* müssen alle Mitarbeiter – Direktoren wie Schichtarbeiter – ihre Arbeitszeit mit Stechuhren registrieren lassen. Für die Direktoren und Manager gibt es auch keine Parkprivilegien; sie müssen um ihren Parkplatz kämpfen wie alle anderen auch. Um sicherzustellen, daß es kein *„die da oben und wir da unten"* gibt, wird jeder Mitarbeiter grundsätzlich als Kollege (*„associate"*) angesprochen.[7]

Auch im anderen Extrem können kulturelle Details bis zur Lächerlichkeit getrieben werden. So muß der Einkauf bei einer Finanzgesellschaft die Arbeitsplatzklassifikation für einen Mitarbeiter kennen, bevor man ihm zu einer neuen Sitzgelegenheit verhelfen kann: Für Schreibkräfte sind einfache Bürostühle vorgesehen, für Sachbearbeiter und deren Vorgesetzte etwas bequemere Schreibtischstühle und für Führungskräfte dicke Polstersessel. „Das ist doch lächerlich. Eine unserer Schreibkräfte hat sich einmal den Stuhl eines Sachbearbeiters in dessen Abwesenheit ausgeliehen, und den hat man ihr prompt wieder weggenommen – so etwas ist auch Unternehmenspolitik", berichtete einer der Mitarbeiter.

Allerdings geht es bei der Unternehmenskultur eindeutig um mehr als solche symbolischen Manifestationen wie gleiches Kantinenessen für alle und die Anrede geschäftsführender Direktoren mit dem Vornamen. Schließlich hat ein Manager, ob er nun als Kollege, Berater oder Chef oder sonstwie angesprochen wird, gelegentlich auch unpopuläre Entscheidungen zu treffen.

So meint auch Locksley Ryan, Leiter der Öffentlichkeitsarbeit bei *Mars,* die Frage, was durch solche unternehmenskulturellen Details zu erreichen sei, ginge am Wesentlichen vorbei: „Alles, was ich sagen kann, ist, daß es bei *Mars* einen Arbeitsstil gibt, der einfach so geworden ist, weil alle gleich behandelt werden."[8]

Die durch Statusgleichheit und Individualität geprägte Unternehmenskultur bei *Mars* ist zweifellos als erfolgreich zu bezeichnen. Jonathan Cable, bis vor kurzem noch Mittelmanager in der Vertriebssparte des Unternehmens, äußerte sich gegenüber der Zeitung *The Director*: „*Mars* zahlt seinen Mitarbeitern ein gutes Gehalt und sorgt für gute Schulungsmöglichkeiten in der festen Überzeugung, daß die Mitarbeiter dann auch bereit und in der Lage sind, eigenständig Entscheidungen zu treffen. Bürokratie ist kleingeschrieben, jeder packt an. Und das motiviert. Man fühlt sich fast so, als ob man einen eigenen Betrieb leitet. Und über den Kopiergeräten hängen Diagramme, aus denen die Gesamtkapitalrentabilität des Unternehmens und seine Umsätze zu ersehen sind, und das wiederum stärkt das Bewußtsein dafür, was Rentabilität bedeutet und wie wir noch mehr dazu beitragen können."[9]

Eine durch Empowerment geprägte Unternehmenskultur ist weder greifbar, noch kann sie ohne weiteres entworfen oder käuflich erworben werden. Aber man kann eine solche Unternehmenskultur spüren. Und wie die Beispiele der Unternehmen *Mars* und *Semco* zeigen, läßt die Unternehmenskultur den Unterschied zwischen Empowerment und einfacher Restrukturierung deutlich werden.

Jede Unternehmenskultur besteht aus einer Reihe allgemein anerkannter, aber nicht notwendigerweise verbal ausgesprochener Annahmen und Vorstellungen darüber, „wie das hier so läuft". In einer durch Empowerment geprägten Unternehmenskultur zeigt sich im täglichen Miteinander, daß die Arbeit und die Ideen eines jeden Mitarbeiters geschätzt werden und daß risikoreiche und neuartige Ideen gefragt sind und belohnt werden. Die Führungskräfte brauchen nicht davon auszugehen, daß sich die Mitarbeiter in erster Linie durch hohe Gehälter motivieren lassen, und konstruktive Kritik ist stets willkommen.

Eine Empowerment-Kultur äußert sich aber auch in konkreten Dingen. Für manche Führungskräfte muß das die Hölle sein. Gewöhnlich gibt es kaum physische, funktionale oder hierarchische Barrieren: Die Mitarbeiter bewegen sich überall dort, wo sie etwas zu erledigen haben. Bei *Oticon*, einem Kopenhagener Hörgeräte-Hersteller, dessen radikale Struktur in Kapitel 9 noch ausführlicher zu beschreiben ist, gibt es keine Bürowände und nicht einmal Schreibtische. Jeder Mitarbeiter hat einen mobilen Arbeitsplatz, der dorthin gerollt wird, wo er gerade verlangt wird. Die Mitarbeiter müssen flexibel sein, weil ihre Arbeitsfunktionen nicht scharf abgegrenzt sind. Sie arbeiten jeweils dort, wo sie gebraucht werden. „Für den Außenstehenden sieht das aus wie eine Art organisiertes Chaos", sagt der geschäftsführende Direktor Lars Kolind. „Aber es ist ein organisiertes Chaos, das funktioniert."

Auch der Geräuschpegel bei einem solchen Empowerment ist – zumindest für einen Außenstehenden – chaotisch, denn man kommuniziert nicht etwa auf formellen Sitzungen oder über Memos, sondern die Leute reden direkt miteinander. Anthony Eastwood, Personalleiter bei der *Nissan Motor GB Ltd*, beschreibt dies so: „Wenn jemand einem Kollegen etwas mitzuteilen hat, soll er das gleich tun und nicht erst lange ein Memo verfassen, das dann möglichst noch für alle kopiert wird."

Formelle Sitzungen werden in Organisationen mit Empowerment nur selten einberufen. Vielmehr kommt es spontan zu solchen Sitzungen, wenn die Leute etwas zu besprechen haben. Bei *Semco* beispielsweise hat der geschäftsführende Direktor Ricardo Semler die Angewohnheit, hier und dort in die Büros der Kollegen zu gehen, sich mit an den Schreibtisch zu setzen und einfach zuzuhören.

An einem Arbeitsplatz mit Empowerment zu arbeiten fühlt sich deutlich anders an, als wenn man Mitarbeiter in einer traditionellen Organisation ist.

William Byham charakterisiert dieses Gefühl als eine Art Elektrisierung. Byhams seismische Bildersprache mag ein bißchen übertrieben sein, aber das Gefühl, angeregt und engagiert bei der Arbeit zu sein, gehört in Empowerment-Organisationen zur Realität. In solchen Unternehmen fällt auf, daß es keine Angstgefühle und Verteidigungsmechanismen gibt, daß ein offener Ideenaustausch vorhanden ist und ein gutes Maß an konstruktiven Konflikten ausgetragen wird. Die eine Idee löst die andere aus, die Leute gehen offen miteinander um, und es knistert in der Luft.

Einige Unternehmen haben versucht, diese knisternde Spannung zu messen. Dazu gehört auch die Finanzgesellschaft *Frizzell Financial Services*, eines der ersten Unternehmen, das den *Saville/Holdsworth*-Fragebogen zur Beurteilung der Unternehmenskultur angewendet hat. Der Fragebogen mißt unter anderem, ob sich die Mitarbeiter ermächtigt fühlen oder nicht – abzulesen an der jeweiligen Punktzahl für das Kriterium *Engagement am Arbeitsplatz*. Die *Frizzell*-Erhebung zeigte für das Arbeitsengagement in den kürzlich mit Empowerment ausgestatteten Pilotteams ein Punkteverhältnis von sieben zu zehn und bei der übrigen Belegschaft ein Punkteverhältnis von vier zu zehn.[10] Die Ergebnisse sind zwar ermutigend, aber das höhere Punkteverhältnis kann bei den Pilotteams auch darauf zurückzuführen sein, daß sich diese speziell ausgewählt fühlten – entsprechend dem *Hawthorne*-Effekt, demzufolge jede Veränderung, die Aufmerksamkeit und Beachtung seitens des Managements verspricht, vorübergehend zu Produktivitätssteigerungen führen kann.

Doch selbst die anregende Atmosphäre einer durch Empowerment geprägten Unternehmenskultur bedarf einer gewissen Struktur. Ohne die

Wirksamkeit und Bedeutung von Vision und Unternehmenskultur in Frage zu stellen, muß doch erkannt werden, daß eine Umsetzung mittels solcher Elemente Probleme aufwerfen kann. Der Aufbau einer gemeinsamen Anschauung erfordert viel Zeit und Mühe. Es gibt Fälle, in denen die Organisation in einer Krise steckt oder sich in Situationen befindet, in denen einfach nicht genug Zeit vorhanden ist, um eine gemeinsame Basis über die Art und Weise der anstehenden Reaktion abzusprechen. Aus diesem Grund verläßt man sich beim Militär auch nicht ausschließlich auf Techniken, die Loyalität und den *Esprit de corps* fördern, sondern beruft sich zugleich auf eine hierarchisch strukturierte Befehlskette und die Tradition des Befehlsgehorsams.[11]

3. Zur Schaffung einer Empowerment-Struktur

Aufteilung des Unternehmens in Kunden- oder Produktgruppen

Digital Equipment hat die regionalen Betriebe im Vereinigten Königreich mit ihren großen Abteilungsblöcken in 50 kleine Geschäftseinheiten mit je 30 bis 50 Mitarbeitern umgewandelt. Jede dieser Geschäftseinheiten wird von einer Führungskraft geleitet, die im Rahmen eines Empowerment-Programms über Entscheidungskompetenzen verfügt, als ob es sich um den eigenen Betrieb handelt. Anstelle der üblichen Berichtsstruktur ordnet *Digital* jedem dieser kleinen Geschäftseinheiten einen „Berater" (*coach*) aus den Reihen der Unternehmensleitung zu. Aufgabe dieser Berater ist es, die Geschäftseinheiten zu unterstützen und dafür zu sorgen, daß sie klein bleiben.

Im Jahr 1993 führte *JCB*, größter Anlagenbau-Hersteller im Vereinigten Königreich, eine Umorganisation seiner 300 Mitarbeiter in getrennte Produktsparten und Gewinnzentren durch. Jede dieser neuen Sparten trägt fortan die ausschließliche Verantwortung für die zukünftige Entwicklung der wichtigsten Produktprogramme. Ziel war die Bildung multidisziplinärer Teams, die sich an einen Tisch setzen und ausschließlich auf ein Produktprogramm konzentrieren. Ausgangspunkt der Überlegungen ist die Hoffnung, daß sich die Mitarbeiter aller Unternehmensebenen stärker mit einem bestimmten Produkt identifizieren, somit die Notwendigkeit einer Rentabilitätssteigerung besser begreifen und sich zu einem persönlichen Beitrag verpflichtet sehen.

Zu den mit der neuen Struktur verbundenen Risiken zählt die Tatsache, daß die Einkaufsentscheidungen des Unternehmens nun in verschiedenen Gewinnzentren getroffen werden und sich die Händlerkontakte auf diese Weise verdoppeln und verdreifachen, doch auch die Vorzüge der neuen Organisation machen sich bemerkbar: „Wir können schneller agieren. Der Anreiz, neue Ideen zu prüfen, ist weitaus größer", sagt Mike Butler, Leiter der neuen *Loadall*-Sparte.

John Appleby, zuständig für den *Radlader*-Bereich, räumt ein, man habe sich zu Anfang die Frage gestellt, ob die neue Struktur tatsächlich etwas bewirken würde. „Aber jetzt haben wir viel mehr Teamgeist. In meinem Team dreht sich alles nur noch um Radlader." Schon nach einem Jahr hat der neue Ansatz zu Qualitätsverbesserungen geführt und das Team zu Modifikationsvorschlägen angespornt.[12]

Elida Gibbs, eine Tochtergesellschaft von *Unilever*, hatte nach Einführung von Teamarbeit in der Belegschaft im Jahr 1988 eindrucksvolle Verbesserungen in bezug auf Produktivitäts- und Kundendienststandards zu verzeichnen, doch mit zunehmender Erfahrung in bezug auf den neuen Ansatz gelangten die Führungskräfte zu der Einsicht, daß sie noch viel weiter gehen mußten.

Sie erkannten, daß die traditionelle Aufteilung des Unternehmens in getrennte Funktionen wie Forschung oder Vertrieb mittlerweile eine schwerwiegende Behinderung darstellte. Durch die rigide Abteilungsstruktur wurden sämtliche Bemühungen um Innovationsförderung und Erhöhung der Anpassungsfähigkeit vereitelt. Im Herbst 1992 erfolgte auch eine Umstrukturierung des Managements in Teams, wobei die Funktionen der Führungskräfte auf der Basis betrieblicher Kernprozesse wie Fertigung und Logistik sowie Ausbau von Händlerkontakten neu definiert wurden. Diese „nahtlosen Teams", wie Tony Burgmans, Direktor des weltweiten *Unilever*-Betriebs für Körperpflegeprodukte, sie nennt, sollen die Einbeziehung aller Betriebsteile in die Entscheidungsfindung in den verschiedenen Phasen gewährleisten.

Für Helmut Ganser, den Vorsitzenden von *Elida Gibbs*, ist der neue Führungsstatus als Leiter der Produktentwicklung für ein ganz bestimmtes Markenprodukt der Achsnagel im System. Diese Führungskräfte sind die Hauptdrahtzieher hinter der Produktinnovation; sie verfügen über umfangreiche Kompetenzen, um die technischen Voraussetzungen und die Managementressourcen zur Durchsetzung entsprechender Innovationsprojekte schaffen zu können.

Im April 1993 brachte *Elida Gibbs* das erste Produkt im Rahmen des neuen Systems auf den Markt: ein Aerosol-Deodorant mit der Markenbezeichnung *Brut Aquatonic*. Die Produktentwicklung nahm weniger als sechs Monate und damit nur die Hälfte der Zeit in Anspruch, die zuvor für eine Produktentwicklung erforderlich gewesen war. Burgmans hält mittlerweile eine Produktentwicklungszeit von weniger als drei Monaten für möglich. Doch den größten Vorteil der Reorganisation sieht er darin, daß sie dem Unternehmen die Durchführung ehrgeizigerer Projekte und nicht nur eine schnellere Gangart auf eingefahrenen Gleisen ermöglicht.[13]

Abbau von Führungsebenen

Macht der Abbau von Führungsebenen Empowerment möglich, indem er die Struktur vereinfacht, oder macht Empowerment den Abbau von Führungsebenen möglich, indem es die Mitarbeiter veranlaßt, Führungsverantwortungen zu übernehmen? Die Unternehmen reduzieren die Führungsebenen im mittleren Managementbereich, um Kosten einzusparen, und statten ihre Mitarbeiter mit Empowerment aus, damit diese das entstandene Defizit in der Entscheidungsfindung auffangen. Es ist gehupft wie gesprungen: Entlassen wir Führungskräfte, weil die Mitarbeiter über Empowerment verfügen, oder gestehen wir den Mitarbeitern Empowerment zu, weil irgend jemand die Arbeit tun muß?

Bernard Taylor vom *Henley Management College* hat den Eindruck, allzuhäufig sei letzteres der Fall: „Empowerment ist gerade zu dem Zeitpunkt aufgekommen, als eine Menge Umstrukturierungen vorgenommen wurden. Zwei Führungsebenen sind gestrichen worden, und nun werden die Mitarbeiter ermächtigt, damit sie dann das Dreifache ihrer bisherigen Arbeit leisten."

Einige Organisationen stellen fest, daß die beiden Motive für den Abbau von Führungsebenen – Kosteneinsparung und Empowerment – unter Umständen miteinander konfligieren. Doch Carver meint dazu nur: „Wenn wir in einen Konflikt zwischen Kosteneinsparung und Empowerment geraten, haben wir Empowerment wohl nicht richtig begriffen."

Der Unternehmensberater Gillian Laidlaw stimmt zu:

„Wenn eine Organisation Kosten senken und Personal entlassen muß, so ist dies der falsche Zeitpunkt, um eine Empowerment-Initiative einzuleiten. Die betriebliche Umwelt bietet nicht genügend Unterstützung, und die Mitarbeiter schrecken davor zurück, Risiken einzugehen. Das Unternehmen muß erst die Ereignisse verschmerzen und kann dann beginnen, eine positive Zukunft für die verbliebenen Mitarbeiter aufzubauen."

Bei *Harvester Restaurants* war das Empowerment – wie in vielen anderen Unternehmen – unweigerlich mit dem Abbau von Führungsebenen verbunden und wurde somit von vielen Mitarbeitern als äußerst bedrohlich empfunden. Mit der Einführung von Empowerment im Jahr 1992 entfiel in den Restaurants eine Führungsebene. Jedes Restaurant hat nunmehr einen Filialleiter sowie einen Berater, der alle Schulungsangelegenheiten und einige andere Personalfragen regelt. Alle übrigen Mitarbeiter sind Mitglied in irgendeinem bestimmten Team.[14] (Kapitel 9 enthält weitere Details zum Empowerment-Programm bei *Harvester*.)

Mit den Worten von Carver:

„Der Abbau von Führungsebenen mag die Bürokratie verringern; zugleich verringert sich aber auch der Zeitaufwand, den sich die Führungskräfte für Beratung, Schulung und Kommunikation leisten können. Unter solchen Umständen bedarf es dringend eines Empowerment-Programms. Ohne Empowerment konzentriert sich immer mehr Macht auf immer weniger Leute in einer immer flacheren Organisation, in der – ohne Empowerment – die ganz wenigen an der Spitze alle Ideen für vorteilhafte Veränderungen selbst produzieren müssen. Offenkundig kann dies in unserer heutigen Gesellschaft nicht mehr funktionieren."

Der Abbau von Führungsebenen führt bei Mittelmanagern auch leicht zu einer Beeinträchtigung von Motivation und Engagement, denn diesen Führungskräften wird genommen, was vielen von ihnen besonders am Herzen liegt – die Aussicht auf Beförderung. Eine flache, aber mit Empowerment versehene Organisation läuft Gefahr, gut ausgebildeten, motivierten und fähigen Mitarbeitern keine entsprechenden Aufstiegsmöglichkeiten bieten zu können. Diese Gefahr ist nicht zu unterschätzen: Selbst wenn ehrgeizige Leute ihre eigenen Arbeitsplätze nicht bedroht sehen, kann es sein, daß sie mit den stark beschnittenen Beförderungsperspektiven keineswegs einverstanden sind und den Einsatz des Unternehmens für seine Mitarbeiter wie auch umgekehrt die eigene Leistungsbereitschaft in Frage stellen.

Diese gegenseitige Verpflichtung ist aber sehr wichtig, sagt Ralph Stayer, geschäftsführender Direktor bei *Johnsonville Foods*: „Die Abflachung von Pyramiden funktioniert nicht, wenn nicht zugleich auch ein Machttransfer vorgenommen wird. Früher besaß ich keine Macht, weil meinen Mitarbeitern im Grunde genommen alles egal war. Wirkliche Machtausübung bedeutet, daß man bei den Mitarbeitern Leistungsbereitschaft fördert."[15]

Leicht zynisch verhalten sich Unternehmen, wenn sie eine Inflation der Titel im Unternehmen zulassen. Dazu meint Adrian Furnham, Leiter der betriebspsychologischen Abteilung am *University College London*:

„Flache Organisationen stehen unter dem Druck, neue Titel zu erfinden, um ihre ehrgeizigen Mitarbeiter bei Laune zu halten. Viele Leute sind in dem Bestreben, ihren unstillbaren Durst nach Selbstwertgefühl zu löschen, nur allzu bereit, eine Aufwertung ihrer Position anstelle einer deutlichen Gehaltserhöhung zu akzeptieren. Einige Unternehmen sind im Zuge einer kryptoegalitären Zielvorstellung dazu übergegangen, hausinterne Insignien für Rang und Privileg abzuschaffen – bei gleichzeitiger Verdoppelung der Anzahl der Mitarbeiter in der Organisation, die den Titel eines Managers, Direktors oder dergleichen führen."[16]

Andere wählen einen konstruktiveren Ansatz. So ist das Management-Team bei *Fitcorp Inc*, einem Fitness-Center in Boston, zu der Erkenntnis gelangt, daß nicht alle Physiotherapeuten oder Trainer Manager sein wollen (oder können).

Die Geschäftsleitung hat einen zusätzlichen Karriereweg eingeführt, der den Mitarbeitern die Möglichkeit gibt, weiterhin praktisch zu arbeiten und trotzdem vorwärts zu kommen. Der dienstälteste Physiotherapeut John

Furey beispielsweise ist seit fünf Jahren bei *Fitcorp* und hat überhaupt nicht das Bestreben, ins Management zu kommen. Vielmehr hat er seinen Aufgabenbereich dahingehend erweitert, daß er inzwischen als Berater für den zuständigen Berufsverband tätig ist und Gesundheitsseminare in Unternehmen durchführt.[17]

Horizontal angelegte Karrieremöglichkeiten werden in größerer Ausführlichkeit in Kapitel 8 erörtert.

Übertragung von Stützfunktionen an die durchführenden Teams

Ricardo Semler von *Semco Brazil* hat die Personalabteilung seines Unternehmens von 45 Mitarbeitern auf zwei Leute zusammengestrichen, das Personal in der Rechtsabteilung, der Buchhaltung und der Marketing-Abteilung um 75 Prozent reduziert und die Abteilungen für Datenverarbeitung, Aus- und Weiterbildung sowie Qualitätskontrolle gänzlich aufgelöst.

Semler ist davon überzeugt, daß Funktionsbereiche wie Personalwesen, Revision und Marketing zumeist deshalb eingerichtet wurden, weil die Linienführungskräfte nicht in der Lage waren, ihre eigenen Probleme zu lösen. Eine perfekte Personalführung ist dann erreicht, wenn es keine Personalabteilung mehr gibt – ein Zeichen dafür, daß die Personalprobleme von den zuständigen Linienführungskräften geklärt werden und nicht in getrennte Funktionsbereiche ausgelagert sind."[18]

Schaffung horizontaler anstatt vertikaler Kommunikationsstrukturen

Man kann von Mitarbeitern nur dann verlangen, Verantwortung zu übernehmen und Entscheidungen zu treffen, wenn sie über die erforderlichen Informationen verfügen. Solche Informationen müssen zu demjenigen gelangen, der für die Lösung des Problems zuständig ist – nicht zu dessen Vorgesetzten oder einer externen Abteilung. Wo immer die Möglichkeit dazu besteht, sollten die Führungskräfte sicherstellen, daß alle problembezogenen Daten den betroffenen Mitarbeitern überlassen werden und daß diese die Freiheit haben, alle notwendigen Schritte zu unternehmen, um an weitere Informationen heranzukommen.

Bei einem Betrieb von *Ericsson GE (Lynchburg Virginia)* konnte die Führungshierarchie in einem Experiment mit Erfolg umgangen werden, doch als dieses Buch verfaßt wurde, stand die praktische Umsetzung im Unternehmen noch aus. Normalerweise sieht der Einkauf in einem Unternehmen eine komplizierte hierarchische Ablaufkette vor: Der Mitarbeiter stellt irgendwelche Defekte an irgendwelchen Teilen fest und wendet sich an seinen Vorgesetzten, dieser wiederum geht zu seinem Vorgesetzten, und dieser wiederum spricht Dick Hunter an, den Direktor für Materialbeschaffung und Logistik bei *Ericsson GE*. Hunter ruft daraufhin den Verkäufer des Lieferanten an, der seinen Manager informiert, der wiederum den zuständigen Mitarbeiter auf der nächsttieferen Führungsebene, der schließlich den Mitarbeiter am anderen Ende über die defekten Teile informiert. Demgegenüber rufen einige Mitarbeiter von *Ericsson GE* inzwischen direkt bei dem entsprechenden Mitarbeiter in der Lieferfirma an, wenn fehlerhafte Teile entdeckt werden. Hunter hofft, daß solches in Zukunft häufiger geschieht.

Die Art des Kommunikationsflusses „im Direktverbund", wie er bei *Ericsson GE* beobachtet werden konnte, ist typisch für die wenigen Organisationen, die mit ihren Empowerment-Strukturen einen Schritt vorangekommen sind. Dies sind Organisationen, wie sie Peter Drucker in seinem Buch *The New Realities* beschreibt.[19]

Drucker trifft die Voraussage, in wissensorientierten Unternehmen würden Hierarchien durch eine Art Symphonie-Orchester ersetzt – mit Dutzenden oder gar Hunderten von Spezialisten, die unmittelbar dem Dirigenten beziehungsweise Geschäftsführer unterstehen. Andere Autoren mit einer weniger poetischen Ader beschreiben diesen Wandel als *Reengineering* betrieblicher Prozesse.

So erklärt Lorenz von der *Financial Times*:

„Traditionsgemäß weist jeder Funktionsbereich in einer Organisation eine eigene Hierarchie auf, die ein Kommunikationsprozeß zunächst durchlaufen muß, bevor er an die nächste Abteilung übergeben wird. Die meisten westlichen Organisationen haben solche vertikalen Strukturen nur mit teilweisem Erfolg zu überbrücken verstanden – entweder mit permanenten Matrix-Strukturen oder zeitlich begrenzten Projektteams, Arbeitsgruppen oder anderweitigen Überlagerungen.

Reengineering – die Umstrukturierung von Kernprozessen – geht einen großen Schritt darüber hinaus. Beim *Reengineering* werden solche Prozesse so umgewandelt, daß sie permanent in den betroffenen Abteilungen auf der entsprechenden, meist recht tief angesiedelten Ebene hin und her fließen. Dies bedeutet nicht nur einen Abbau von Führungsebenen in diesen Abteilungen und die Auslagerung der mit der Durchführung befaßten Mitarbeiter, sondern zuweilen ist auch eine Auflösung erforderlich. Nur eine Handvoll Unternehmen wie die *Taco Bell* und die *Astra Merck* aus der Pharmaindustrie in den Vereinigten Staaten und die *National and Provincial Building Society (N&P)* in Großbritannien sind bisher so weit gegangen, daß sie sowohl die Strukturen an der Spitze als auch auf den unteren Führungsebenen in revolutionärer Weise verändert und Prozeßverantwortlichkeiten nicht nur den unteren und mittleren Führungskräften, sondern auch den leitenden Führungskräften übertragen haben."

Frank Ostroff, Unternehmensberater bei *McKinsey and Co.* in New York, weist darauf hin, daß eine horizontale Struktur nicht nur die Umstrukturierung von Kernprozessen bedeutet. Sie betrifft vielmehr alles – die Gesamtstruktur, die Vergütungssysteme sowie vielseitig angelegte Schulungs- und Ausbildungsmaßnahmen für die Mitarbeiter: Alle Teams müssen so aufeinander abgestimmt sein, daß sie Wunder für den Kunden vollbringen können, ohne Prozeßbarrieren zu schaffen, die genausoviel Schaden anrichten wie die alten Abteilungsgrenzen. Nach Meinung von Ostroff werden selbst in zehn Jahren nur etwa 10 Prozent der Unternehmen in vollem Umfang horizontal strukturiert sein – die meisten werden ein gewisses Maß an Vertikalität beibehalten. „Das ist realistisch", schreibt Lorenz, „und es zeigt, was der Begriff *horizontal* für die meisten Organisationen ist und bleibt – optimistisch oder irreführend."[20]

Die Betriebswirtschaftler Frank Shipper und Charles C. Manz beschreiben eine alternative Struktur – die *Gitterstruktur*.

„[In den meisten Unternehmen] wird die Selbstverantwortung der Mitarbeiter über formal eingerichtete und ermächtigte Arbeitsteams eingeführt. Wenn neue Mitarbeiter eingestellt werden, weist man sie – als Bedingung für ihre Einstellung – einem dieser Arbeitsteams zu. Der Gitterstruktur-Ansatz verspricht viele der Vorteile und Vorzüge formal eingerichteter und ermächtigter Arbeitsteams – aber ohne formal eingeführte Teams. Statt dessen wird der gesamte Betriebsablauf zu einem großen Team, dessen Empowerment darin besteht, daß jeder einzelne Mitarbeiter eigenverantwortlich vorgeht und unmittelbar mit jedem anderen im System interagieren kann."[21]

Genau dies wird bei *WL Gore & Associates* praktiziert: Das Unternehmen arbeitet mit frei zusammengesetzten Teams ohne Führungskräfte und Vorgesetzte, dafür aber mit vielen Führungspersönlichkeiten.

Zunächst war die Größe der Arbeitseinheit ein Problem. Wie Shipper und Manz ausführen, machte Bill Gore einmal seinen gewohnten Rundgang durch den Betrieb, als er plötzlich realisierte, daß er gar nicht jeden Mitarbeiter kannte. Das Team war zu groß geworden. Daraufhin wurde eine unternehmenspolitische Richtlinie erarbeitet, derzufolge keine Betriebsanlage mehr als 150 bis 200 Mitarbeiter beschäftigen sollte – was zu einer Expansionsstrategie ganz eigener Art führte: „Unternehmenswachstum durch Kleinbleiben".

Allerdings geht die Gitterstruktur weit über das Kriterium einer handhabbaren Teamgröße hinaus. Im folgenden sind die wichtigsten Merkmale dieser Struktur aufgelistet:

- direkte Kommunikationswege von Person zu Person – ohne Vermittler,
- keine festen oder übertragenen Kompetenzen,
- Anleitung durch Berater, nicht Bosse,
- natürlich entstandene Führungskompetenzen durch freiwillige Unterstützung der Mitarbeiter,
- Festlegung von Zielen durch die für die Durchführung verantwortlichen Mitarbeiter,
- Organisation von Aufgaben und Funktionen über gegenseitige Absprachen.

Eine solche Gitterstruktur ist ein komplexes Gebilde, das sich aus zwischenmenschlichen Interaktionen, engagiertem Einsatz für die Verantwortlichkeiten der Gruppe, natürlich entstandenen Führungskompetenzen und einer von der Gruppe selbst auferlegten Disziplin zusammensetzt.

Ein weiteres Phänomen bei Gitterstrukturen ist die konstante Bildung temporärer, bereichsübergreifender Gruppen. Der durch diese Struktur geschaffene ebenen- und funktionsübergreifende Kontakt erleichtert die Zusammensetzung aller möglichen Teams – ganz nach Bedarf. Die Mitarbeiter können sich – ungeachtet ihrer Bereichszugehörigkeit – ohne weiteres mit anderen Mitarbeitern zu Teams zusammenschließen, um eine bestimmte Aufgabe zu erledigen. Als ein Journalist Bill Gore gegenüber einmal eingestand, er habe erhebliche Verständnisprobleme, wie Planung und Zuständigkeiten in einem solchen System überhaupt funktionieren könnten, antwortete Gore mit breitem Grinsen: „Ich auch. Sie fragen mich, wie das funktioniert ... nun, es funktioniert eben, wie auch immer." Seinen Worten zufolge ist dieser Erfolg auf das natürliche, jeder Organisation zugrundeliegende *Gitter* zurückzuführen. „Das ist dort, wo sich Neuigkeiten wie ein Lauffeuer verbreiten, wo die Leute Zugang zu allem und jedem in der Organisation haben, um ihre Arbeit verrichten zu können."

„An eine Gitterstruktur sollte man jedoch mit Vorsicht herangehen", warnen Shipper und Manz. „Wie jeden anderen neuen Managementansatz sollte man auch bei der Gitterstruktur überprüfen, inwieweit sie mit der Unternehmenskultur und den Unternehmenszielen vereinbar ist." Bill Gore verteidigt den Ansatz, verkennt aber auch nicht dessen mutmaßliche Grenzen:

„Von Zeit zu Zeit bekomme ich zu hören, eine Organisation mit Gitterstruktur könne in einer Krise nicht bestehen, weil die Herbeiführung eines Konsenses zu lange dauert, wenn es keine Bosse gibt. Das ist aber nicht richtig. Vielmehr funktioniert gerade eine Gitterstruktur in einer Krisensituation besonders gut: Man vermeidet eine Menge unnützer Arbeitsabläufe, weil es keine starre Managementhierarchie zu durchlaufen gilt, bevor man ein Problem anpacken kann."

Andere Kritikpunkte werden von außerhalb an das Unternehmen herangetragen: Einige nicht dem Unternehmen angehörende Leute scheinen Probleme damit zu haben, daß keine Titel vergeben werden. So sah sich Sarah Clifton, Mitarbeiterin in der Betriebsanlage in Flagstaff, von

Außenstehenden bedrängt, wie denn nun ihr Titel laute. Kurzerhand erfand sie einen Titel und ließ ihn auf Visitenkarten drucken: *Supreme Commander*. Als Bill Gore davon erfuhr, war er sehr angetan von der Geschichte und erzählte sie gleich weiter.

Von Kundenseite wird auf eine gravierendere Einschränkung hingewiesen: „Nachdem Sie mit jemandem eine Absprache über Produktqualität getroffen haben, rufen Sie eines Tages an und stellen plötzlich fest, daß irgendein neuer Mitarbeiter Ihr Problem bearbeitet. Es ist frustrierend, wenn so wenig Kontinuität gewährleistet ist."

Bill Gore meint, etablierte Unternehmen hätten vermutlich Schwierigkeiten mit der Anwendung einer Gitterstruktur. In solchen Unternehmen würden zu viele Hierarchien zerstört: Wenn man Titel und Positionen abschafft und es den Mitarbeitern überläßt, wem sie sich anschließen wollen, so könnte dies sehr wohl ein anderer als der bisher verantwortliche Vorgesetzte sein. „Die Gitterstruktur funktioniert bei uns, aber sie bildet sich auch ständig neu aus. Mit Problemen muß man einfach rechnen." Er vertritt die Auffassung, ein Gittersystem sei optimal, wenn es von einem dynamischen Jungunternehmer in einem neu gegründeten Betrieb eingeführt wird.

Föderalismus

Für große Konzerne, insbesondere für multinationale Konzerne, ist die richtige Strukturform für Empowerment das, was Charles Handy als *Föderalismus* bezeichnet.[22]

Föderalismus wird gewöhnlich als politischer Begriff verstanden – als eine Möglichkeit für große und multikulturelle Länder wie Kanada oder Australien, die Vorteile lokaler Autonomie mit Größenvorteilen zu verbinden; doch *Föderalismus* hat zunehmend auch Einzug in große, multinationale Konzerne gehalten. „Föderalismus ist die Antwort auf das Bedürfnis der Unternehmen, zugleich groß – wegen der Größenvorteile – *und* klein – wegen erhöhter Selbständigkeit und Flexibilität sowie innovativem Denken – zu sein", sagt Handy.

In einem föderalen System ist Macht ein nicht greifbares Phänomen –

Macht ist dort lokalisiert, wo der größte Bedarf besteht, und wird je nach Aufgabenstellung oder Zweck weitergegeben. Darin unterscheidet sich das System sowohl von einer traditionellen Konzernstruktur, in der die Zentrale lediglich als Bankier für die einzelnen Geschäftsbereiche fungiert, als auch von einer dezentralisierten Struktur mit derart eigenständigen Betrieben, daß die Größenvorteile ungenutzt bleiben.

Für die einzelnen Mitarbeiter bedeutet Föderalismus die Möglichkeit, beides gleichzeitig zu genießen – einerseits die Freiheit und Flexibilität autonomer Arbeitsgruppen und andererseits die Zugehörigkeit zu einer größeren Familie, die Ressourcen, Karrierechancen und – mit zunehmender Größe – auch Einflußnahme verspricht. Föderalismus ermöglicht Wachstum und gewährleistet zugleich kleine – und unabhängige – Arbeitseinheiten.

Um eine föderalistische Struktur in einem Unternehmen funktionsfähig zu machen, müssen Handy zufolge eine Reihe wichtiger Prinzipien eingehalten werden:

- Macht ist so weit wie möglich unten in der Organisation zu lokalisieren; die Zentrale regiert nur in Abstimmung mit den Regierten.
- Dieses sogenannte Subsidiaritätsprinzip gilt es zu formalisieren. Es muß geklärt werden, wer was tun kann, wie ein Machtausgleich zu erreichen ist und wessen Autorität an welcher Stelle zählt.
- Subsidiarität setzt Intelligenz und Information voraus und ist auf Echtzeitdaten angewiesen, die einerseits umfassend genug sind, um einen Gesamtüberblick zu vermitteln, andererseits aber auch hinreichend Details liefern, um Entscheidungskriterien erkennen zu lassen.
- Interdependenz: Die Staaten in einer Föderation halten zusammen, weil sie sich untereinander genauso brauchen, wie sie die Zentrale brauchen. Interdependenz wird teilweise durch Reserve-Machtbefugnisse der Zentrale und teilweise durch Lokalisierung der von allen benötigten Dienstleistungen oder Einrichtungen im Einzugsbereich von ein oder zwei dieser Staaten erreicht. Föderalismus fördert den Zusammenschluß, wann und wo ein solcher angebracht ist, nicht aber die Zentralisierung.
- Eine richtige Föderation braucht eine gemeinsame Gesetzgebung, Sprache und Währung – eine einheitliche Form des Geschäftsgebarens.

- Doppelte Staatsbürgerschaft: Die einzelnen Mitarbeiter im Unternehmen können sich konfliktfrei sowohl ihrer Arbeitsgruppe als auch der Organisation insgesamt zugehörig fühlen – wie auch ein feuriger Texaner keinen Konflikt darin sieht, zugleich Amerikaner zu sein.
- Die Gewaltenteilung sieht Management, Kontrolle und Machtkompetenzen in getrennten Einheiten vor. Handy zufolge werden Management, Kontrolle und Machtkompetenzen in einem Unternehmen zunehmend als getrennte Funktionen aufgefaßt, die von getrennten Gremien wahrzunehmen sind, wenngleich sich die Mitgliedschaft in solchen Gremien bis zu einem gewissen Grad überschneidet.

4. Die Rolle der Gewerkschaften bei der Umstrukturierung

In einem Bericht der *Involvement and Participation Association*[23], einer britischen Organisation zur Förderung eines aktiven Engagements der Arbeitnehmer in der Industrie, ist folgendes zu lesen: „Die Gewerkschaften müssen sich mit der Tatsache abfinden, daß sie nicht mehr der ausschließliche Vertretungskanal sind. Der einzelne Arbeitnehmer wird von vielen Arbeitgebern als die neue Produktiveinheit angesehen, an der die grundlegende Beziehung zwischen Management und Arbeitnehmerschaft auszurichten ist."

Empowerment bedeutet jedoch nicht zwangsläufig das Ende der Gewerkschaften. Barry und Irving Bluestone argumentieren sogar, die Gewerkschaften könnten zur Unterstützung von Empowerment-Initiativen beitragen.[24] Ihre Untersuchungen haben zu folgendem Ergebnis geführt:

„Partizipation erweist sich dann am effektivsten, wenn sie von Gewerkschaft und Management gemeinsam organisiert wird und wenn die Arbeiter eine vom Management unabhängige Stimme haben, die nicht einseitig unterdrückt werden kann. Die Mischung von adversiven und kooperativen Beziehungen – ausgehandelt in einem Rahmen, in dem die Mitarbeiter von gesetzlich anerkannten Gewerkschaften vertreten sind – erweist sich für alle Teilnehmer als die erfolgreichste Form der Mitarbeiterbeteiligung. In den vergangenen zwei Jahrzehnten haben die Gewerkschaften in Schlüsselindustrien den traditionellen Arbeitsvertrag – als Ausweis der gegensätzlichen Positionen zwischen Arbeitnehmerschaft und Management über Lohn und Gehälter, Nebenleistungen und Arbeitsbedingungen – dahingehend erweitert, daß die Arbeitnehmer in Entscheidungen bezüglich ihres Arbeitsplatzes einbezogen werden."

Barry und Irving Bluestone sehen die Entwicklung eines dreistufigen Systems in den *Arbeitnehmer/Arbeitgeber*-Beziehungen – als Parallele zu den drei Arten von Empowerment, wie sie in Kapitel 1 unter Bezugnahme auf Bower und Lawler beschrieben worden sind.

– *Stufe I* ist der traditionelle Arbeitsvertrag mit einem sorgfältig festgelegten Schlichtungsverfahren.
– *Stufe II* sieht die Einbeziehung der Arbeitnehmer in den Prozeß der Entscheidungsfindung vor, wodurch einzelne Mitarbeiter ein Empowerment erhalten, das ihnen ein Mitspracherecht in Arbeitsplatzfragen gewährleistet.
– *Stufe III* ist durch die Einrichtung von Ausschüssen gekennzeichnet, die sich aus Vertretern von Gewerkschaften und Management zusammensetzen und ermächtigt sind, spezifische Fragen im Interesse beider Seiten zu lösen – Probleme in bezug auf Qualität, Effizienz, Gesundheit und Sicherheit sowie viele andere Angelegenheiten, die bisher ausschließlich vom Management geregelt wurden.

Barry und Irving Bluestone berichten über ein Extrembeispiel effektiver Gewerkschaftsbeteiligung: Die *Saturn Corp*, ein Gemeinschaftsunternehmen von *United Auto Workers (UAW)* und *General Motors* zur Entwicklung, Gestaltung und Fertigung von Fahrzeugen, arbeitet unter voller Gewerkschaftsbeteiligung. Die Gewerkschaft ist eng eingebunden in eine umfangreiche Palette strategischer Entscheidungen. Management und Arbeiter haben gemeinsame Ausschüsse gebildet, um die Fabrikanlage zu planen, die geeignete Technologie auszuwählen, Marketing-Strategien auszuarbeiten und das erforderliche Personal einzustellen. Ein Ausschuß mit 99 Mitgliedern – 55 von der Gewerkschaft und 44 vom Management – hat die Richtlinien für den Prozeß der Entscheidungsfindung festgelegt. Der mit *UAW* ausgehandelte Arbeitsvertrag ist insoweit einmalig, als seine gesamte Struktur auf einer gemeinsamen Entscheidungsfindung beruht, an der jeder – vom Unternehmensleiter bis zum Fabrikarbeiter – beteiligt war. Der Arbeitsvertrag sieht vor, daß jede Partei eine potentielle Entscheidung blockieren kann, daß sich diese Partei aber um eine konstruktive Alternative bemühen muß. Auch ist vorgesehen, daß Probleme über kontinuierliches Verhandeln – einschließlich Streikrecht – zu lösen sind.

Das Besondere bei der *Saturn Corp* ist jedoch, daß Partizipation nicht in den Fabrikhallen aufhört. So wurde das derzeitige Design des *Saturn*-Modells gemeinsam erarbeitet, desgleichen die Preisbildungsstrategie. Im Magazin *Car and Driver* wurde das *Saturn*-Modell 1992 als beste Option in der PKW-Preisklasse bis zu $ 10000 aufgeführt. Die Hauptklage der Händler ist, daß sie nicht genug Autos bekommen, um der Nachfrage gerecht zu werden.

Die Technologie ist nicht ungewöhnlich, und die drastischen Marketing-Erfolge sind eigentlich nicht die Norm bei *GM*. Barry und Irving Bluestone weisen aber auf folgendes hin:

„Wenn man die Fabrikanlage besucht, beginnt man das Geheimnis zu verstehen. Buchstäblich jeder Arbeiter bei *Saturn* hat das Gefühl, für den Erfolg der Sparte verantwortlich zu sein. Die Arbeiter bringen ständig Vorschläge zur Verbesserung von Styling, Engineering und Fertigungstechniken vor; und jeder achtet sorgfältig auf die Qualität eines jeden Teils, das den eigenen Arbeitsplatz verläßt."

Allerdings wird auch bei *Saturn* nicht ganz die vollkommene Partizipation erreicht, die nach Meinung von Barry und Irving Bluestone der Schlüssel zum Erfolg größeren Maßstabs ist. So ist die Rolle der Gewerkschaft bei *Saturn* immer noch hinsichtlich Design und Engineering auf eine beratende Funktion beschränkt. Die *Saturn*-Sparte muß die Genehmigung von *GM* einholen, wenn sie ein neues PKW-Modell einführen will, und wenn die Sparte den Eindruck hat, bei der vom *GM*-Vorstand vorgenommenen Allokation der Kapitalinvestitionen zu kurz gekommen zu sein, ist ihr dennoch untersagt, sich um eine externe Finanzierung zu bemühen.

Eine Erweiterung des Modells über das *Saturn*-Beispiel hinaus bedeutet Arbeitnehmer-Empowerment und Arbeitnehmer-Verantwortung im Unternehmen, wie es dies bisher nicht gegeben hat. Zu diesem Zweck schlagen Barry und Irving Bluestone die Erarbeitung eines „Unternehmensvertrags" vor, in dem ein gemeinsames Vorgehen von Arbeitnehmerschaft und Management in allen unternehmensrelevanten – arbeitsplatzbezogenen wie strategischen – Entscheidungen festgelegt ist. Ein solcher Vertrag könnte auch vorsehen, daß Produktivitätsziele von Gewerkschaft und Management gemeinsam zu bestimmen sind, daß Produktqualität als streikfähiges Kriterium gilt, daß eine Form der Gewinnbeteiligung erarbeitet wird und daß alle strategischen Entscheidungen gemeinsam getroffen werden müssen.

5. Schlußfolgerung

Eine kritische Fußangel, die es bei jeder Empowerment-Initiative zu vermeiden gilt, ist die Verwechslung von Umstrukturierung und Empowerment. Umstrukturierung allein bewirkt noch kein Empowerment in einer Organisation. Sie trägt allenfalls dazu bei, die Einführung von Empowerment durch Beseitigung einiger diesbezüglicher Hindernisse zu erleichtern.

Umgekehrt ist Empowerment auch kein schrittweise erfolgender Prozeß, der mit der Umstrukturierung beginnt. Noch hat niemand eine auf Empowerment ausgerichtete Organisation erschaffen, indem er am Montag eine Abflachung der hierarchischen Struktur vornahm, am Dienstag die Arbeitsplatzbeschreibungen änderte und am Mittwoch schließlich die Entwicklung sich selbst überließ. Viele Unternehmen stellen fest, daß es bis zu zehn Jahren dauern kann, bevor Unternehmenskultur, Organisationsform und Managementpraktiken so gründlich verändert sind, daß eine Organisation mit echtem Empowerment entsteht.

Selbst wenn Empowerment ein schrittweise erfolgender Prozeß wäre, hätte eine abgeflachte, in ihren Führungsebenen reduzierte Organisation immer noch einen langen Weg vor sich. Die Schaffung einer auf Empowerment ausgerichteten Organisation verlangt auch, daß Einstellungen und Verhaltensweisen geändert werden und daß die Mitarbeiter alle Voraussetzungen geboten bekommen, die sie für eine erfolgreiche Arbeit in der neuen Struktur brauchen.

Strukturen (wie auch Empowerment als solches) können nur dann effektiv sein, wenn die darin arbeitenden Leute in der Lage sind, sie zu nutzen.

In einer mobilen, flachen Empowerment-Struktur sind die einzelnen Mitarbeiter aufgefordert, Durchsetzungsvermögen, Verhandlungsgeschick, Problemlösungsfähigkeiten und Bereitschaft zu Teamarbeit unter Beweis zu stellen – vermutlich zum ersten Mal in ihrem Leben und auf vergleichsweise unteren Organisationsebenen.

Im folgenden Kapitel werden wir uns damit befassen, wie sich die Mitarbeiter solche Fähigkeiten aneignen können. Ausgangspunkt ist die Bestimmung der Kerneinheit für Empowerment – Teamarbeit auf der Durchführungsebene.

6. Literaturhinweise

[1] Lorenz, C. (1992) „Power to the people", *Financial Times*, 30. März 1992

[2] Hall, L. (1993) „The boss from Brazil", *Personnel Today*, 26. Oktober 1993

[3] Lorenz, C. (1992) „Nuts and bolts of giving power to the people", *Financial Times*, 21. September 1992

[4] Pfeffer, J. (1992) „Power: The not-so-dirty secret to success in organizations", *Stanford Business School Magazine*, März 1992

[5] Lorenz, C. (1993) „Uphill struggle to become horizontal", *Financial Times*, 5. November 1993

[6] Handy, C. (1992) „Balancing corporate power: a new federalist paper", *Harvard Business Review*, November/Dezember 1992

[7] Jackson, S. (1991) „Empowerment to the people?", *Director*, April 1991

[8] *Ibid.*

[9] *Ibid.*

[10] Pickard, J. (1993) „The real meaning of empowerment", *Personnel Management*, November 1993

[11] Pfeffer, J. (1992) „Power: The not-so-dirty secret to success in organizations", *op. cit.*

[12] Baxter, A. (1993) „Selectors' choice", *Financial Times*, 11. August 1993

[13] De Jonquieres, G. (1993) „A clean break with tradition", *Financial Times*, 12. Juli 1993

[14] Pickard, J. (1993) „The real meaning of empowerment", *op. cit.*

[15] Stewart, T.A. (1989) „A user's guide to power", *Fortune*, 6. November 1989

[16] Furnham, A. (1993) „Job title inflation hits the roof", *Financial Times*, 12. Januar 1993

[17] Fenn, D. (1993) „Bottoms up", *Inc*, Juli 1993

[18] Hall, L. (1993) „The boss from Brazil", *Personnel Today*, 26. Oktober 1993

[19] Drucker, P. (1989) *The New Realities* (London: Heinemann)

[20] Lorenz, C. (1993) „Uphill struggle to become horizontal", *op. cit.*

[21] Shipper, F./Manz, C. (1990) „An alternative road to empowerment", *Organizational Dynamics*, Juni 1990

[22] Handy, C. (1992) „Balancing corporate power", *op. cit.*

[23] *Towards Industrial Partnerships. A New Approach to Relationships at Work* (1992) (London: The Involvement and Participation Association)

[24] Bluestone, B./Bluestone, I. (1992) „Workers (and managers) of the world unite", *Technology Review*, November/Dezember 1992

Kapitel 4

Team-Empowerment: Aufbau und Durchführung

Ich stelle mir das Unternehmen wie eine Volleyball-Mannschaft vor. Der Ball muß beim dritten Mal über das Netz, und dabei ist es unwichtig, welcher Spieler den Ball schlägt.[1]

Lori Sweningson,
Geschäftsführender Direktor der Job Boss Software Inc.

Ich habe das Gefühl, 90 Prozent aller Teams könnten produktiver arbeiten, wenn die Teammitglieder mehr vom Teamaufbau verstünden.

Unternehmensberater Bernard Wynne

Dies ist ein wunderbares Team, ich möchte es auf keinen Fall im Stich lassen.

Mitarbeiter eines Teams bei Britvic

Die Bildung eigenverantwortlicher Teams ist eines der Elemente – und in vielen Unternehmen der wichtigste Schritt – bei der Schaffung einer durch Empowerment geprägten Arbeitskultur. Eigenverantwortliche Teams sind kleine Gruppen von Mitarbeitern, die ihre tägliche Arbeit selbständig und verantwortlich regeln. Die Teammitglieder sorgen für Arbeitsplatzzuweisungen, stellen ihren Arbeits- und Terminplan auf, treffen produktionsbezogene Entscheidungen und erarbeiten Problemlösungen. Auch viele Aufgaben wie Personaleinstellung und Zeitplanung, die früher von Führungskräften und Vorgesetzten wahrgenommen wurden, können diesen Teams übertragen werden. Infolgedessen arbeiten teamorientierte Unternehmen mit weniger Führungsebenen als konventionelle Organisationen und verlangen von ihren Teammitarbeitern, daß sie sich mit vielseitigen Arbeitsaufgaben und Problemstellungen auskennen. Im Gegensatz zu Qualitätszirkeln und funktionsübergreifenden Arbeitsgruppen bilden eigenverantwortliche Teams formale, permanente Strukturen. Teams spielen beim Empowerment eine entscheidende Rolle, sagt der Unternehmensberater Keith Edwards von *Coverdale*; Teams tragen nämlich dazu bei, daß die Leute zum gegenseitigen Nutzen zusammenarbeiten:

„Ein Empowerment ohne entsprechenden Hintergrund wäre unsinnig – ohne gemeinsame Ziele könnten ermächtigte Mitarbeiter eine Menge Schaden anrichten. Zum Glück haben die Menschen ein natürliches Bestreben zur Zusammenarbeit. Wenn man also das Bewußtsein der Leute für die Bedeutung von Teamarbeit schärft und ihnen die Möglichkeiten zu einer reibungslosen Zusammenarbeit gibt, werden sie bereitwillig kooperieren."

Nicht alle Organisationen haben die Erfahrung gemacht, daß Teammitglieder so leicht zueinanderfinden. Doch viele haben entdeckt, daß es sich auszahlt, Teams zur Produktiveinheit im Betrieb zu machen. Zum Beispiel konnte nach einer umfassenden Umstrukturierung beim Verpackungsunternehmen *Dairycrest's Hemel Hempstead Prepack Centre* die Wochenproduktion an abgepacktem Käse um 20 Prozent erhöht werden, die Verpackungskosten sanken um 10 Prozent, und die einst hohe Fluktuation unter den Mitarbeitern ging auf buchstäblich Null zurück. All dies wurde erzielt trotz einer 40prozentigen Reduzierung im Management.

Der Betriebsleiter Steve Whitmarsh führt diese positiven Ergebnisse auf den Ansatz der Teamarbeit zurück, der sowohl zusätzliche Schulung als auch Veränderungen im Arbeitsstil verlangt hatte und bei *Dairycrest* im Rahmen einer Umstrukturierung eingeführt worden war:

„Zu den größten Vorzügen zählt die persönliche Entfaltung der einzelnen Mitarbeiter infolge ihrer Erfahrungen bei der Teambildung. Wenn ich es nicht selbst erlebt hätte, würde ich so etwas nicht für möglich halten. Die Leute haben sich mit den Projekten identifiziert, zusätzliche Verantwortungen übernommen und hervorragende Arbeit geleistet."

Im Vereinigten Königreich hat *Rank Xerox UK* die gesamte Kundendienst-Sparte mit 2200 Mitarbeitern in 205 eigenverantwortliche Arbeitsgruppen umgewandelt. John Prevost, ein Außendienstleiter, der zugleich ein Team von elf Ingenieuren im Kundendienst für Kopiergeräte betreut, äußerte gegenüber dem Management-Autor David Oates die Auffassung, der Kollektivansatz führe zu größerer Effizienz:

„Einige Ingenieure arbeiten sehr schnell; andere arbeiten langsam, dafür aber sehr gründlich. Früher wären die langsamen Ingenieure möglicherweise „bestraft" worden, wenn sie mit den Produktivitätszielen nicht Schritt hielten; in einem Team hingegen haben beide Arbeitstypen Platz, wenn sich jeder richtig einschätzt. Man braucht eine Mischung von beidem, aber es ist wichtig, die jeweiligen Stärken und Schwächen zu erkennen, damit sich alle bei der Arbeit wohlfühlen."[2]

Um ein derart hohes Maß an Bewußtseinsbildung zu erzielen, hat Prevost ein System eingeführt, das allen Mitgliedern der Gruppe die Möglichkeit zur Bewertung der Arbeit der Kollegen gibt. Die Gutachten werden schriftlich zu Papier gebracht und dem betroffenen Mitarbeiter von einem im voraus bestimmten Teammitglied übergeben.

Prevost hat festgestellt, daß die Mitglieder seiner Arbeitsgruppe im Vergleich zu früher eine verantwortungsvollere Arbeitseinstellung entwickelt haben. Probleme bezüglich der Wartung von Kopiergeräten beim Kunden werden nun offen ausdiskutiert und nicht mehr unter den Teppich gekehrt.

Shaun Pantling, Kundendienst-Direktor bei *Rank Xerox*, schätzt, daß die eigenverantwortlichen Gruppen die Produktivität seiner Sparte innerhalb von drei Jahren um 25 Prozent erhöhen werden. Und der geschäftsführende Direktor Vernon Zemler meint: „Im wesentlichen haben wir den Teams gesagt, nun seien sie für den Betrieb verantwortlich."

Nach Absolvierung eines umfassenden, Anfang der 80er Jahre eingeführten Schulungsprogramms gingen die Mitarbeiterteams im *Campbell's-Soup*-Werk in Maxton, North Carolina, dazu über, auch traditionelle Managementscheidungen eigenständig zu treffen. „Wir haben ihnen den Betrieb praktisch überlassen", sagt der für die Werksproduktion zuständige Direktor. Die Teams treffen sich mit den Lieferanten, bestimmen ihre eigenen Zeitpläne und legen sogar die Höhe ihrer Kapitalausgaben einschließlich entsprechender Rentabilitätsberechnungen fest. Eine neue

Maschine, die auf Vorschlag eines Arbeitsteams angeschafft wurde, hat sich als so produktiv erwiesen, daß eine Investitionsrentabilität von insgesamt 30 Prozent erreicht werden konnte. Schon bald nach Einführung dieser gemeinsamen Entscheidungsfindung erzielte das Werk mit 16 Prozent Produktivitätssteigerung einen Rekord – innerhalb eines einzigen Jahres.[3]

1988 entschloß sich auch die *Northern Telecom*, ein 420 Mitarbeiter umfassender Vermittlungstechnik-Reparaturdienst in Morrisville, North Carolina, zur Einführung einer solchen gemeinsamen Entscheidungsfindung. Die Mitarbeiter sind in „Zellen" organisiert, die sich im Rahmen ihrer Aufgaben ihre eigenen Ziele setzen – von Effizienzvorgaben bis hin zu Durchlaufzeiten. Die Mitglieder der einzelnen Zelleinheiten nehmen auch Leistungsüberprüfungen vor, führen Bewerbungsgespräche mit Kandidaten und legen flexible Arbeitspläne fest.

Drei Jahre nach Einführung des Programms hatten sich die Betriebseinnahmen um 83 Prozent erhöht, die Erträge pro Mitarbeiter waren um 93 Prozent gestiegen, die Qualität (gemessen an zurückgegebenen Teilen) hatte sich um 51 Prozent verbessert, und die Zufriedenheit der Kunden mit den Kundendienstleistungen (beurteilt anhand von Reklamationen) steigerte sich um 65 Prozent.[4]

Die *Digital-Equipment*-Anlage in Ayr, Schottland, arbeitet seit Anfang der 80er Jahre mit Hochleistungsteams. Diese Teams sind so erfolgreich, daß sie die Entwicklungszeiten von rund acht Wochen auf einen Tag verkürzen konnten. In den Teams arbeiten bis zu 30 Mitarbeiter, die vielseitig einsetzbar sind und in einem Tag einen Computer zusammenbauen können. Sie sind sowohl für Personaleinstellung, Schulung und disziplinarische Angelegenheiten als auch für die Auftragsbearbeitung verantwortlich.

Je nach Situation wenden sie sich direkt an andere Abteilungen, ohne erst irgendwelche Führungskräfte zu befragen, und bezahlt werden die einzelnen Mitarbeiter nach ihren Fähigkeiten und Erfahrungen. Der zuständige Manager betreut 250 Mitarbeiter und fungiert als letzte Instanz bei disziplinarischen Problemen, mit denen das Team nicht selbst fertig wird.

1. Organisation, Schulung und Unterstützung eigenverantwortlicher Teams

Beim Aufbau eigenverantwortlicher Teams müssen sich Unternehmensleitung und Mitarbeiter die folgenden Fragen stellen:

– Wo stehen wir heute?
– Nach welchen Kriterien bestimmen wir die Teammitglieder?
– Welchen Schulungsbedarf haben wir?
– Inwieweit sind durch die Teambildung die mit Durchführungs-, Überwachungs- und Führungsaufgaben verbundenen Arbeitsplätze betroffen?
– Welche Rolle sollen die Stabsabteilungen spielen?
– Welche Verantwortungen sollen die Teamleiter übernehmen?
– Brauchen wir überhaupt Teamleiter?

Wo stehen wir heute?

Die Verfasser eines im Auftrag des *Work in America Institute* in Scarsdale, New York, erarbeiteten Berichts mit dem Titel *New Roles for Managers* geben den folgenden Rat:

– Stellen Sie sich die Teams als unabhängige, unternehmerisch orientierte interne „Betriebe im Betrieb" vor.
– Sorgen Sie dafür, daß Ihre Teams die Ressourcen erhalten, die sie zur erfolgreichen Durchführung einer Aufgabe benötigen. Wenn Sie ein frustriertes Team haben wollen, brauchen Sie ihm nur die zugesagten Ressourcen vorzuenthalten.
– Lassen Sie das Team seine eigenen Parameter festlegen und über das *Wie, Was* und *Wann* selbst entscheiden. Sie bestimmen das prozeßinnovative Endziel, und das Team setzt die Meilensteine auf dem Weg dorthin.
– Halten Sie sich möglichst aus allem weiteren heraus. Lassen Sie das Team seine eigenen Entscheidungen treffen. Risikofreudigkeit sollte keinesfalls „bestraft" werden. Dafür müssen Sie mit Problemen und unter Umständen sogar mit Katastrophen rechnen.

Der Unternehmensberater Bernard Wynne empfiehlt einen Vier-Stufen-Prozeß zur Teambildung:

1. Sorgen Sie dafür, daß alle Teammitglieder die Aufgabenstellung des Teams und die an das Team gestellten Kundenerwartungen gleichermaßen verstehen.
2. Stecken Sie klare Ziele ab, wie dieser Aufgabenstellung und den Kundenerwartungen Rechnung zu tragen ist.
3. Ermitteln Sie alle Hindernisse, die dem Team bei der Erreichung seiner Ziele im Weg stehen könnten. Zu solchen Hindernissen zählen gewöhnlich: Mangel an Fähigkeiten und Erfahrungen, zwischenmenschliche Probleme unter den Teammitgliedern, Mangel an Bereitschaft, Kenntnisse und Informationen auszutauschen, sowie Mangel an Arbeitsplatzflexibilität.
4. Bemühen Sie sich um die Beseitigung solcher Hindernisse.

Dieser Prozeß läßt sich nicht auf die Schnelle abwickeln, warnt Richard Wellins, stellvertretender Direktor des Beratungsunternehmens *Development Dimensions International* mit Sitz in Pennsylvania:

„In erfolgreichen Organisationen mit eigenverantwortlichen Teams wenden die Teammitglieder beziehungsweise der Teamleiter im ersten Jahr gewöhnlich bis zu 20 Prozent ihrer Arbeitszeit für Schulungsmaßnahmen in bezug auf bestimmte Aktivitäten auf. Bevor wirklich gute Arbeit geleistet wird, vergehen unter Umständen drei Jahre – gerechnet von zwölf Monaten vor Teambeginn bis zu zwei Jahren danach. Die meisten Organisationen sprechen von einer Zeitspanne zwischen zwei und fünf Jahren, um Teams mit voll funktionierendem Empowerment aufzubauen."[5]

Im Jahr 1993 beschloß die *OCS Smarts Group*, ein Wasch- und Arbeitskleidungsservice im Vereinigten Königreich, den grundlegenden Aufbau einer Teamkultur. Das Unternehmen löste sein konventionelles Management und die Belegschaftsstruktur auf und bildete 50 Teams beziehungsweise „kommerzielle Netze", wie sie im Unternehmen bezeichnet wurden. Jedes dieser Netze trug größere Verantwortungen und Verpflichtungen gegenüber seinem Kundenstamm als bisher.

Die Aufgabe des Managements bestand darin, die übrigen Mitarbeiter – die „Mitglieder der kommerziellen Netze" – zu unterstützen, zu beraten und zu betreuen.

Mitte 1993 arbeiteten 28 kommerzielle Netze, die sich in unterschiedlichen Entwicklungsstadien befanden. Gewöhnlich wurde das Konzept der kommerziellen Netze dem gesamten Personal in den Wäschereibetrieben, angefangen beim Betriebsleiter, kurz mitgeteilt. Dann forderte man den Betrieb auf, selbst herauszufinden, auf welche Art und Weise und wie schnell sich das Konzept in die Praxis umsetzen ließ. Die potentiellen Netzleiter und -mitglieder sollten ihre eigenen Erfahrungen mit dem Prozeß der Netzbildung sammeln.

Das Personal nahm auch an betriebsinternen Seminaren teil, um sich grundlegende Kenntnisse über die Produkte und Dienstleistungen des Unternehmens und die Bedürfnisse der Kunden anzueignen. Die Netz-Schulungen waren zu Anfang sehr allgemein gehalten, um in bezug auf Techniken und Instrumentarium nicht zu präskriptiv aufzutreten und die Teams vielmehr zu ermutigen, ihren Schulungsbedarf selbst zu erkennen. Daraufhin haben viele Teams Besuche bei ihren Kunden als eine besonders wichtige Arbeitsbedingung für die erste Zeit ermittelt.

Eine der grundlegenden Aktivitäten eines Netzes besteht darin, das Umsatzpotential für seinen Verantwortungsbereich zu kalkulieren. Dies stieß vielerorts auf Überraschung. Eine weitere anfängliche Aufgabe ist die Lösung von im Team aufgetretenen Problemen – und zwar im Schnellverfahren. Dies schafft Vertrauen in die Situation und ermutigt die Teams, auch anspruchsvollere Kunden- und Betriebsprobleme in Angriff zu nehmen.

Das Tempo, mit dem die Netze Informationen einholten und ihre Aktivitäten voranbrachten, hat das Management überrascht – so sehr, daß sich in einigen Fällen die Reaktionszeit seitens des Managements als hinderlich erwies. Dieses Problem wurde unter anderem so gelöst, daß Netzleiter zu bereits anberaumten Managementsitzungen eingeladen wurden, damit ihre Anliegen und Fortschritte möglichst bald besprochen werden konnten.[6]

Nach welchen Kriterien bestimmen wir die Teammitglieder?

Als das *JCB*-Management-Team die Organisation seiner 300 Mitarbeiter in drei getrennte Produktsparten und Gewinnzentren beschloß, erinnerte das Vorgehen sehr an die Mannschaftswahl beim Basketball. Januar 1993 wurden die Namen aller 300 *JCB*-Mitarbeiter an einer Bürowand ausgehängt. Gewissermaßen als Vorspiel zur Reorganisation der Hauptsparten des größten Anlagenbau-Herstellers im Vereinigten Königreich wurden die individuellen Stärken und Schwächen der Mitarbeiter vom Management-Team diskutiert und analysiert. Dann wurden die geschäftsführenden Direktoren der drei neuen Sparten aufgefordert, sich ihre Teams zusammenzustellen. Das System mit den Namen an der Wand „ließ deutlich erkennen, wer Mannschaftsspieler und wer Ersatzspieler war. Man erhielt wertvolle Einblicke in bezug auf die Mitarbeiter, was die drei neuen Spartenleiter in die Lage versetzte, dem einen oder anderen Mitarbeiter durch Vergrößerung seines Verantwortungsbereichs eine Chance zu geben".[7]

Das *JCB*-Management beachtete, was in der Eile der Teambildung allzuleicht vergessen wird: Teams setzen sich aus Individuen zusammen, und nicht alle Mitglieder sind gleichermaßen flexibel oder auch nur an der Übernahme von Verantwortung interessiert. Ein oder zwei unkooperative Mitarbeiter können ausreichen, um die Produktivität eines gesamten Teams zunichte zu machen. Aus diesem Grund haben sich einige Unternehmen veranlaßt gesehen, den Teams die Auswahl ihrer Mitarbeiter selbst zu überlassen. Bei *Johnsonville Foods* in Wisconsin beispielsweise zeigten sich einige Mitarbeiter unzufrieden über Kollegen, die schlampig oder gleichgültig bei ihrer Arbeit waren. In der festen Überzeugung, daß nicht die richtigen Personalentscheidungen getroffen und die neuen Mitarbeiter nur unzureichend geschult worden waren, baten die Teamarbeiter darum, über Personalwahl und Schulung künftig selbst entscheiden zu dürfen.

Die leitenden Führungskräfte sahen ein, daß die Mitarbeiter vor Ort mehr von den dort anfallenden Arbeitsleistungen verstanden als sie. Sie boten den Teams an, Leistungsstandards festzulegen, die Mitarbeiter im Umgang mit schlecht arbeitenden Kollegen zu beraten und mit geeigneten Auswahl- und Schulungsverfahren vertraut zu machen. Inzwischen haben die Arbeiter den größten Teil der traditionellen Personalfunktionen übernommen.

Andere Organisationen überlassen den Führungskräften die Personalauswahl, geben aber als Auswahlkriterium die *„Empowerability"* vor – die Fähigkeit und Bereitschaft von Mitarbeitern, sich ermächtigen zu lassen. Richard Carver vom Beratungsunternehmen *Coverdale* hält es für durchaus möglich, Teammitarbeiter nach dem Kriterium der *Empowerability* auszuwählen:

„Im wesentlichen bedeutet ,*Empowerability*' die Bereitschaft von Individuen, unter geeigneten Umständen persönliche Verantwortung für die Verbesserung ihrer derzeitigen Situation zu übernehmen. Die meisten Unternehmen achten bei der Einstellung künftiger Manager und Führungskräfte darauf, aber vermutlich findet dieses Kriterium auf den übrigen Unternehmensebenen weitaus weniger Berücksichtigung."

Nun werden einige Theoretiker einwenden, wenn die Unternehmenskultur stimme, würden alle Mitarbeiter persönliche Verantwortung übernehmen und sich ermächtigen lassen. Meiner Erfahrung nach trifft dies nicht zu. Empowerment ist keine Einbahnstraße; manche Mitarbeiter sind eben eher bereit als andere, die mit Empowerment verbundene persönliche Verantwortung zu übernehmen. Solche Leute werden sich erst richtig in einer Umgebung entfalten, in der sie ermutigt werden, auch Risiken zwecks verbesserter Durchführung ihrer Aufgaben einzugehen, in der sie für ihre Erfolge gelobt werden und in der sie eine entsprechende Schulung erhalten, um sowohl selbständig als auch zusammen mit anderen effektiv arbeiten zu können.

Eine wichtige Voraussetzung zur Personalwahl nach dem Kriterium der *Empowerability* ist den Management-Theoretikern Frank Shipper und Charles Manz zufolge die realistische Einschätzung der künftigen Arbeitsplätze: Die Mitarbeiter müssen rechtzeitig darüber informiert werden, was auf sie zukommt, und sie müssen entsprechende Orientierungshilfen und Schulungen als Vorbereitung für ein hochgradig selbständiges Handeln erhalten. „Dies dürften ganz entscheidende Bedingungen sein für Organisationen, die ein System mit Empowerment und eigenverantwortlichen Teams einführen wollen."[8]

Eine weitere Möglichkeit ist die Durchführung von Tests zur Ermittlung der Persönlichkeitsmerkmale potentieller Kandidaten. Doch Angela Baron, unternehmenspolitische Beraterin und Arbeitspsychologin am *Institute of Personnel Management*, vertritt die Ansicht, daß Persönlichkeit ein viel zu komplexes Phänomen ist, als das es sich in einem einzigen Test ermitteln ließe: „Es gibt einige sehr gute Tests, aber auch sehr schlechte. Die Situation verallgemeinern und behaupten zu wollen, sämtliche Arbeitsplätze setzten einen bestimmten Quotienten oder bestimmte Merkmale voraus, wäre ein großer Fehler."

Ihrer Meinung nach gilt es folgendes bei der effektiven Anwendung von Tests zu beachten: „Man muß mit einer Spezifikation in bezug auf Arbeitsplatz oder Mitarbeiter beginnen, die erwünschten Merkmale definieren und dann anhand der Tests feststellen, ob ein Kandidat die Merkmale besitzt oder nicht. Man darf nicht einfach zwei bis drei Eigenschaften herausgreifen und diese dann aufsummieren. Die tatsächlichen Anforderungen hängen von den unterschiedlichen Gegebenheiten in den einzelnen Organisationen ab."

Als der Personalleiter Neil Roden im Auftrag der Finanzgesellschaft *Lloyds Bowmaker* Mitarbeiter für ein neues Kundendienst-Zentrum suchte, hielt er Ausschau nach „Leuten, die telefonisch eine Beziehung zu Kunden aufbauen und gegebenenfalls in aller Freundlichkeit, aber auch in aller Bestimmtheit, *nein* sagen können".

Lloyds Bowmaker führte ein sechsstufiges Interviewverfahren mit psychometrischen Tests und gruppendynamischen Übungen durch, die größtenteils darauf ausgerichtet waren, diese angeborenen Fähigkeiten und Einstellungen zu ermitteln. Roden meint, ein solches Vorgehen sei einfacher als der Versuch, eine repräsentative Auswahl von Bewerbern in Teamarbeit und in der Übernahme von Kundendienstverantwortungen zu schulen. „Wir können den Leuten die technischen Fertigkeiten vermitteln", sagt er. „Dagegen ist es äußerst schwierig, die Einstellungen eines anderen in die richtige Form zu bringen."

Welchen Schulungsbedarf haben wir?

Von Mitarbeitern, die Mitglieder in eigenverantwortlichen Teams werden sollen, wird erwartet, daß sie auch leitende Funktionen wie Einstellung und Entlassung anderer Teammitglieder, Abstimmung von Urlaubsplänen, Entscheidungsfindung in bezug auf Produktionsziele usw. übernehmen.

All dies läßt sich nach Meinung von William Byham den Teammitgliedern nicht ohne weiteres vermitteln: „Sie haben es mit Erwachsenen zu tun, die dergleichen noch nie gemacht haben. Und das lernt man auch nicht, wenn man ein Buch liest, ein zweitägiges Schulungsseminar besucht oder ein einstündiges Motivationsprogramm absolviert. Es bedarf schon der Entwicklung echter Fähigkeiten, wenn das funktionieren soll."

Richard Wellins vertritt die Ansicht, ineffektive Schulung – nicht aber Widerstand gegen leitende Funktionen – sei das größte Hindernis, das einer erfolgreichen Teamarbeit entgegenstehe. „Bei der Schaffung einer teamorientierten Umgebung sollten die Teammitglieder selbst in Entwicklung und Durchführung der Schulungsmaßnahmen einbezogen werden", sagt er. „Und unterschätzen Sie nicht den Bedarf an neuartigen Schulungsmaßnahmen."

Viele Organisationen unterschätzen den Bedarf an Schulung schlechthin. Rob Gordon, Unternehmensberater bei *Coverdale*, beschreibt eine Erfahrung, die er im Rahmen seiner Beratertätigkeit beim Aufbau eigenverantwortlicher Teams in einem Herstellunternehmen gemacht hat:

„Der Produktionsdirektor teilte uns mit, er beabsichtige, die Produktion in den Fertigungszellen auf Teamarbeit umzustellen. Die derzeitige untere Führungsebene sollte durch Vorarbeiter ersetzt werden, die dann als Teamleiter fungieren sollten. ‚Wahrscheinlich brauchen sie ein bißchen Unterstützung, um sich an die Veränderungen zu gewöhnen', meinte er zu mir.

Das war schlicht eine Untertreibung. Wir fanden ein Häufchen von Mitarbeitern – die künftigen Teamleiter – vor, die blankes Entsetzen zum Ausdruck brachten: Alle vertrauten Stützen in bezug auf Struktur, Systeme und Autorität waren ersatzlos umgestoßen worden. Es bedurfte einer intensiven Vorbereitungszeit, sorgfältiger Unterstützung der Teamleiter bei der Entwicklung neuer Fähigkeiten und bei der Vertrauensbildung und schließlich einer einjährigen Zusammenarbeit mit ihnen und ihren Teams, bevor die Organisation die erhofften Vorzüge zu ahnen begann."

Eigenverantwortliche Teams fördern die Entwicklung vielseitiger Fähigkeiten und systematischen Arbeitsplatzwechsel, was hohe Investitionen in die Ausbildung technischer Fertigkeiten erforderlich macht. Von den Mitarbeitern wird verlangt, daß sie Arbeitsplatzprobleme im voraus erkennen und rechtzeitig lösen; zudem müssen Mitarbeiter, die bisher für ihre individuelle Leistung belohnt wurden, nun lernen, im Team zusammenzuarbeiten. Wellins zufolge sind somit drei Kategorien von Fähigkeiten für eine effektive Teamleistung von entscheidender Bedeutung:

- *arbeitsplatzbezogene Fähigkeiten*: die technischen Voraussetzungen für die Durchführung von Arbeitsaufgaben;
- *Team- und Interaktionsfähigkeiten*: Weitergabe und Aufnahme von *Feedback*, Umgang mit Konflikten, Bereitschaft zu Vielseitigkeit und Zusammenarbeit in Teams sowie Schulung und Betreuung anderer Teammitglieder;
- *qualitäts- und aktionsbezogene Fähigkeiten*: statistische Prozeßkontrolle *(SPC)*, Schulung in bezug auf verschiedene Arten von Qualitätsinstrumenten und Techniken zur kontinuierlichen Verbesserung sowie Problemerkennung und Problemlösung, damit die Teammitglieder ihre Schwierigkeiten ohne Rückgriff auf das Management bewältigen können.

Schulungsmaßnahmen zeigen die besten Erfolge, wenn sie über längere Zeit hinweg und nicht in einer Art „Blockveranstaltung" durchgeführt werden. „Einige Organisationen bieten ihre Schulungsmaßnahmen in vier- bis sechswöchigen Schulungsseminaren an, die sich für alle Beteiligten als schwierig erweisen – besonders für die Produktionsarbeiter, die an körperliche Fabrikarbeit, nicht aber an stundenlanges Stillsitzen im Unterricht gewöhnt sind."

Jon Riches, Personaldirektor bei *Elida Gibbs*, einer *Unilever*-Tochter für Körperpflegeprodukte im Vereinigten Königreich, führt die erfolgreiche Einführung von Teamarbeit in der unternehmenseigenen *Seacroft*-Anlage im Jahr 1988 auf sorgfältige Aus- und Weiterbildung zurück:[9] „Die Durchsetzung solcher Veränderungen wäre ohne eine entsprechende Schulung absolut unmöglich gewesen – dadurch sind die Leute erst aufnahmefähig geworden." Riches hat dafür gesorgt, daß der Unternehmensetat für Schulungsmaßnahmen seit Ende der 80er Jahre von 0,5 Prozent auf 1,3 Prozent des Umsatzes erhöht wurde. 1993 hatte er sich zum Ziel gesetzt, jedem Mitarbeiter eine zehntägige Weiterbildung zu ermöglichen.

Die Schulung erfolgte im Rahmen eines Programms, demzufolge die Verantwortung für die einzelnen Fertigungsstraßen auf die daran arbeitenden Mitarbeiter übergeht. Die Mitarbeiter werden ermutigt, sich für Problemlösungen und Effizienzsteigerungen einzusetzen, und erhalten umfassende Informationen über die Leistung und die Gesamtstrategie des Unternehmens.

Zu Anfang stieß die Umstellung bei Gewerkschaftsfunktionären und älteren Führungskräften im mittleren Management auf Skepsis. Um breitere Akzeptanz zu erreichen, führte das Unternehmen für seine rund 1000 Mitarbeiter dreitägige Kurse zur Qualitätssicherung durch, wobei die Kursleiter aus der Belegschaft ausgewählt wurden.

Der neue Ansatz hat zu ansehnlichen Erfolgen geführt. In den vergangenen drei Jahren konnte die Umstellzeit pro Fertigungsstraße von anderthalb Tagen auf weniger als vier Stunden reduziert werden, und die jährlichen Ausfallzeiten durch Unfälle gingen in *Seacroft* auf ein Viertel zurück. Von 1989 bis 1991 stiegen die Gewinne vor Steuern um 73 Prozent, und die Gewinnspannen erhöhten sich von 6,5 auf 10 Prozent.

„Die Lieferstandards bei *Elida Gibbs* waren unter aller Kritik und die Bestellsysteme völlig veraltet", äußerte sich Michael Rosen, Direktor der Sparte für Einzelhandelsartikel (außerhalb des Nahrungsmittelsektors) bei *J. Sainsbury*, gegenüber der *Financial Times*. „Das Ganze war ein wildes Durcheinander. Das Unternehmen war dicht daran, einen großen Teil seines Geschäfts zu verlieren." Inzwischen aber ist das Unternehmen seiner Aussage zufolge einer der effizientesten Lieferanten bei *Sainsbury*.

Bei vielen Teams reicht die Vermittlung praktischer Fertigkeiten mit Hilfe von Schulungsmaßnahmen nicht aus. Die Teammitglieder bedürfen zusätzlich einer eher allgemeinen Befähigung – zumindest aber praktischer Erfahrungen – in bezug auf die Zusammenarbeit in einem Team. Zwar argumentieren viele Berater und Manager, dies geschehe am besten in der Arbeitssituation als solcher, doch immer mehr Organisationen nehmen die

Dienste externer Schulungszentren in Anspruch, um die Fähigkeit zur Teamarbeit außerhalb des eigenen Unternehmens zu trainieren.

Beim Filmproduzenten *Courtlands Films Polypropylene* mit Sitz in Swindon wurden die 36 Techniker des Unternehmens nach etwa zehnmonatiger Teamarbeit zu einer eintägigen Veranstaltung geschickt, bei der es um ein Teambildungsspiel ging. Der Veranstaltung vorangegangen war eine halbtägige Einführung, und anschließend fand eine kurze Auswertung statt.

Das vordergründige Ziel bei diesem Spiel bestand darin, daß jedes Team einen 364212 Quadratmeter großen Wald mit 35 bezifferten Kreuzungen kartographisch erfassen und eine irgendwo versteckte Information ausfindig machen mußte – alles innerhalb von zehn Stunden. Schon bald stellte sich heraus, daß diese Aufgabe nur zu erfüllen war, wenn alle Teammitglieder kooperierten.

„Losgelöst von der täglichen Arbeitssituation in der Fabrik, konnten die Teamleiter beobachten, wie sich ihre Leute bei der Teamarbeit verhielten", kommentiert der Unternehmensberater Peter Bennett von *Coverdale*, der Mitveranstalter dieser Übung bei *Courtlands* war. Auf die Frage, ob sich die Übung gelohnt hätte, meinten 95 Prozent der Teilnehmer, der Tag sei für sie äußerst wertvoll gewesen. Sie hätten Lektionen gelernt, die ihnen Einsichten zur Verbesserung ihrer Teamarbeit am Arbeitsplatz vermittelt hätten. Und da jeder Teamleiter zuvor an einem Teamleiter-*Workshop* teilgenommen und die ganzen zehn Stunden mit seinem Team verbracht hatte, konnten auch die Teamleiter ihre Beziehungen zur Gruppe stärken und selbst neue Erfahrungen zur weiteren Förderung von Teamgeist sammeln.

Allerdings sollten Schulungsmaßnahmen damit keineswegs beendet sein: „Als entscheidendes Element beim Aufbau effektiver Teams und Strukturen muß unbedingt sichergestellt sein, daß ständig weitergelernt wird – auch wenn die Teams schon richtig arbeiten", betont Gordon, Mitarbeiter der Unternehmensberatungsfirma *Coverdale*. „Kontinuierliches Lernen bildet die Grundlage für kontinuierliche Verbesserung, und die wiederum ist ein Eckpfeiler beim Empowerment."

Inwieweit sind durch die Teambildung die Arbeitsplätze auf der Durchführungsebene betroffen?

Die wohl größte Umstellung, die den Mitarbeitern in eigenverantwortlichen Teams abverlangt wird, ist neben der Teamarbeit als solcher die Notwendigkeit, vielseitige Fähigkeiten unter Beweis zu stellen.

Die Entwicklung vielseitiger Fertigkeiten beziehungsweise die Ausbildung an verschiedenen Arbeitsplätzen ist in sich ein lohnendes Ziel, meint Peter Bennett, Unternehmensberater bei *Coverdale* und Experte auf dem Gebiet der Techniker-Ausbildung. „Vielseitigkeit ist ein entscheidender Teil des Prozesses, zumal sie den betroffenen Technikern zu der Erkenntnis verhilft, daß sie durchaus in der Lage sind, ihre Arbeit eigenverantwortlich durchzuführen."

Allerdings ist es nicht erforderlich, daß alle Teammitglieder für den Einsatz an jedem Arbeitsplatz trainiert werden, um eine effektiv und vielseitig einzusetzende Belegschaft zu gewährleisten. Die meisten Unternehmen sehen sich veranlaßt, die mit Schulung und Ausbildung verbundenen Kosten gegen die Vorzüge vielseitiger Fähigkeiten am Arbeitsplatz abzuwägen. So gab der Leiter eines nahrungsmittelverarbeitenden Betriebs zu bedenken: „Die Leute in der Produktion hier meinen, daß die Entwicklung vielseitiger Fähigkeiten bedeutet, jeder müsse alles können – aber wir brauchen keine 100 Gabelstapler-Fahrer. Wir brauchen nur zwei, und wir haben auch keine Zeit, jeden Mitarbeiter für eine Tätigkeit zu schulen, die er aller Wahrscheinlichkeit nach nie ausüben wird."

Es gibt verschiedene Ansätze zur Herbeiführung eines solchen Ausgleichs; die meisten sind allerdings einer der folgenden drei Kategorien zuordnen:

1. *Aufgabentiefe*: Die Teammitglieder lernen einen spezifischen Prozeß in größerer Tiefe kennen. Beispielsweise erlernen sie zunächst die Bedienung eines Geräts, eignen sich dann grundlegende vorbeugende Wartungsmaßnahmen an und führen letztlich auch fortgeschrittene Wartungsarbeiten an dem betreffenden Gerät durch.
2. *Aufgabenbreite*: Die Teammitglieder erlernen alle Arbeitsaufgaben, die vom Gesamtteam verlangt werden. Zum Beispiel könnte bei der Auto-

produktion das für den Einbau der Sitze zuständige Team für sechs oder sieben unterschiedliche Produktionsaufgaben verantwortlich sein, wobei jeweils ein Teammitglied eine dieser Aufgaben durchführt. Es könnte aber auch so sein, daß alle Teammitglieder die Durchführung aller Arbeitsaufgaben beherrschen. Insgesamt soll das Personal ermutigt werden, soweit wie möglich auch die Arbeiten der anderen Teammitglieder durchführen zu können.

3. *Vertikale Fähigkeiten*: Bei dieser dritten und am wenigsten verbreiteten Methode erlernen die Teammitglieder die an allen Arbeitsplätzen erforderlichen Führungsqualitäten. Vermittelt werden beispielsweise Techniken zur Problemerkennung und Problemlösung, Schulungs- und Ausbildungsaspekte, Sicherheitsfragen sowie die Leitung von Sitzungen.

Der Entwicklung von vielseitigen Fähigkeiten und Teamarbeit ist es auch weitgehend zu verdanken, daß die Anlage der *Shell Chemicals' UK* in Carrington bei Manchester wirtschaftlich überlebt hat. Bis 1985 waren Abgrenzungen und restriktive Praktiken in der gesamten Organisation gang und gäbe – insbesondere unter den gewerkschaftlich organisierten Arbeitern in der Produktionsabteilung und in der Konstruktionsabteilung. Seit Ende der 70er Jahre hatte die *Carrington*-Anlage ausgesprochen schlechte Betriebsergebnisse zu verzeichnen gehabt, und 1985 war die Zukunft der Anlage ernsthaft in Gefahr. Die Belegschaft war von 3000 Mitarbeitern zunächst auf 1200 und dann auf 500 geschrumpft worden.

Um überhaupt ein Überleben zu ermöglichen, mußten diese 500 Mitarbeiter auf einer sehr flexiblen Basis arbeiten. Abgrenzungen in bezug auf „Wer tut was?" gab es zwischen den verschiedenen handwerklichen und technischen Arbeitsaufgaben nicht mehr. In Zusammenarbeit mit dem *City and Guilds of London Institute* erarbeitete die *Carrington*-Anlage ein Ausbildungs- und Qualifikationssystem, das mit einer in der britischen Industrie einmaligen Multiqualifikation abschloß. Die neue Qualifikation war dergestalt, daß ein ausgebildeter Mechaniker beispielsweise auch elektrische Arbeiten übernehmen konnte. Zudem gab es so etwas wie den Fertigungstechniker, der die früher getrennten Aufgaben eines Produktionsarbeiters beziehungsweise Handwerkers in einer vielseitig einsetzbaren Funktion wahrnehmen konnte.

Dann wurde Teamarbeit in der Belegschaft eingeführt, wobei jedes Teammitglied über hinreichende Fertigkeiten verfügte, um im Notfall auch die Arbeiten der Teamkollegen übernehmen zu können. Beispielsweise standen die Produktionsarbeiter nicht mehr untätig herum, während der Wartungsdienst Reparaturarbeiten ausführte – sie verfügten jetzt selbst über die erforderlichen Fertigkeiten.

Auch die psychologische Abgrenzung zwischen den verschiedenen „Arbeitslagern" verschwand weitgehend. Alte Klagelieder nach dem Motto „Die Arbeiter in der Produktion arbeiten nicht vernünftig" oder „Wenn die Ingenieure gute Arbeit geleistet hätten, wäre alles OK" waren nicht mehr zu hören.

Andere Unternehmen haben die Erfahrung gemacht, daß gerade psychologische Barrieren nur sehr schwer zu überwinden sind. Nicht ganz zu Unrecht stellte sich ein Werksleiter bei einem größeren Lebensmittelhersteller die Frage: „Haben wir nun die Abgrenzungen im Betrieb aufgehoben oder lediglich verschoben? Haben die Leute jetzt mentale Barrieren?"

Die Entwicklung vielseitiger Fähigkeiten ist nicht die einzige Umstellung, die Teamarbeit für die Arbeitsplätze auf der Durchführungsebene mit sich bringt. Es gibt auch andere, weniger greifbare, aber ebenso wichtige Veränderungen.

Erhöhte Verantwortung:
Der *Coverdale*-Berater Wally Cork berichtet von seinen Erfahrungen im Rahmen seiner Zusammenarbeit mit dem Getränkehersteller *Britvic*:

„Wenn es früher an einem Fließband einen Stau gab, packten die Arbeiter weiter oben am Band ihre Zeitungen und Butterbrote aus und warteten geduldig, bis das Band wieder anlief. Zwei Jahre, nachdem *Britvic* Teamarbeit eingeführt hatte, war ich wieder da, und wieder einmal brach das Band zusammen. Aber diesmal sprangen gleich drei Arbeiter auf und rannten zu ihrem Kollegen in der Mitte, um ihm zu helfen, die Sache wieder in Ordnung zu bringen. Für mich war das eine grundlegende Veränderung. Die Lektion lautet: Wir können uns gegenseitig helfen. Wie einer der Arbeiter es formulierte: ‚Dies ist ein wunderbares Team, ich möchte es auf keinen Fall im Stich lassen.'"

Erhöhtes Vertrauen und gegenseitige Achtung:
Ohne die ständige Drohung disziplinarischer Maßnahmen seitens des Managements im Rücken müssen sich die Teammitglieder darauf verlassen, daß jeder einzelne vollen Einsatz zeigt. Als beispielsweise bei der Finanzgesellschaft *Frizzell Financial Services* das alte, auf individuelle Zielerfüllung ausgerichtete Vergütungssystem durch ein Bonussystem zur Auszeichnung der besten Teams ersetzt wurde, hatten einige der „schnellen" Arbeiter den Eindruck, die „langsamen" Kollegen mit durchziehen zu müssen, und das paßte ihnen nicht.[10]

Derartige Beschwerden können auftreten – besonders dann, wenn es um Geld geht; doch wie Milo Lynch von *Coverdale* feststellte, tragen Teamarbeit und Vielseitigkeit als solche dazu bei, die Barrieren des Mißtrauens zwischen verschiedenen Arbeitsfunktionen abzubauen:

„Bei *British Cellophane* wiesen wir die Leute interdisziplinären Gruppen zu. Die Operateure arbeiteten Seite an Seite mit Technikern und Konstrukteuren an echten technischen oder produktionsbezogenen Problemen. Die Ergebnisse waren bemerkenswert. Es war für jedermann ersichtlich, wie alle einen Beitrag auch zu den anderen Funktionen leisteten; die zwischenmenschlichen Kontakte im gesamten Betrieb entwickelten sich viel reibungsloser."

Erhöhte Bereitschaft, von Kollegen zu lernen:
Die mit Empowerment ausgestatteten Teamarbeiter stellen bei sich selbst sowohl eine verstärkte Notwendigkeit als auch die wachsende Bereitschaft fest, Unterstützung und Rat von ihren Teamkollegen anzunehmen. So sagt Julie Cullen, Maschinenoperateurin in der Fabrik *Walkers Smiths' Swansea*: „Die Atmosphäre hier ist ganz anders geworden. Wenn ich heute ein Problem habe, spreche ich mit den Kollegen an meinem Fließband darüber. Früher hätte ich das bestimmt nicht getan."

Inwieweit sind durch die Teambildung die mit Überwachungs- und Führungsaufgaben verbundenen Arbeitsplätze betroffen?

Vorarbeiter und Führungskräfte sollten sich durchaus die folgenden Fragen stellen, meint Richard Wellins:

- Welche Rolle spiele ich in meinem eigenverantwortlichen Team?
- Bringe ich persönlich die richtigen Voraussetzungen für die Herbeiführung eines solchen Übergangs mit?
- Wird man mir die Schuld geben, wenn das Ganze nicht so richtig funktioniert?
- Werde ich meinen Arbeitsplatz verlieren?

Die Funktionen von Führungskräften werden noch ausführlicher in Kapitel 5 erörtert, aber schon in diesem Zusammenhang sollte darauf hingewiesen werden, daß sich für Vorarbeiter und Führungskräfte durch die Einführung eigenverantwortlicher Teams mehr Veränderungen ergeben als für die Teammitglieder selbst. Da viele ihrer Aufgaben vom Team selbst übernommen werden, sehen sich einige Vorarbeiter und Führungskräfte mit Arbeitslosigkeit oder zumindest mit einem Arbeitsplatzwechsel konfrontiert.

Wellins' Untersuchungsergebnissen zufolge konnten 68 Prozent der Organisationen mit eigenverantwortlichen Teams mit weniger Führungskräften auskommen, und 95 Prozent der Befragten sahen diesen Wandel als vorteilhaft an. Bei *Michelin Tyres* zum Beispiel gab es 1990 in einer Fabrik 38 Managementpositionen. Nach der Einführung von eigenverantwortlichen Teams verblieben nur noch 18. Andere ehemalige Führungskräfte übernehmen eine neue Funktion als Berater und Ressourcen-Beschaffer und sorgen dafür, daß die Teams die zur Durchführung ihrer Arbeit erforderliche Unterstützung, Ausbildung und Ressourcen-Zuweisung erhalten.

Bei der Finanzgesellschaft *Frizzell Financial Services* haben Televerkäufer und Außendienstvertreter schon immer in informellen Teams gearbeitet, und das Unternehmen schaffte auch keineswegs die Überwachungsfunktionen ab, als es Teamarbeit in den entsprechenden Abteilungen einführte, schreibt Jane Pickard in *Personnel Management*. Die Rolle der früheren Führungskräfte hat sich allerdings vollständig gewandelt: Der Filialleiter ist nun nicht mehr derjenige, der die Mittel zuweist und die Erfüllung von Zielen und Rentabilitätsvorgaben kontrolliert, sondern ein Mentor und Berater, der das Team ermutigt, eigene Systeme zu entwickeln und zu beurteilen. Die Teams umfassen jeweils um die zehn Mitglieder und sind ermächtigt, ihre eigenen Dienstpläne aufzustellen, die Durchführung ihrer Arbeitsaufgaben selbständig zu organisieren und Verbesserungsvorschläge zu machen.

Zwar findet auf diese Weise eine direkte Überwachung in weitaus geringerem Maß statt, aber die Teams müssen sich dennoch an straffe Richtlinien halten. Zunächst wurden diese nur mündlich und informell mitgeteilt, doch die Erfahrung hat gezeigt, daß eine Formalisierung und Erfassung in schriftlicher Form angebracht war. Ian Wooley, der für Verbraucherbeziehungen zuständige Spartendirektor, arbeitete mit den Teams Parameter aus, um zu klären, was in bezug auf Arbeitsergebnisse und innerbetriebliche Beziehungen erwartet wurde. Die Unternehmensziele und die Zielvorgaben für das Team sind nun in schriftlichen Richtlinien zusammengefaßt, wobei Querverweise zu weiteren Detailinformationen führen. Beispielsweise wird von den Kundenberatern erwartet, daß sie zu 90 Prozent ihrer Arbeitszeit im Büro am Computer arbeiten und zumindest zu 55 Prozent ihres Arbeitstages telefonisch erreichbar sind. Sie können ihre Zielvorgaben durchaus übertreffen, aber wenn sie hinter ihnen zurückbleiben, findet ein Gespräch mit den Teamleitern über die Möglichkeiten einer Leistungsverbesserung statt.

Die schwierigste Stellung in der neuen Konstellation ist die des ehemaligen Filialleiters. Teamleiterin Anne Marie Griffiths gesteht: „Besonders schwer ist es mir gefallen, anderen die Verantwortung zu überlassen und darauf zu vertrauen, daß die Teammitglieder ihre Aufgabe genausogut machen würden wie ich."

Auch negative Einstellungen seitens der Manager können Teamarbeit behindern. So weist Paul Neate, Direktor für betriebsstrategische Entwicklung bei *Rothman's International,* auf folgendes hin: „Was die Teams vor allem von ihren Führungskräften verlangen, ist, daß diese ihnen die Zeit zugestehen, Teamsitzungen innerhalb der Arbeitszeit abzuhalten; die reaktionärer eingestellten Manager würden einwenden, sie sollten lieber produktiv arbeiten."

Viele andere Unternehmen, darunter auch *Rover* und *Vauxhall*, haben Pickard zufolge die Erfahrung gemacht, daß derartige Einstellungen unter den Führungskräften Empowerment-Bestrebungen erheblich erschweren.

Welche Rolle sollen die Stabsabteilungen spielen?

Das *Work in America Institute* empfiehlt, die Organisationsstrukturen so zu verändern, daß Stabsmitarbeiter und Experten für die Teams unmittelbar zu erreichen sind:[11]

„Empowerment verändert die Beziehungen zwischen dem Vorarbeiter und dem Personal der Stabsabteilungen. Die Mitarbeiter brauchen mehr Rat in ihren erweiterten Aufgabenbereichen, die Vorarbeiter haben mehr Zeit, sich entsprechend zu informieren, und kraft ihres Empowerments sollten die Teammitglieder die Freiheit besitzen, sich unmittelbar an die einschlägigen Stützdienstabteilungen zu wenden, ohne die Managementhierarchie durchlaufen zu müssen. Infolgedessen ergibt sich häufig die Notwendigkeit, die Teammitglieder näher an das Stabspersonal heranzuführen oder aber das Stabspersonal in die Teams zu integrieren."

Letzteres ist bei einem Betrieb der *Walkers Smiths Snack Foods' Lincoln* geschehen, wo die Ingenieure aus ihren Konstruktionsbüros herauskamen und fortan in der Fabrik arbeiteten. „Wir haben früher in getrennten Bereichen gearbeitet, aber jetzt gehören wir alle zu einem Team", sagt Wartungsingenieur Simon Aldous. „Jetzt, wo wir als Teil der Abteilung vor Ort sind, können wir bei Problemen mit dem Fließband viel schneller eingreifen. Und außerdem heißt das auch, daß wir auf dieselben Ziele hinarbeiten wie das Produktionsteam."

Und der Ingenieur Wayne Clarke fügt hinzu: „Zu den größten Veränderungen in diesem Jahr zählt die Tatsache, daß ich jetzt in der Fabrikanlage meinen Arbeitsplatz habe und hier zum Team gehöre. Das ist viel besser so – ich habe jetzt wirklich das Gefühl, daß ich persönlich für die Maschinen und Ausrüstungen hier zuständig bin, und außerdem gibt es viel weniger Ausfallzeiten, weil ich schneller reagieren kann."

Die Fabrik hat auch die Abgrenzung zwischen Produktions- und Verpackungstechnikern aufgehoben und alle Techniker so geschult, daß sie in beiden Arbeitsbereichen arbeiten können. „Jetzt kann jeder Mitarbeiter jede Maschine in der Fabrik bedienen", sagt der Produktionstechniker Gary Sharp. „Und die Techniker bei *Lincoln* haben auch Managementverantwortung übernommen", fügt er hinzu. „Wir haben eine Führungs-

ebene gestrichen, so daß die Techniker jetzt unmittelbar den Produktions-
bereichsleitern und nicht mehr dem für den Wartungsdienst zuständigen
Leiter unterstehen. Damit sind die Aufgaben der Techniker viel verant-
wortungsvoller geworden."

Beim Schweizer multinationalen Chemiekonzern *Ciba* äußerte sich der
Werksleiter Colin McKay gegenüber der *Financial Times* wie folgt:
„Früher warteten die Produktionsarbeiter, bis etwas zusammenbrach und
alles im Eimer war. Dann schoben sie die Schuld den Wartungsleuten zu,
und die wiederum beschwerten sich, die Produktionsleute hätten die Maschinen schlecht bedient."

Die Wartungsarbeiter bei *Ciba* sind inzwischen in das Produktionsteam
integriert und helfen dem Produktionspersonal auf der Stelle, wenn mit einem Maschinenschaden zu rechnen ist. Anstatt die Anlage so lange zu fahren, bis alles kaputt ist, setzen sie mit der Produktion lieber einen halben
Tag aus und führen vorbeugende Wartungsmaßnahmen durch; auf diese
Weise kommt es gar nicht erst zu Ausfallzeiten von drei bis vier Tagen.
„Das klingt selbstverständlich, aber es hat schon einige Zeit gedauert, um
die Gewohnheiten eines Arbeitslebens abzulegen", sagt McKay.[12]

Auch Stabsleute brauchen entsprechende Schulung, um vielseitige Fähigkeiten und die Bereitschaft zu erfolgreicher Teamarbeit zu entwickeln. So
meint Wellins: „Ingenieure, Buchhalter und Kursleiter sollten genauso in
Fragen der Teamarbeit und der zwischenmenschlichen Beziehungen geschult werden wie die Teammitglieder selbst."

Welche Verantwortung sollen die Teamleiter übernehmen?

„Die Schlüsselfigur im Team ist immer der Teamleiter", sagt Paul Neate
von *Rothman*. „Der Teamleiter ist absolut entscheidend für den Erfolg des
Teams, und entsprechend ist der Person des Teamleiters größte Aufmerksamkeit entgegenzubringen."

Teamleiter sollten den Management-Autoren Bennis und Nanus zufolge
im Idealfall vier Eigenschaften aufweisen:

- *Vision*: genaue Kenntnis dessen, was sie vom Team erwarten können;
- *Fähigkeit zur Umsetzung dieser Vision*: Festlegung sinnvoller Zielvorgaben für die Teammitglieder;
- *Vertrauen*: Vertrauen in die Fähigkeiten der Teammitglieder und persönliches Vermögen, das Vertrauen der Teammitglieder zu gewinnen;
- *Selbstverwaltung*: Fähigkeit zu eigenverantwortlicher Arbeitsorganisation als Voraussetzung für die Fähigkeit, andere anzuleiten.[13]

Leider reichen viele Teamleiter nicht annähernd an dieses Ideal heran, wie der Unternehmensberater Bernard Wynne beobachtet hat: „Viele Teamleiter sind weit davon entfernt, zur Lösung des Problems der Teambildung beizutragen – häufig tragen sie vielmehr zum Problem als solchem bei."

Ihre Schwächen sind seinen Beobachtungen zufolge auf das Bestreben zurückzuführen, sich einen höheren Status als den der übrigen Teammitglieder zu sichern und Informationen für sich zu behalten: „In den Anfangsphasen der Teambildung stellen viele Teams fest, daß sie die Unterstützung eines externen – wenngleich nicht unbedingt unternehmensexternen – Mentors brauchen, der ihnen hilft, die einer erfolgreichen Teamarbeit entgegenstehenden Barrieren abzubauen."

Andere Organisationen halten es für effektiver, die Führungsaufgaben auf mehrere Teammitglieder zu verteilen und damit dem Konzept der Teamarbeit eher gerecht zu werden, als wenn ein Teamleiter bestimmt wird. Bei der Finanzgesellschaft *Frizzell Financial Services* beispielsweise hat jedes Team neben einem Teammitglied mit Überwachungsfunktionen auch einen Koordinator, der sich bis zu zwei Stunden täglich um das Team kümmert, einen Qualitätsprüfer sowie einen Planer für Urlaubszeiten, Überstunden und Gleitschichten. Viele Teams haben auch einen stellvertretenden Koordinator und einen Organisator für außerdienstliche Veranstaltungen. Alle fünf Funktionsträger werden gewählt, wobei die meisten Teams die Aufgaben alle drei Monate den geeignetsten und erfahrensten Mitarbeitern neu übertragen.

Brauchen wir überhaupt Teamleiter?

Eine Putzkolonne der *British Rail* in der Londoner *Victoria Station*, die eigens eingestellt worden war, um eine Gruppe von Leuten zu ersetzen, die wegen übermäßiger Fehlzeiten entlassen worden waren, beschwerte sich bei ihrem Vorgesetzten über ihren Kolonnenführer. Die Gruppe meinte, bei selbständiger Organisation könnte die Arbeitsleistung viel besser sein. Der Vorgesetzte stimmte zu, und das Team vermochte ohne jegliche Überwachung die Fehlzeiten erheblich zu reduzieren und die Produktivität zu verbessern.

Bei *WL Gore & Associates* – einem Unternehmen, das für seinen Betrieb mit frei zusammengesetzten Teams eine gewisse Berühmtheit erlangt hat – gibt es keine formell eingesetzten Teamleiter. Wie Shipper und Manz berichten, sind die verschiedenen Führungsfunktionen auf die Teammitglieder aufgeteilt.

„*WL Gore* hat sich zu einem alternativen Ansatz entschlossen, der viele der Vorteile und Nutzen formell eingerichteter und mit Empowerment ausgestatteter Arbeitsteams verspricht – ohne daß diese Teams formell eingerichtet würden. Statt dessen stellt der gesamte Arbeitsbetrieb ein einziges großes Empowerment-Team dar, in dem jeder Mitarbeiter seine Arbeit eigenverantwortlich durchführt und jeden anderen im System direkt ansprechen kann. Das Unternehmen verläßt sich darauf, daß sich die Teams ohne Manager und Bosse, dafür aber mit vielen Führungspersönlichkeiten, ganz von selbst entwickeln."

Ein internes Memo von Bill Gore, dem Direktor von *W L Gore*, beschreibt, wie sich die Führungsfunktionen in einem Team auf verschiedene Mitarbeiter aufteilen lassen:

1. Einige Kollegen („*associates*", wie sämtliche Mitarbeiter im Unternehmen genannt werden) finden im Team aufgrund von Spezialkenntnissen oder Erfahrungswissen besondere Anerkennung – zum Beispiel ein Chemiker, Computer-Experte, Verkäufer, Ingenieur oder Jurist. Auf diese Weise erhält das Team Anleitung auf einem bestimmten Gebiet.
2. Manche Kollegen sorgen auch für die Koordinierung einzelner Aktivitäten, um die für das Team vereinbarten Ziele zu erreichen. Die Funktion eines solchen Kollegen besteht darin, die Teammitglieder anzuhalten, den für den Erfolg notwendigen Einsatz aufzubringen.
3. Ein anderer Kollege (in vielen Fällen allerdings auch derselbe, der die Leitungsfunktion Nr. 2 übernimmt) legt die notwendigen Ziele und Ak-

tivitäten fest und bemüht sich, im Team einen Konsens über diese Ziele zu erreichen. Dieser Kollege hat nach Einschätzung des Teams einen besonders guten Überblick darüber, wie sich die Ziele des Teams in die umfassenden Ziele des Gesamtunternehmens einfügen.

4. Wiederum ein anderer Kollege übernimmt die Aufgabe, die relativen Beiträge der Teammitglieder zu beurteilen und seine Ergebnisse einem Vergütungsausschuß vorzulegen.

Sherwood Computers, ein Software-Unternehmen mit Sitz in London, hat eine Umstrukturierung seiner gesamten Organisation in 14 eigenverantwortliche Klienten-Teams vorgenommen. Es gibt so gut wie keine Kontrolldienste, und selbst Funktionen wie die Buchhaltung sind in die Teams integriert. Jedes Team verwaltet ein Jahresbudget und einen Drei-Jahres-Plan. Solange nicht schwerwiegende Probleme auftauchen und die Budgets stark überzogen werden, organisiert jedes Team seine Belange ohne Eingriffe von außen. In Teams, in denen es zu Schwierigkeiten kommt, wird vorübergehend ein Manager eingesetzt. In einem solchen Fall kann die Führungskraft für eine gewisse Zeit auch zu einem traditionellen direktiven Führungsstil übergehen, bis die wichtigsten Probleme gelöst sind; normalerweise aber reicht eine intensive Betreuung aus, die sofort zurückgezogen wird, sobald sich das Team die eigenverantwortliche Durchführung seiner Aufgaben wieder zutraut.

Es gibt keine offiziellen Teamleiter, auch wenn etwa die Hälfte aller Teams von sich aus beschlossen hat, eine kleine Führungsgruppe zu bestimmen. Die Unternehmensleitung bei *Sherwood* ist von dieser Entwicklung nicht sehr angetan. So äußerte sich der Vorsitzende Bob Thomas gegenüber *The Times* wie folgt:

„Sobald es auch nur eine semi-permanente Gruppe dieser Art gibt, kann sich der Rest des Teams seiner Verantwortung wieder entledigen; unsere Vorstellung war es aber, daß das gesamte Team die Verantwortung übernimmt und akzeptiert. Wir neigen eher der Auffassung zu, daß es in einem Team verschiedene Führungsfunktionen gibt und daß diese nicht von einer einzigen Person wahrgenommen werden können."[14]

Brian Howes, Direktor bei *Kimberly Clark* für den Bereich *Service and Industrial Sector* in Europa, hat beobachtet, wie sich im Rahmen der Empowerment-Bestrebungen in seinem Unternehmen ganz unterschiedliche Strukturierungen in den eigenverantwortlichen Teams herausgebildet haben. Er erläuterte diese Entwicklung anläßlich einer Konferenz in London:

„Sollen wir Teamleiter ernennen, oder soll die Teamleitung je nach Diskussionsthema von einem anderen Teammitglied übernommen werden?

Die Antwort hängt vom Entwicklungsstadium des Teams und der Reife der Teammitglieder ab. Auf unserem Weg zu Selbständigkeit und Eigenverantwortung haben wir natürlich erkannt, daß manche Leute auch weiterhin viel Anleitung und Betreuung brauchen; ich befürworte inzwischen einen Empowerment-Ansatz mit vier Phasen – Empowerment in vollem Umfang wird nur dann erreicht, wenn die Teammitglieder als kompetent anzusehen sind. Das mag sich selbstverständlich anhören, aber die Praxis sieht häufig anders aus."

Belohnung von Teamleistung

Wellins schreibt im Zusammenhang mit der Belohnung von Teamleistung folgendes:

„Jahrelang hat die amerikanische Industrie den Einzelkämpfer belohnt. Individuelle Leistungen oder Dienstalter zahlten sich in Form von Gehaltserhöhungen aus. Doch mit der Entwicklung zu eigenverantwortlichen Teams haben sich die Einstellungen zu Vergütungs- und Belohnungssystemen geändert. Organisationen mit eigenverantwortlichen Teams bringen gewöhnlich neben den Vergütungsplänen auf der Basis von Qualifikationen auch verschiedene Formen der Gewinnbeteiligung oder Team-*Bonus*-Programme zur Anwendung."

Vergütungspläne auf der Basis von Qualifikationen sind für eigenverantwortliche Teams besonders vorteilhaft insofern, als auf diese Weise die Teammitglieder für Aufgabentiefe, Aufgabenbreite und für die Aneignung vertikaler Fähigkeiten belohnt werden. Gewinnbeteiligung oder Team-*Bonus*-Programme bieten sich zur Belohnung von Teamleistung an. Solche Programme belohnen die Teams für Produktivitätssteigerungen, die über ein bestimmtes Maß an Mindestleistung hinausgehen.

Bei der *Rogan Corporation* in Northbrook, Illinois, bekommen die Teammitglieder einen Bonus, wenn alles gut läuft; andererseits müssen sie aber auch mit Abzügen rechnen, wenn die im Unternehmen erwirtschafteten Ergebnisse schlecht ausfallen.

1986 führte *Rogan* ein Gewinnbeteiligungsprogramm ein, um letztlich die Lohnkosten zu senken. Im Rahmen dieses Programms ist vorgesehen, die Lohnkosten – gerechnet als Prozentsatz des Gegenwerts für die in einer bestimmten Woche verkauften Güter – auf einem Niveau von 19,3 Prozent zu halten. Wenn die fixen Lohnkosten unter diese Prozentmarke fallen, wird die Differenz den Mitarbeitern als fünfter Monatsscheck ausgezahlt. 1992 brachte der Bonus den Mitarbeitern zusätzliche 17 Prozent der Jahresgehälter ein.

Seit Einführung des Programms haben die *Rogan*-Teams über 300 Vorschläge zur Kostensenkung eingereicht. Das Bewußtsein, daß eine Verbesserung allen zugute kommt, fördert die Bindung an das Unternehmen und das Interesse am gesamten Arbeitsprozeß. So behält auch die Formgießerin Lynette Bostic ihre Finanzen jetzt genau im Auge: „Jeden morgen schaue ich nach, um zu sehen, was am Vortag versandt worden ist", sagt sie: „Am Ende der Woche stelle ich dann fest, ob wir über unser Soll hinaus sind."[15]

In vielen Fällen gibt das Management den Bonus zu gleichen Teilen an die Teammitglieder aus, obgleich die Teams gelegentlich auch selbst darüber entscheiden, wie der Bonus unter den Teammitgliedern aufzuteilen ist. So haben die Mitarbeiter bei der *Dynavac Pty* im australischen Melbourne seit 1970 die Gehälter untereinander festgelegt.

Auch Arthur Friedman, Direktor der *Friedman's Microwave Oven Centers* im kalifornischen Oakland, hat seinen Teams völlige Freiheit eingeräumt, selbst zu entscheiden, wieviel Geld und wieviel Urlaub ihnen zustehen sollen. Er hat ihnen sogar Zugang zu einer Geldkassette gewährt: Die Mitarbeiter können dort nach Belieben Geld entleihen – unter der Voraussetzung, daß sie eine Lastschriftanzeige hinterlassen. Wem dies wie ein Freibrief für Anarchie vorkommt, dem hält Friedman entgegen, sein Vertrauen in die Mitarbeiter habe so viel Goodwill erzeugt, daß es sich schon mehr als bezahlt gemacht hätte.[16]

2. Alternative Teamformationen

Eigenverantwortliche Teams werden meist als langfristig angelegte Gruppen von Mitarbeitern auf der Durchführungsebene angesehen – als „Produktiveinheit" der Organisation. Doch Teams lassen sich auch zu anderen Zwecken erfolgreich einsetzen – ganz besonders als *Ad-hoc*-Problemlösungseinheiten und als Alternativmöglichkeit zur Strukturierung der Managementebenen.

Ad-hoc-Teams auf der Durchführungsebene

Viele Unternehmen setzen *Ad-hoc*-Teams zur Lösung einmalig anstehender Projekte ein. Diese Teams sind aus Vertretern ganz unterschiedlicher Bereiche der Organisation zusammengesetzt und können sehr effektiv die Fähigkeiten und Erfahrungen der Mitarbeiter auf der Durchführungsebene zur Entfaltung bringen. *Ad-hoc*-Teams bieten:

- *Synergieeffekte*: Die vielfältigen Hintergründe, Fähigkeiten und Standpunkte der Mitglieder in *Ad-hoc*-Teams können häufig zu Ideen und Lösungen führen, die in einer gewöhnlichen Arbeitsgruppe nicht zustande gekommen wären.
- *Entwicklungspotential*: Die Fähigkeiten der Mitarbeiter vor Ort lassen sich auch in bezug auf Probleme und Aspekte nutzen, die das Gesamtunternehmen betreffen.
  Als beispielsweise das Marketing-Team bei *Walkers Smiths* eines der wichtigsten *Snack*-Produkte des Unternehmens verbessern und neu auf den Markt bringen wollte, wurde die Aufgabe der Produktverbesserung nicht der allerdings auch hinzugezogenen *F&E*-Abteilung übertragen, sondern direkt den Produktionsarbeitern, die das Produkt zubereiten, braten und verpacken.
  „Die Investition in die Wiedereinführung eines Produkts bedeutete, daß wir Spitzenqualität auf den Markt bringen mußten, und die Leute, die uns am besten dabei helfen konnten, waren die Produktionsarbeiter selbst. Schließlich arbeiten sie tagtäglich mit dem Produkt", erläutert der Entwicklungsmanager Billy Brinkworth.
  An dem Produktverbesserungsprojekt (als *Quavers in Control* oder kurz *QIC* bezeichnet) war etwa die Hälfte der Produktionsarbeiter im

unternehmenseigenen *Lincoln*-Werk beteiligt. Dazu wurden Teams gebildet, die jederzeit auf die Unterstützung von Qualitätssicherungstechnikern und Ingenieuren zurückgreifen konnten, doch die Verbesserungsvorschläge als solche mußten von den Teams kommen.

„Wir teilten den Produktionsprozeß in acht Bereiche auf und beauftragten ein Produktionsarbeiter-Team, herauszufinden, welche Voraussetzungen erfüllt werden mußten, um die Produktion in jedem dieser Bereiche zu verbessern", sagt der Produktionsingenieur Gary Sharp.

Die Teams waren auch frei, so viel Geld in das Projekt zu investieren, wie sie dies rechtfertigen konnten. So investierte eine Gruppe 3000 Pfund in ein Kontrollsystem, um zu analysieren, wie sich die Umgebungsbedingungen auf die Lagerung des neuen Produkts auswirken würden. Dabei kam heraus, daß ein Lager mit einer Klimaanlage im Wert von 40000 Pfund erforderlich war. Die Produktionsarbeiter legten ihre Ergebnisse unmittelbar dem für die Produktionsbetriebe zuständigen Direktor vor und bekamen das Geld.

Während der gesamten Zeit, in der die Produktionsprozesse analysiert, Möglichkeiten zur Produktverbesserung gesucht, die Finanzen überlegt und die Vorbereitungen für die Präsentation getroffen wurden, waren alle Teammitglieder auch aktiv mit dem Braten und Verpacken ihrer Produkte befaßt. Formale Präsentationen seien für die meisten Arbeiter eine neue Erfahrung, meint der Betriebskoch Kevan Robinson:

„Ich hätte nie gedacht, daß ich mal so etwas machen würde, als ich hier anfing. Viele der Jungs hier haben noch nie Präsentationen gemacht, und was soll ich Ihnen sagen – zur Zeit sind wir alle ganz schön nervös hier. Ich war echt angenehm überrascht, daß man den Produktionsbetrieb diesmal so ernst genommen hat. Zwar sind nicht alle unsere Ideen verwirklicht worden, aber immerhin hat man sie alle ernst genommen."

Robinson meint, das Unternehmen habe eine Menge durch die Einbeziehung der Produktionsarbeiter gewonnen:

„Wir haben alle unsere Erfahrungen auf bestimmten Gebieten, und wenn uns das Unternehmen einbezieht und zusammenbringt, läßt sich insgesamt doch ein viel besseres Endresultat erzielen. Zum Beispiel konnten eine Menge Probleme, die später wieder hätten ausgebügelt werden müssen, von Anfang an vermieden werden, weil wir die Maschinen kennen und uns vorstellen können, welche Probleme auftreten könnten – ein Ingenieur mag wissen, wie groß ein bestimmtes Teil sein muß, aber nur ein Produktionsarbeiter kann wissen, was dieses Teil im Produktionsbetrieb leisten muß."

– *Motivation*: Gibt es einen besseren Anreiz zur Entwicklung neuer Vorschläge als das Wissen, daß man selbst in der Lage ist, sie in die Tat umzusetzen?

Bei *Ericsson General Electric* beispielsweise erhalten die als „Gewinnteams" (*win teams*) bezeichneten Mitarbeiterteams sowohl die Kompetenz als auch das Budget, um die von ihnen vorgebrachten Ideen zu verwirklichen. Die Mitgliedschaft in einem solchen Gewinnteam ist freiwillig. Zur Zeit gibt es 50 Teams im Werk, wobei ein jedes von einem gewählten Mitarbeiter geleitet wird. Ein Gewinnteam ist befugt, einen Vorschlag zu akzeptieren, Geld in Geräte und Ausrüstungen zur Beschleunigung der vorgeschlagenen Veränderung zu investieren und die Veränderung selbständig – ohne Eingreifen des Managements – herbeizuführen. Die Budgetgrenze für jedes Team lag zunächst bei $ 250 jährlich, ist inzwischen aber auf $ 6000 erhöht worden. Auch Manager können den Gewinnteams angehören, aber nur als Ressourcen-Beschaffer, die einen Teil der abteilungsübergreifenden „Laufarbeiten" erledigen und Untersuchungen zur Durchführbarkeit einer Idee anstellen. Die endgültige Genehmigung und die entsprechenden Kompetenzen sind dem Gewinnteam und seinem Leiter vorbehalten.[17]

Teams im mittleren und oberen Management

Teams auf den mittleren Führungsebenen sind in aller Regel entweder interdisziplinär und problembezogen angelegt oder im Rahmen einer Matrixstruktur entstanden. Ein solcher Fall ist gegeben, wenn sämtliche Personalleiter oder Qualitätsleiter in einem mehrere Werksanlagen umfassenden Unternehmen regelmäßig zusammentreffen, um über Unternehmenspolitik, neue Techniken und gemeinsame Probleme zu diskutieren.

Die Hauptschwäche dieser beiden Arten von Teams auf den mittleren Führungsebenen besteht darin, daß sie eher als lockere Zusammenschlüsse, nicht aber als Teams mit echtem Empowerment anzusehen sind. Sie sind kaum in der Lage, eine kohärente Arbeitsgruppe mit gemeinsamer Zielsetzung zu bilden – häufig schon deshalb nicht, weil die Machtbefugnisse bei den einzelnen Teilnehmern verbleiben und nur unter Druck oder in Krisensituation gemeinsam ausgeübt werden.

Auf der geschäftsführenden Ebene sind Teams häufig eher Hilfstruppen eines starken Geschäftsführers, als daß sie voll funktionierende Teams mit eigener Existenzberechtigung darstellen. Diese Situation kann sich schädlich auswirken, denn wenn das Team an der Spitze nicht in der Lage ist, ein Vorbild für effektive Teamarbeit abzugeben, ist dies erst recht nicht von anderen Teams in der Organisation zu erwarten.

Auf Direktorenebene stellt sich ein noch größeres Problem. Wie bildet man ein Team aus einer Gruppe leicht reizbarer Individuen, die sich nur zwölfmal im Jahr treffen?

Die Mitglieder solcher Exekutivteams müssen zwei Voraussetzungen mitbringen:

– Sie müssen in der Lage sein, gegenseitig in den meisten direktorialen Angelegenheiten einzuspringen. Sie brauchen keine tiefgreifenden funktionalen Sachkenntnisse in allen Bereichen aufzuweisen, aber jeder Direktor sollte in jedem größeren Funktionsbereich die richtigen Fragen stellen können.
– Sie müssen eine gemeinsame Vision haben, hinter der auch alle stehen.

3. Schlußfolgerung

Die Idee, Teams als grundlegende Produktiveinheit in einer Organisation einzusetzen, ist nicht neu – japanische Autohersteller haben schon Jahrzehnte mit solchen Teams gearbeitet. Dem Berater Gillian Laidlaw zufolge hat das Unternehmen *Procter & Gamble* schon 1967 eigenverantwortliche Arbeitsteams eingesetzt, dies aber bewußt geheimgehalten. „Sie haben damit so gute Leistungen erzielt, daß sie auf keinen Fall wollten, daß ein anderes Unternehmen denselben Wettbewerbsvorteil nutzen könnte."

Neu hingegen ist die zunehmende Bedeutung, die eigenverantwortlichen Teams in Organisationen mit Empowerment-Programmen inzwischen beigemessen wird. Teamarbeit versetzt die Unternehmen in die Lage, eine ganze Palette an Aufgaben und Verantwortungen den Mitarbeitern vor Ort zu übertragen; diese wiederum erhalten weitaus mehr Kontrolle über ihre

Arbeitsprozesse, als es ihnen auf individueller Basis jemals möglich gewesen wäre. Teamarbeit als solche ist eine der effektivsten Methoden, um die Schaffung einer auf Empowerment ausgerichteten Organisation zu erleichtern.

Katzenbach und Smith von der Unternehmensberatungsfirma *McKinsey* schreiben in diesem Zusammenhang:

„Teams werden die vorrangige Leistungseinheit in den Hochleistungsorganisationen der Zukunft sein. Allerdings wird diese Entwicklung in Form von Verstärkung oder Ergänzung erfolgen, nicht aber eine völlige Abschaffung jeglicher individuellen Chancen oder formaler Hierarchien und Prozesse bedeuten. Die Unternehmensleitung muß die Notwendigkeit erkennen, solche Teams strategisch aufzubauen und einzusetzen."[18]

In den folgenden Kapiteln wenden wir uns nun der Frage zu, welchen Beitrag die Führungskräfte wie auch die einzelnen Mitarbeiter zum Empowerment-Prozeß leisten können.

4. Literaturhinweise

[1] Finegan, J. (1993) „People power", *Inc*, Juli 1993

[2] Oates, D. (1993) „Team players stretch ahead of the rest", *The Times*, 27. Mai 1993

[3] Bluestone, B./Bluestone, I. (1992) „Workers (and managers) of the world unite", *Technology Review*, November/Dezember 1992

[4] *Ibid.*

[5] Wellins, R. (1992) „Building self-directed teams", *Technical and Skills Training*, Mai/Juni 1992

[6] Seath, I./Clark, J. (1993) „A clean-cut vision of progression", *Managing Service Quality*, November 1993

[7] Baxter, A. (1993) „Selectors' choice", *Financial Times*, 11. August 1993

[8] Shipper, F./Manz, C. (1990) „An alternative road to empowerment", *Organizational Dynamics*, Juni 1990

[9] De Jonquieres, G. (1993) „A clean break with tradition", *Financial Times*, 12. Juli 1993

[10] Pickard, J. (1993) „The real meaning of empowerment", *Personnel Management*, November 1993

[11] „New roles for managers", *Work in America Institute Inc.*, Scarsdale, NY, 1991

[12] Abrams, P. (1993) „Creating cracks in the layers", *Financial Times*, 5. April 1993

[13] Bennis, W.G./Nanus, B. (1985) *Leaders: A Strategy for Taking Charge* (London)

[14] Oates, D. (1993) „Team players stretch ahead of the rest", *op. cit.*

[15] Ehrenfeld, T. (1993) „Cashing in", *Inc*, Juli 1993

[16] Handy, C. (1984) *The Remaking of Work* (Oxford: Blackwells)

[17] Filipczak, R. (1993) „Ericsson General Electric, the evolution of empowerment", *Training*, September 1993

[18] Katzenbach, J.A./Smith, D.K. (1993) „The discipline of teams", *Harvard Business Review*, März/April 1993

Kapitel 5

Verhaltensänderung im Management

*Jetzt diese Empowerment-Mode ... die Unternehmen haben völlig
unterschiedliche Vorstellungen davon. Viele sprechen sogar von einer
Entlassung der Mittelmanager.*

Peter Senge, MIT Sloane School of Management

*Erstaunlicherweise tun sich gerade Manager mit der Umstellung schwer.
So erstaunlich ist es aber wiederum doch nicht, wenn man bedenkt,
daß viele Führungspositionen einfach gestrichen werden.*

Tom Peters, Autor und Unternehmensberater

*Es gibt bei uns eine Lehmschicht, die nichts durchläßt – weder nach
oben noch nach unten. Diese Schicht ist das Mittelmanagement.*

Heini Lippuner, Betriebsdirektor bei Ciba

*Viele Manager haben jahrelang getüftelt, geschwitzt und gelitten
um der Macht und Kompetenz willen, die sie jetzt besitzen.
All dies sollen sie nun kampflos aufgeben?*

Peter Kizilos, Management-Autor

Manager aller Führungsebenen erkennen spontan die mit einem Empowerment ihrer Mitarbeiter verbundenen Vorzüge an. Allerdings leisten die meisten von ihnen genauso spontan Widerstand gegen Empowerment in ihrem Unternehmen.

Für Manager ist die Ermächtigung ihrer Mitarbeiter eine äußerst schwierige Aufgabe. Nicht nur wird alles auf den Kopf gestellt, was sie bisher gelernt und all die Jahre praktiziert haben; in vielen Fällen bedeutet die Umstellung sogar eine unmittelbare Bedrohung für ihren eigenen Arbeitsplatz – zumindest für *den* Arbeitsplatz, den sie gewohnt sind.

1. Ambivalenz gegenüber Empowerment

Einigen Führungskräften erscheint ein Empowerment-Vorhaben ausgesprochen suspekt, sagt Gavin Barrett, Geschäftsführer des *Sundridge Park Management Centre* in London: „Wenn Führungskräfte in öffentlich zugänglichen beziehungsweise unternehmensinternen Ausbildungskursen mit der Frage konfrontiert werden, wie viele von ihnen Manager kennen, die eine Todesangst vor leistungsstarken Untergebenen haben, dann ist die Reaktion mehr als entmutigend.“

Ähnlich äußerte sich ein Produktionsarbeiter in einer Lebensmittelfabrik: „Die Führungskräfte wollen einem gar nichts von ihrer Macht abgeben. Sobald man etwas selbständig in die Hand nimmt, reißen sie flugs das Zepter wieder an sich.“ Dafür gibt es verschiedene Gründe:

– *Gewohnheit*: Der Management-Autor William Byham schreibt dazu: „Empowerment ist für Vorgesetzte und Führungskräfte wirklich schwierig, weil sie ihr Leben lang geschult worden sind, Entscheidungen zu treffen und die Probleme anderer Leute zu lösen. Nun werden sie zu etwas ganz anderem aufgefordert – sie sollen die Leute beraten und bei der Lösung der eigenen Probleme lediglich unterstützen. Für die Leiter von Ausbildungskursen hört sich dies ganz selbstverständlich an, doch für eine Linienführungskraft ist eine solche Umstellung ungeheuer schwer.“[1]
Robert Frey, Eigentümer und Geschäftsführer der *Cine-Made* (Konservenfabrik in Cincinnati), hat dies im eigenen Unternehmen erfahren, als er seine Belegschaft mit Empowerment auszustatten versuchte: „Meine Führungskräfte gingen davon aus, sie würden für ihren Part als würdige Gegenspieler der Gewerkschaften bezahlt. Schließlich sind sie dafür ausgebildet worden und haben als Manager gute Arbeit geleistet. Zudem waren sie in keiner Weise an die Einbeziehung ihrer Mitarbeiter gewöhnt – schon gar nicht bei der Entscheidungsfindung. Einer von ihnen dachte sich an die Dutzend Möglichkeiten aus, um seinen Mitarbeitern notwendige Informationen und Daten vorzuenthalten. Und was die Gewinnbeteiligung betrifft, so erklärte eine meiner Führungskräfte schlichtweg, dies sei eine Form von Kommunismus.“[2]
– *Furcht vor Anarchie*: Die Ambivalenz, die viele Manager hinsichtlich des Empowerment-Konzepts verspüren, wird in einem Forschungs-

projekt belegt, das kürzlich von der Unternehmensberatungsfirma *Lauri International* unter den Direktoren und Geschäftsführern von zehn großen britischen Unternehmen durchgeführt worden ist.

Alle leitenden Führungskräfte waren sich darin einig, daß Empowerment für eine Verbesserung von Effizienz und Qualität im Unternehmen von entscheidender Bedeutung ist, aber bei ihren Managern war die Besorgnis festzustellen, „Empowerment könne die Büchse der Pandora öffnen". Viele dieser Manager fürchteten das mit Empowerment verbundene Potential an Anarchie und setzten sich nachdrücklich dafür ein, „von vornherein Empowerment-Grenzen festzulegen".[3]

– *Persönliche Unsicherheit*: In einer auf Empowerment ausgerichteten Organisation sehen sich viele Manager mit dem Problem konfrontiert, Mitarbeiter anzuleiten, die größere technische Fähigkeiten oder mehr Fachwissen haben als sie selbst. Diese Aufgabe kann entmutigend sein. Milo Lynch, Unternehmensberater bei *Coverdale*, hat erlebt, wie beängstigend zu eigenmächtige Initiativen seitens der Mitarbeiter auf Führungskräfte wirken können:

„In einer von Empowerment geprägten Organisation möchte man so viel Vertrauen schaffen, daß die Mitarbeiter ihre Vorgesetzten ständig herausfordern. Allerdings darf man dabei nicht zu schnell und auch nicht zu weit gehen. Ich habe einmal in einer Betriebsanlage gearbeitet, wo die Leute mit solcher Begeisterung an die Arbeit gingen und derart viele Verbesserungsvorschläge hatten, daß die Führungskräfte Angst bekamen und die Initiative stoppten."

In einem großen Lebensmittelvertrieb gehörte es zur Unternehmensstrategie, die Mitarbeiter zur Übernahme größerer Verantwortung für Qualität und Kundenbetreuung zu bewegen. Doch der Betriebsdirektor, eine nach außen hin stark wirkende Persönlichkeit mit einem Kernteam gleichgesinnter Führungskräfte im näheren Umkreis, verstand es, diese Strategie mit Erfolg zu sabotieren, weil er jeden Vorschlag „von unten" als persönliche Kritik an ihm und seinen Führungskräften auffaßte. Die Enthebung dieses Betriebsdirektors und einiger seiner Kollegen von ihren Posten hatte die Wirkung, als ob eine kräftig durchgeschüttelte Sektflasche entkorkt würde: Als sich erst einmal die Erkenntnis durchgesetzt hatte, daß neue Ideen nunmehr willkommen waren, kam es förmlich zu einer Explosion von Vorschlägen.

– *Mangel an Fähigkeiten*: Empowerment verlangt von den Managern, aus den Fähigkeiten der Mitarbeiter das Beste herauszuholen und gleichzeitig genügend Kontrolle zu behalten, um die Effizienz zu maximieren. Dies ist eine anspruchsvolle Aufgabe, der sich Führungskräfte nur dann mit Erfolg stellen können, wenn ihnen Schulungsmöglichkeiten und Unterstützung geboten werden.

Wie Milo Lynch feststellte, kommt es allerdings nur selten vor, daß Führungskräfte aufgrund ihrer Fähigkeiten zum Mitarbeiter-Empowerment eingestellt werden oder im nachhinein eine entsprechende Schulung erhalten.

„Viele Fertigungsunternehmen, mit denen ich zusammengearbeitet habe, beschäftigen vorwiegend Techniker und Ingenieure, die aufgrund ihrer Fachkompetenz und Intelligenz eingestellt worden sind. Der Führungsstil in solchen Unternehmen besteht darin, den Untergebenen ständig nur Instruktionen zu erteilen, ohne sie in Entscheidungen einzubeziehen. Die Organisation als solche verfolgt *Top-down*-Strategien, die keinerlei Beteiligung seitens der Belegschaft vorsehen. Offensichtlich hält sich die Industrie im Vereinigten Königreich in bezug auf ihren Führungsstil unbewußt an militärdienstliche Vorbilder. Anders formuliert: Die Mitarbeiter werden wie unmündige Kinder behandelt."

– *Pragmatismus*: Empowerment löst nicht alle Probleme und funktioniert auch nicht in allen Situationen. Unter manchen Umständen kann Empowerment sogar unangemessen, nicht erstrebenswert oder auch unmöglich sein, und die Führungskräfte erkennen dies.

„Die meisten von uns können sich an Situationen erinnern, in denen etwa eine Strafandrohung unsere Motivation erhöhte, den Erwartungen des Vorgesetzten gerecht zu werden. Dieses Phänomen ist sowohl auf Vorstandsetagen als auch in Fabrikhallen zu beobachten", sagt William Kahnweiler, Professor für Personalentwicklung an der *Georgia State University*. „Terminzwänge, aufgebrachte Kunden und Streß durch rasch zu treffende Entscheidungen reichen aus – schon haben Sie das Rezept für autokratisches Führungsgebaren. Wenn wir mit dem Rücken zur Wand stehen, reagieren wir eher mit unmittelbaren, direkten Aktionen als mit dem Versuch, andere zu ermächtigen."[4]

Dieses Phänomen zeigt sich besonders deutlich in einer Krisensituation: Wenn ein Unternehmen tief in der Krise steckt, fordern die Mitarbeiter individuell wie auch im Team vielfach mit überwältigendem Nachdruck

- eine starke, direktive Führung,
- sichtbare, positive Aktionen, selbst wenn diese mit schmerzlichen Nebeneffekten wie Arbeitsplatzverlust oder vorzeitiger Beendigung von Lieblingsprojekten verbunden sind, sowie
- eine klare Zweckbestimmung.

All dies über einen Konsens herbeizuführen würde zu lange dauern; zudem würden einzelne Interessengruppen Gelegenheit erhalten, unternehmenspolitisch Einfluß zu nehmen; und letztlich würden aller Wahrscheinlichkeit nach gefährliche, halbherzige Maßnahmen getroffen, die den eigentlichen Gesundungsprozeß nur verzögern.

Dennoch: Konsens ist nicht gleichbedeutend mit Empowerment. Bei geschicktem Einsatz vermag Empowerment die Wende zum Besseren erheblich zu fördern. Entscheidend ist vielmehr dies: Es muß genau definiert werden, *wo* und *wofür* die Mitarbeiter Verantwortung übernehmen sollen; insgesamt muß sich die Erkenntnis durchsetzen, daß viele der Probleme, mit denen sich die Organisation konfrontiert sieht, zumindest teilweise gerade auf einen Mangel an Empowerment zurückzuführen sind.

Die Unternehmensleitung muß die Strategie und die entscheidenden Kontrollprozesse definieren. Wie die Strategie dann aber innerhalb der vorgegebenen Kontrollgrenzen umgesetzt wird, muß den Führungskräften und den mit der Durchführung betrauten Teams überlassen bleiben.

Wenn keine Führungsebene in der Organisation Zuständigkeiten und Verantwortungen an die jeweiligen Mitarbeiter weitergibt, wird der Gesundungsprozeß im Endeffekt genauso verzögert, als wenn man sich um Konsensbildung bemüht hätte. Effektive Krisenbewältigung verlangt, daß alle entscheidenden Mitarbeiter ihre Prioritäten klar ausrichten. Und das ist schlechterdings unmöglich, wenn sie teilweise oder ganz die Arbeit eines anderen tun.

Wie ein angemessenes Maß an Verantwortung genau zu definieren ist und, schwieriger noch, die Mitarbeiter überzeugt werden können, die Herausforderung anzunehmen und entsprechend zu reagieren, soll in den nachfolgenden Kapiteln eingehend erörtert werden. Hier sei nur so viel gesagt, daß die Funktion eines Krisenmanagers großenteils die Motivation und

Stimulation sämtlicher Teams in der Organisation und weniger die Entwicklung und Verfolgung einer Überlebensstrategie beinhaltet.

- *Mangel an Vorbildern in der Unternehmensleitung*: Warum, so fragen die Mittelmanager zu Recht, soll ich es riskieren, meinen Mitarbeitern größere Entscheidungsfreiheiten einzuräumen, wenn mein eigener Chef seine Abteilung immer noch wie von Gottes Gnaden führt?
- *Unsicherheit in bezug auf Arbeitsplatz und Karriere*: Wenn Organisationen flacher werden und die Mitarbeiter vor Ort mehr Verantwortung übernehmen, sind es vorwiegend Führungskräfte, insbesondere die Mittelmanager, die ihren Abschied nehmen müssen. Einem Bericht in *The Employment Gazette* zufolge wurden in der ersten Hälfte des Jahres 1992 an die 35000 britischen Mittelmanager eingespart. Die Überlebenden machen sich – mit einiger Berechtigung – Sorgen, sie könnten bald zu den „gefährdeten Arten" gehören.

Selbst Führungskräfte, die keinerlei Redundanz zu befürchten haben, könnten die mit Empowerment einhergehende Gefährdung der organisatorischen Macht, um die sie so schwer gerungen haben, kritisieren. So meint John Burdett, stellvertretender Geschäftsführer des kanadischen Verpackungskonzerns *Lawson Mardon Group*: „Der traditionelle Ansatz zur Machterlangung geht von der folgenden Annahme aus: Wenn jemand an Macht gewinnt, muß ein anderer an Macht verlieren. Genau diese Vorstellung und die damit verbundene Unsicherheit hält viele Führungskräfte – insbesondere auf den oberen Führungsebenen – davon ab, Initiativen zur Mitarbeitereinbeziehung zu fördern und zu unterstützen."[5]

Graham Oddey, Unternehmensberater bei *KPMG Peat Marwick*, begegnete einmal einem ungewöhnlichen Mittelmanager, der sagte: „Meine Aufgabe besteht darin, daß ich mich aus meinem Job durch Ermächtigung meiner Mitarbeiter herauskatapultiere." Er war sich sicher, daß er mit diesem Ansatz um so mehr Anerkennung bei seinen Arbeitgebern finden würde: Sie würden keineswegs die Chance nutzen, ihn loszuwerden, sondern ihm einen anderen Job besorgen. Wie sich herausstellte, war sein Vertrauen durchaus begründet.[6]

Doch bedeutet Empowerment zwangsläufig eine Bedrohung für die Existenz von Managern und Vorgesetzten? Die Antwort lautet: *nein*. Vielmehr braucht man solche Führungskräfte mehr denn je zuvor in einer auf Empowerment ausgerichteten Organisation. Allerdings muß sich ihre Funktion grundlegend ändern.

Wenn ermächtigte Mitarbeiter erst einmal in der Lage sind, „Führungsfunktionen" wie Arbeitskontrolle und -planung, Beurteilung und Disziplinierung anderer Teammitglieder sowie Übernahme von Verantwortung für die Qualität des Endprodukts beziehungsweise der zu erbringenden Dienstleistung wahrzunehmen, sind die Manager frei, einen völlig neuen Verantwortungsbereich zu übernehmen: Beratung und Ausbildung von Teammitgliedern, Unterstützung der Mitarbeiter bei der Beschaffung der erforderlichen Ressourcen oder koordinierende Abstimmung der Teamaktivitäten mit anderen Bereichen in der Organisation.

Bei *Harvester Restaurants* beispielsweise übernimmt jeder Mitarbeiter, auch Kellnerinnen, Köche und die Bedienung an der Bar, mindestens eine Führungsverantwortlichkeit. Solche Zuständigkeitsbereiche betreffen etwa die Einstellung von Personal, die Festlegung von Dienstplänen und die Überprüfung der Umsatzziele für das betreffende Restaurant. Zuständigkeiten dieser Art werden nicht vom Geschäftsführer zugewiesen, sondern von den Mitarbeitern bei ihren wöchentlich stattfindenden Teambesprechungen gemeinsam bestimmt.

Bei all dem, so scheint es, bleibt für die Geschäftsführer der Restaurants nur noch wenig zu tun; doch dazu meint der Geschäftsführer Bernard O'Neill: „Ich habe jetzt im wesentlichen eine Marketing-Funktion. Ich lasse mich auch viel häufiger als bisher in der Gemeinde sehen, um für das Geschäft zu werben." Zudem hat er sich in seiner Funktion als Berater bemühen müssen, seine Mitarbeiter davon zu überzeugen, daß sie sich auf diese Weise durchaus selbst organisieren können.[7]

2. Neue Managementaufgaben in Empowerment-Organisationen

Führungskräfte in Organisationen mit ermächtigten Mitarbeitern – gleich, in welchem Industriezweig – müssen eine Reihe neuer Aufgaben übernehmen.

Berater oder Mentor

Die Empowerment-Beziehung ist der Fahrschulsituation vergleichbar: Der Fahrschüler muß lernen, auch ohne Beistand zu fahren, und der Fahrlehrer muß akzeptieren, daß er den Fahrschüler über kurz oder lang sich selbst überlassen muß. Der Management-Autor David Oates zieht eine Parallele zum Sport:

„Ein Trainer steckt in die Vorbereitung seiner Mannschaft für den Spieltag eine Menge Arbeit, aber sobald das Spiel begonnen hat, steht er außerhalb des Spielfelds. Nur die Spieler können den Spielplan realisieren. In ähnlicher Weise trainieren ermächtigende Manager ihre Mitarbeiter für die anstehende Aufgabe, um ihnen dann alles Weitere zu überlassen. David Whitaker, der dem englischen Hockey-Team bei der Olympiade in Seoul zur Goldmedaille verhalf, formuliert dies so: ‚Für die Manager in den Unternehmen bedeutet es eine große Herausforderung, ihre Mitarbeiter zu Leistungen zu bringen, zu denen sie vermutlich selbst nicht in der Lage sind, aber gerade dies ist beim Training das Allerwichtigste.'"[8]

Wichtig ist auch, fügt der Unternehmensberater Rob Gordon hinzu, daß die Führungskräfte ihre Mitarbeiter darin unterstützen, aus den eigenen Erfahrungen zu lernen: „Dieser Prozeß ist von entscheidender Bedeutung für die Effektivität ermächtigter Teams und Individuen; und dem Manager kommt dabei eine führende Rolle zu."

Der ermächtigende Manager muß sich zu einem Berater und Mentor für das Team und die einzelnen Teammitglieder entwickeln. Diese Funktion sollte sich nicht in erster Linie auf Problemlösungen oder die Ermittlung bestimmter Antworten konzentrieren; vielmehr sollte sie darauf abzielen, den Mitarbeitern ein klareres Verständnis dessen zu vermitteln, wie sie eine Situation bewältigen können, wie sie sich ihre Arbeit erleichtern beziehungsweise erschweren und wie sie ihre Problemlösungsfähigkeiten möglicherweise unnötig einschränken. Solche Probleme sollten im Lauf der Beratung durchaus eine Antwort finden, aber der Anstoß zur eigentlichen Lösung sollte vom Mitarbeiter ausgehen. Es ist nicht die Aufgabe des Managers, Antworten anzuregen, sondern dem Mitarbeiter zu helfen, die Situation zu verstehen und selbst eine Problemlösung zu finden.

William Byham weist darauf hin, daß Mitarbeiter auch schlechte Ideen an ihre Führungskräfte herantragen:

„Natürlich können Sie Ihre Leute so behandeln, daß diese nie wieder mit irgendwelchen Vorschlägen zu Ihnen kommen. Die ideale Antwort müßte immer lauten: ‚Machen Sie den Versuch, und lernen Sie daraus.‘ Aber das können Sie natürlich nicht jedesmal zulassen. Vielmehr müssen Sie Ihre Mitarbeiter so unterstützen, daß diese selbst auf eine andere, bessere Idee kommen.

Eine der großen Herausforderungen besteht darin, den Führungskräften einen behutsamen Umgang mit ihrer Kontrollfunktion beizubringen, damit die Mitarbeiter nicht ihren Schwung verlieren."[9]

Vermittler einer Vision

Wenn Mitarbeiter eine gemeinsame Zielsetzung verfolgen und eine einheitliche Vorstellung von ihren Aufgaben und deren Durchführung haben, sind sie in der Lage, eigenständig und ohne Anweisungen „von oben" zu arbeiten. Entsprechend besteht die Aufgabe der Führungskraft nicht darin, Anweisungen zu erteilen, sondern diese gemeinsame Zielsetzung oder Vision verständlich zu machen und die Mitarbeiter darauf einzustimmen.

Kaum etwas ist schwerer zu bewerkstelligen, als andere von der eigenen Vorstellung zu überzeugen. Dies kann den Managern nur dann gelingen, wenn sie voll und ganz hinter den Idealen stehen, die sie ihren Mitarbeitern vermitteln wollen; sie müssen diesen Idealen auch persönlich Rechnung tragen und offen darüber sprechen.

Zielrichter

Der Manager sollte die Ziele seines Teams eindeutig definieren und ständig ein *Feedback* über die vom Team erbrachten Leistungen geben. Anstatt Anweisungen zu erteilen, sollte er Ziele vorgeben und es dann dem Team oder dem einzelnen Mitarbeiter überlassen, wie diese Ziele am besten zu erreichen sind.

Wichtig ist, daß ein Manager nur dann in die Art und Weise der Durchführung einer Aufgabe eingreift, wenn der Mitarbeiter selbst um Hilfe bittet oder andernfalls eine Katastrophe unvermeidlich wäre. Jedes unaufgeforderte Eingreifen seitens der Führungskraft ist dem Selbstwertgefühl des Mitarbeiters abträglich und mindert seine Bereitschaft, künftig Eigeninitiativen zu ergreifen. Dieser Drahtseilakt ist für viele Manager die wohl schwerste Übung beim Empowerment.

Herausforderer

Führungskräfte fungieren häufig als Teamsprecher. Wenn besonders anspruchsvolle Aktivitäten zu vergeben sind, sollte der Manager dafür sorgen, daß seine Mitarbeiter eine faire Chance erhalten, dem übrigen Unternehmen ihre Fähigkeiten zu „verkaufen". Stehen in nächster Zeit keine anspruchsvollen Aufgaben an, sollte der Manager bemüht sein, solche zu schaffen.

Talentförderer

Der Manager verfolgt die Entwicklung des Mitarbeiters und leistet Hilfestellung und Unterstützung. Er nimmt persönlich Anteil an der Karriere seiner Mitarbeiter, indem er dafür sorgt, daß diese günstige Gelegenheiten überhaupt als solche erkennen und sich dafür begeistern. Die Rolle eines Mentors ist normalerweise die Rolle eines Außenstehenden, aber in einem ermächtigten Team ist es für Manager viel leichter, Mentor-Funktionen wahrzunehmen.

Ressourcen-Beschaffer

Manager, die ihre Mitarbeiter ermächtigen wollen, sehen ihre Aufgabe darin, ihrem Team zu den erforderlichen Ressourcen zu verhelfen und rechtzeitig für Materiallieferungen, Ausbildungsmöglichkeiten oder die Einhaltung der neuesten Gesundheits- und Sicherheitsvorschriften zu sorgen. Anstatt den hierarchischen Dienstweg einzuhalten, setzen sie alles daran, ihren Mitarbeitern jegliche Hindernisse aus dem Weg zu räumen, die ihnen die Arbeit erschweren könnten. Eine solche Funktion hat der Management-Autor Robert K. Greenleaf als die eines „stummen Dieners" *(servant-leader)* beschrieben.

In diesem Zusammenhang meint John Carlson, stellvertretender Geschäftsführer bei *TU Electric* in Dallas, Texas: „Als ‚stummer Diener‘ verhelfen Sie Ihren Mitarbeitern zu Erfolg und bleiben dabei anonym. Sie qualifizieren sich aber keinesfalls als ‚stummer Diener‘, wenn Sie Ihren Mitarbeitern in allen Einzelheiten erläutern, was Sie dazu beigetragen haben, um ihnen die erfolgreiche Abwicklung einer bestimmten Aufgabe zu ermöglichen."

Und Michael Murray von der Firma *Creative Interchange Consultants* in Arlington, Texas, fügt hinzu:

„Anstatt zu überlegen, was Ihre Mitarbeiter für Sie tun können, sollten Sie darüber nachdenken, was Sie für Ihre Mitarbeiter tun können. Gehen Sie dann zu Ihrem Vorgesetzten und machen Sie ihm klar, daß Sie es als eines Ihrer Ziele ansehen, Herrn XYZ in diesem Jahr zu besseren Leistungen zu verhelfen. Lassen Sie keinen Zweifel daran, daß Ihr Erfolg an der Entwicklung Ihrer Mitarbeiter zu messen ist."[10]

Vorgesetzter mit verschiedenen Führungsstilen

Für den Manager bedeutet die Übertragung von Kontrollfunktionen nicht zwangsläufig eine Übertragung von Verantwortung. Vielmehr muß er nach neuen Möglichkeiten suchen, um in der Weise Einfluß auf die Mitarbeiter zu nehmen, daß sie mit ihren neuen Freiheiten klug umgehen. Der Manager bleibt gegenüber der Organisation für die Gesamtleistung des ermächtigten Teams verantwortlich.

Am besten erfolgt eine allmähliche Umstellung – besonders dann, wenn der bisherige Führungsstil eher diktatorischer Art gewesen ist. Der Manager sollte als erstes erklären, was er vorhat, den Mitarbeitern klarmachen, welche Vorzüge mit der Veränderung verbunden sind, und ihnen mit Rat und Tat zur Seite stehen, wenn sie die neuen Verantwortungen übernehmen. Dann folgt eine Phase, in der den Mitarbeitern die Chance gegeben wird, ihre neuen Funktionen unter Anleitung auszuüben, wobei ihr Zuständigkeitsbereich allmählich mit zunehmendem Selbstvertrauen und Sachverstand erweitert wird. Erst im Anschluß an diesen allmählichen Entwicklungsprozeß kann ein Empowerment stattfinden. Schematisch stellt sich ein solcher Umstellungsprozeß wie folgt dar: Mitteilung – Überzeugungsarbeit – Beratung und Unterstützung – Befähigung – Empowerment.

Mitteilung und Überzeugungsarbeit sind Kennzeichen eines *kontrollierenden* Führungsstils: Der Vorgesetzte ist bemüht, den Mitarbeitern Leistungen kraft seiner Anweisung oder Manipulation abzuverlangen. Beratung und Unterstützung sowie Befähigung werden von *befähigenden* Führungskräften wahrgenommen: Sie erkennen, daß es wertvoller ist, den Mitarbeitern zu Selbstvertrauen und Kompetenz in der eigenen Entscheidungsfindung zu verhelfen, stehen aber dennoch im Hintergrund bereit – um Scherben aufzusammeln, Fehler auszugleichen und als Kugelfang zu dienen. Empowerment-Führungskräfte verstehen ihre Funktion als eine Art Ressource, die dem Team auf eigenen Wunsch hin abrufbereit zur Verfügung steht.

Kontrollierender Führungsstil:

Der Vorgesetzte

- wählt das richtige Produkt,
- sucht die richtigen Mitarbeiter aus,
- bestimmt Prozesse, Verfahren und Standards und
- legt Ziele und Richtlinien fest.

Befähigender Führungsstil:

Der Vorgesetzte

- unterstützt die Aneignung vielseitiger Fähigkeiten,
- nimmt eine kontinuierliche Leistungsbewertung vor,
- fördert die Kommunikation zwischen seiner Abteilung und anderen Abteilungen, Lieferanten und einschlägigen Organisationen,
- bildet und betreut das Team,
- ermutigt die Mitarbeiter zur Nutzung von Aus- und Weiterbildungsangeboten.

144

Empowerment-Führungsstil:

Der Vorgesetzte

- koordiniert die Marschrichtungen (im Sinne der Zielsetzung),
- beschafft die erforderlichen Ressourcen (Geld, Ausrüstungen, Fachwissen und Erfahrungswissen),
- steht auf Abruf bereit und
- vertritt im Bedarfsfall das Team (mit Zustimmung des Teams; in vielen Fällen ziehen es die Teammitglieder vor, wenn einer von ihnen Präsentationen hält).

3. Verhaltensänderung im Empowerment-Management

In einer auf Empowerment ausgerichteten Organisation werden den Vorgesetzten auf allen Führungsebenen – im unteren, mittleren und oberen Management – grundlegende Veränderungen hinsichtlich Funktion, Vorgehen und Beurteilungssystemen abverlangt. Dies wollen wir im einzelnen erläutern.

Führungskraft im unteren Management

An der Schnittstelle zwischen Management und Durchführungsebene in Fabrik und Betrieb sind die Meister oder Vorarbeiter als Vermittler des Wandels hervorragend geeignet. Ihre Position ist aber auch ebenso dazu angetan, den Wandel zu blockieren – ein Umstand, den Unternehmen häufig nicht rechtzeitig erkennen.

So steht in einem kürzlich erschienenen Bericht der *Confederation of British Industry (CBI)*[11] zu lesen: „Das Potential bei den Vorgesetzten auf der untersten Führungsebene ist durchaus vorhanden, wird aber nicht genutzt. Dies bedeutet, daß eine wichtige Ressource derzeit ignoriert, unzureichend in Anspruch genommen und sogar demotiviert wird. Wir brauchen gut geschulte, fähige Vorarbeiter, deren Funktion einer Klärung bedarf, deren Beitrag Anerkennung findet und auf deren Motivation Verlaß ist."

In einer Untersuchung von technischen Betrieben und Textilfirmen in Großbritannien, Frankreich und Deutschland ermittelte die *CBI*, daß die Vorarbeiter in Deutschland sehr wohl über Produktionskosten und Produktionspläne für die nächste Zukunft informiert waren. Auch erhielten sie etwa 40 Prozent mehr Lohn als der gelernte Durchschnittsarbeiter. Im Vereinigten Königreich beläuft sich diese Differenz auf etwa 20 Prozent.

In Großbritannien sehen sich die Vorarbeiter dem Bericht zufolge häufig mit Krisenmanagement konfrontiert – verspätete Materiallieferungen, Terminänderungen aufgrund von Betriebsausfällen und Anlernung neuer Mitarbeiter infolge hoher Fluktuation unter der Belegschaft. Unternehmen wie *Nissan*, die ihren Vorgesetzten auf der unteren Führungsebene Gehälter zahlen, die denen von Ingenieuren oder vergleichbaren Positionen entsprechen, sind die Ausnahme.

Von den Vorarbeitern wird ohnehin eine Menge verlangt. Doch nach einer Empowerment-Initiative wird ihnen noch mehr abverlangt, und viele empfinden die Umstellung als Streß, Herausforderung und Gefährdung ihrer Macht und Sicherheit. Sie sind weder Teil des Managements, noch der Belegschaft. Weil sie aber als dem Management zugehörig angesehen werden, setzt man ihren Einsatz und ihre Begeisterung für den Wandel als selbstverständlich voraus. Die Unternehmen sind nachdrücklich bemüht, die Akzeptanz der Arbeiter zu gewinnen; die Einstellung von Meistern und Vorarbeitern findet hingegen so gut wie keine Beachtung.

Die Funktion des Vorarbeiters muß sich verlagern – er ist nicht mehr Kontrolleur, sondern Motivator, Planer und Berater, der andere befähigt. Vielen Vorgesetzten auf der Durchführungsebene fällt diese Umstellung keineswegs leicht. Die Mehrzahl ist auf der Basis ihrer technischen Kompetenz und nicht aufgrund ihrer Motivation zum Führen und Anleiten von Mitarbeitern in eine Führungsposition gelangt. Einige wollen die Umstellung vielleicht gar nicht und ziehen es vor, nur einfaches Teammitglied zu sein oder als technischer Experte in bezug auf eine bestimmte Fähigkeit oder einen bestimmten Prozeß anerkannt zu werden – sie sind im Grunde genommen nicht daran interessiert, Koordinator oder Berater des Teams zu sein.

Ein vom *Work in America Institute*[12] veröffentlichter Bericht enthält einige Ratschläge, wie Meistern und Vorarbeitern auf der Durchführungs-ebene die Umstellung vom Vorarbeiter mit hauptsächlich betrieblichen Fähigkeiten zum Teamleiter mit vorwiegend managementorientierten Fähigkeiten erleichtert werden kann:

– Es muß sichergestellt werden, daß Manager und Meister aktiv an der Entscheidungsfindung in bezug auf die Ziele und Parameter der Mitar-beitereinbeziehung sowie an der Umsetzungsplanung teilnehmen.
– Die Rolle des Vorarbeiters bedarf einer Klärung. Sind sie Führungs-kräfte auf der Durchführungsebene, oder sind sie Teamleiter? Sind sie für die Leistung des ermächtigten Teams verantwortlich? Titel wie *Koordinator* oder *Berater* lassen dergleichen nicht erkennen, doch in der Praxis sieht es so aus, daß der Vorgesetzte zur Rechenschaft gezogen wird, wenn etwas schiefläuft. Wo also Vorarbeiter für die Teamleistung verantwortlich sind, sollten sie auch als Führungskraft bezeichnet, ge-schult und – besser noch – bezahlt werden.
– Mit zunehmender Selbständigkeit der Belegschaft sollten die Vorar-beiter ermutigt werden, ihre Aufgabenbereiche zu erweitern.

Bei *Buckingham Foods*, einem Teil der *Booker Food Group*, erkannte die Unternehmensleitung, daß Reformen auf der Durchführungsebene nur dann zum Erfolg führen würden, wenn die Funktion des Vorarbeiters ge-klärt wäre.

„Ich selbst würde mich dem Mittelmanagement zuordnen“, sagt Sharon Roy, eine Vorarbeiterin bei *Buckingham Foods*:

„Ich entscheide selbst, wie ich meine Produktionsziele erreiche, und ich bin für die Qualitätskontrolle verantwortlich. Vorher durfte ich mir hier nur einen Zettel abholen, auf dem mir vorgeschrieben wurde, wie viele und welche Art von Sandwiches wir produzieren sollten. Ich hatte weder Einfluß auf die Anzahl der erforderlichen Mitarbeiter an einem Band oder auf die Dauer der einzelnen Prozesse, noch hatte ich eine unmittelbare Kontrolle über die Maschinen.

Das hat sich geändert. Wenn jetzt das Band zusammenbricht, gehe ich nicht mehr wie früher zu meinem Vorgesetzten. Ich bin nämlich jetzt befugt, den Ingenieur zu rufen und das Band wieder in Ordnung bringen zu lassen. Ich habe meine Produktionsziele und möchte sie auch erfüllen."

Die Vorarbeiter bei *Buckingham Foods* besuchen regelmäßig Schulungsseminare außerhalb ihres Arbeitsplatzes. Dazu meint der Betriebsleiter Tony Pritchard: „Auf diese Weise können die einzelnen Mitarbeiter nicht nur ihre Fähigkeiten erweitern; zugleich wird der Belegschaft eindeutig signalisiert, daß wir den Vorarbeitern große Bedeutung beimessen."[13]

Bob Bell, Gruppenpersonalleiter bei *Michelin*, beschreibt einen ähnlichen Wandel in seiner Organisation:

„Bei *Michelin UK* stand die Umstellung, die wir von unseren Vorarbeitern verlangten, in direktem Zusammenhang mit unseren betrieblichen Erfordernissen. Bevor wir im Jahr 1980 Empowerment einführten, verließen wir uns auf eine Qualitätsüberprüfung mit den damit verbundenen Kosten. Die Funktion des Vorarbeiters war aufgabenorientiert und konzentrierte sich ganz besonders auf die Kontrolle des Arbeitsfortschritts. Die Arbeiter auf der Durchführungsebene wurden nach einem Leistungssystem bezahlt, bei dem ausreichendes Produktionsvolumen garantiert war, und komplizierte Inspektionstechniken sorgten dafür, daß der Kunde ein qualitativ einwandfreies Endprodukt erhielt.

1980 zeigte sich dann aber recht deutlich, daß die gestiegenen Rohmaterial- und Personalkosten einen anderen Ansatz erforderlich machten, wenn *Michelin* weiterhin in bezug auf Qualität und Kosten wettbewerbsfähig bleiben wollte. Es bedurfte einer Veränderung in unserer Art der Personalführung und unserer Erwartungshaltung gegenüber dem potentiellen Beitrag der Mitarbeiter.

Zu Anfang hätten wir uns überhaupt nicht vorstellen können, welch ein Potential in unserer Belegschaft freizusetzen war.

Allerdings haben wir nicht gleich mit einem vollen Empowerment-Programm begonnen, sondern zunächst eine Reihe ähnlich ausgerichteter Initiativen eingeleitet: Qualitätszirkel, Neudefinition von Schulung und Zertifizierung, Leistungsüberprüfung in der Belegschaft, Entwicklung vielseitiger Fähigkeiten bei den Ingenieuren und Technikern, Weiterbildung der Produktionsarbeiter sowie Einführung von Teambesprechungen und statistischer Prozeßkontrolle.

Diese ersten Pilotversuche halfen uns, die Stärke gewisser Ansätze zu erkennen und aus unseren Fehlern zu lernen. Einer dieser Fehler bestand darin, daß wir eine Massenschulung vorgenommen hatten, anstatt die Schulungsmaßnahmen so auszurichten, daß den Bedürfnissen des einzelnen Mitarbeiters ebenso Rechnung getragen wurde wie den Anforderungen des Unternehmens.

Alle Pilotprogramme beinhalteten auch Empowerment-Elemente und wirkten sich damit unmittelbar auf die Beziehung zwischen Vorarbeitern und Belegschaft aus. Die Vorarbeiter mußten nun ihrerseits die Arbeiter unterstützen und einbeziehen und deren Arbeitsleistung in Form von Leistungsüberprüfungen beurteilen.

Die größten Veränderungen aber waren zunächst die Ernennung vom Vorarbeiter zum Schichtleiter und dann die Schulung und Beratung der Schichtleiter in ihrer Funktion als Führungskräfte, die ihre Mitarbeiter wie ein Orchester zu lenken verstehen. Wir erwarteten von ihnen die dauerhafte Schaffung eines Arbeitsklimas, in dem die Mitarbeiter in effektive Beziehungen zueinander treten, sowie gute Zusammenarbeit mit allen Kollegen, um funktionale Kompetenz, Engagement für lokale Ziele und Bereitschaft zum Wandel zu fördern.‘‘

Bell faßt zusammen, wie sich die Funktionen bei der Umstellung vom Vorarbeiter zum Schichtleiter verändert haben:

Der Vorarbeiter

- erzielt Ergebnisse in erster Linie durch Anweisung und Kooperation der Mitarbeiter,
- zieht gute Gefolgsleute heran,
- überzeugt die Mitarbeiter von guten Ideen,
- setzt sich einzeln mit seinen Leuten auseinander,
- entwickelt Stärke innerhalb der eigenen Einheit,
- setzt Anweisungen von oben in die Praxis um,

- hilft den Mitarbeitern auf Anweisung bei Veränderungen, das Beste aus der Situation zu machen,
- ist kommunikationsfähig.

Der Schichtleiter

- bezieht die Mitarbeiter ein und unterstützt sie in ihrem Bemühen, einen persönlichen Beitrag zu leisten,
- zieht sich gute Initiatoren heran,
- überzeugt die Mitarbeiter, selbst gute Ideen hervorzubringen,
- baut kooperative, interdependente und sich gegenseitig unterstützende Teams auf,
- entwickelt Stärke zwischen der eigenen Einheit, anderen Einheiten und den Kollegen,
- initiiert neue Ideen und Vorgehensweisen auf der eigenen Durchführungsebene,
- erarbeitet positive Innovationen bei den eigenen Mitarbeitern, ohne daß solche Veränderungen von oben angeordnet werden,
- besitzt zwischenmenschliche Kommunikationskompetenz.

Führungskraft im mittleren Management

Wenn nun Meister und Vorarbeiter mehr Führungsaufgaben übernehmen, was bleibt dann für den Mittelmanager zu tun? fragt Paul Neate, Direktor für betriebsstrategische Entwicklung bei *Rothman's International* in seinem Vortrag vor einem *IIR*-Seminar im November 1992: „Allein die Tatsache, daß wir ein Kader gut geschulter, hochmotivierter Führungskräfte auf der Meister- und Vorarbeiterebene entwickelt haben, schmälert unweigerlich die zentrale Rolle der Mittelmanager. In vielen, wenn nicht gar in allen Fällen wird die Position des Mittelmanagers verschwinden – oder bestenfalls radikal verändert werden."

Kein Wunder also, daß die mittlere Führungsebene häufig als die hartnäckigste Barriere für Empowerment in einer Organisation angeführt wird. Schließlich, so sagt Tom Peters, sind es die Arbeitsplätze der Mittelmanager, die abgebaut werden.[14] Und doch, argumentiert Neate, spielen die Mittelmanager eine entscheidende Rolle: Sie müssen die Meister und Vorarbeiter in ihrer Überzeugungsarbeit gegenüber ihren Teams unterstützen, damit diese neue Fertigkeiten zum Einsatz bringen und Verantwortlichkeiten und Zuständigkeiten übernehmen:

Die Gesamtstruktur der traditionellen Organisation dreht sich um den Mittelmanager. Der Mittelmanager hat die Aufgabe, die Entscheidungen der Unternehmensleitung im Unternehmen bekanntzugeben, diese in die Praxis umzusetzen und dabei so zu ergänzen, daß sich die häufig schlecht konzipierten Vorstellungen der Unternehmensleitung letztlich auf der Durchführungsebene verwirklichen lassen. Dazu bedient er sich einer Gefolgschaft von Meistern und Vorarbeitern, die bezüglich der verfahrenstechnischen Disziplinen normalerweise gut ausgebildet sind, aber völlig unzureichende Fähigkeiten in der Menschenführung aufweisen und in bezug auf die eigene Position und Autorität einigermaßen verunsichert sind.

So gibt es auch nach einer Empowerment-Initiative immer noch Mittelmanager. Ihre Zahl hat sich einfach nur verringert. Ihr Aufgabenbereich umfaßt verschiedene Disziplinen, verlangt aber weniger Detailarbeit. Sie fungieren als Koordinator; ihnen werden zwar weniger Mitarbeiter direkt unterstellt sein, aber sie sind für einen größeren Aktivitätsbereich zuständig.

Mit zunehmender Aktivitätsspanne besteht allerdings die Gefahr, daß sich die Mittelmanager zu weit von der eigentlichen Basis entfernen. So stellte ein Vorarbeiter in einem Nahrungsmittelproduktionsbetrieb fest: „Einige Führungskräfte sehen nun wohl weniger Anlaß, sich in die Tagesroutine einzumischen, aber dadurch verlieren sie den Kontakt zur eigentlichen Produktion und fangen an, ihre Führungsfunktion in Form von Zahlenvorgaben und Berichten wahrzunehmen."

Um die Unterstützung der Führungskräfte im mittleren Management für eine Empowerment-Initiative zu gewinnen, empfiehlt Neate die folgenden Schritte:

– Beziehen Sie die Mittelmanager in die Gestaltung der neuen Organisation ein, und spielen Sie unbedingt mit offenen Karten. Die neuen – und zahlenmäßig verringerten – Positionen müssen von Anfang an klar ausgewiesen sein, wobei es die jeweilige Leitungsspanne eindeutig zu definieren gilt.

- Führen Sie im Rahmen des Auswahlprozesses eine Bestandsaufnahme des vorhandenen Managementpotentials durch. Sie verschaffen sich dadurch nicht nur einen Überblick über die Fähigkeiten der derzeitigen Mittelmanager, sondern erkennen auch, welche Lücken zu schließen sind.
- Bei der Auswahl von Führungskräften dürfen die funktionsbezogenen Fähigkeiten – Buchhaltung, technische Kompetenz usw. – lediglich als Basis angesehen und gewissermaßen als Selbstverständlichkeit vorausgesetzt werden. Die eigentlichen Fähigkeiten der Manager auf den Gebieten *Delegation, Beratung, Hilfestellung* und *Kommunikation* müssen zur Grunddisziplin hinzukommen – und zwar nicht als „Anhängsel", sondern als Hauptaufgabe.
- Auf keinen Fall sollten Sie sich ohne die volle Unterstützung der Unternehmensleitung an ein Empowerment heranwagen. „Das ist so entscheidend, daß keine organisatorische Veränderung ohne die Unterstützung der leitenden Führungskräfte in Angriff genommen werden kann oder sollte."

Jeder hat wohl schon erlebt oder auch selbst erfahren, wie einzelne Führungskräfte voller Begeisterung von einem Lehrgang oder Seminar zurückkehrten und die soeben gelernten Ideen unverzüglich umsetzen wollten – dabei aber auf Widerstand von oben und Gleichgültigkeit von unten stießen. Das Resultat ist unweigerlich ein Gefühl der Frustration und Enttäuschung, vielleicht sogar stärker denn je zuvor.

So war es auch beim Pharmakonzern *Ciba*: „Der entscheidende Bereich [beim Empowerment] ist die mittlere Führungsebene. Wenn dort haltgemacht wird, ist alles Bemühen umsonst. Einige unterstützen die Veränderungen in vollem Umfang, andere haben Angst, und wieder andere weigern sich, Verantwortung zu delegieren, weil sie meinen, auf diese Weise an Macht zu verlieren", sagt der *Ciba*-Vorsitzende Alex Krauer. Und der Betriebsdirektor Heini Lippuner fügt hinzu:

„Ich begegne jungen Leuten im Produktionsbetrieb, die freimütig bekennen, ihnen gefalle die Vision [*Cibas* Veränderungsprogramm *Vision 2000*], und sie glauben auch, daß wir es mit dem Empowerment ernst meinen. Aber sie beklagen sich, daß eigentlich kein echter Wandel stattgefunden habe. Kraß ausgedrückt: Es sieht so aus, als ob es eine Lehmschicht bei uns gibt, die nichts durchläßt – weder nach oben noch nach unten. Diese Schicht ist das Mittelmanagement."

Die leitenden Führungskräfte von *Ciba* beabsichtigen, diese Lehmschicht durch Druck von oben wie von unten sowie durch entsprechende Ausbildung aufzureißen. So verschickte man an die 20000 *Ciba*-Mitarbeiter in der Schweiz Fragebögen mit Fragen zum Führungsverhalten ihrer Manager. Das Ziel bestand Krauer zufolge darin, seitens der Mitarbeiter eine Erwartungshaltung aufzubauen und diese Erwartungshaltung zu nutzen, um die Mittelmanager zum Dialog zu zwingen.

Krauer glaubt, daß sich 90 Prozent der Manager mit der Vision anfreunden können. „Einige wenige – und ich hoffe, wirklich nur einige wenige – werden nicht mitziehen wollen, und die sollten sich dann besser einen Job außerhalb der *Ciba* suchen", meint er. „Für die Leute in den Schlüsselpositionen steht zu viel auf dem Spiel, als daß sie aus dem Prozeß ausscheren könnten."[15]

Führungskraft im oberen Management

Wenn die Mittelmanager effektiv arbeiten sollen, müssen die leitenden Führungskräfte einen Großteil ihrer Führungsverantwortung abgeben. Zwar können Unternehmensleitung oder Vorstand letztlich jede Entscheidung überstimmen, doch im Unternehmensalltag müssen die Mittelmanager das Gefühl haben, daß die Organisation ihnen und den grundlegenden Unternehmenssystemen ein solches Vertrauen entgegenbringt, daß das letzte Wort bei der Entscheidungsfindung in Angelegenheiten, die ihren Arbeitsbereich betreffen, entweder ihnen allein überlassen bleibt oder in Absprache mit ihren Kollegen fällt.

Auch Führungskräfte bedürfen eines Empowerment. Chris Hughes, Geschäftsführer bei *Whitbread's Magor Brewery*, meint dazu:

„Unsere Expertise konzentrierte sich zum großen Teil auf ein ausgesprochen erfahrenes Management-Team, das für die tägliche Geschäftsabwicklung in der Brauerei verantwortlich war. Doch die leitenden Positionen in der Brauereiwirtschaft sind umfassender und strategieorientierter geworden und erfordern heute verstärkten Einsatz bei der Entwicklung weitblickender unternehmenspolitischer Richtlinien – fern jeglicher Ablenkungen durch ständige betriebliche Rückfragen."

Empowerment verlangt neue Verhaltensstrukturen, und davon ist die gesamte Managementstruktur betroffen. Empowerment beginnt mit einem Vorstand, der wie ein Vorstand denkt und handelt: Der Vorstand befaßt sich nicht mit vielfältigen betrieblichen Aktivitäten, sondern beschränkt sich auf die für eine effektive Ausrichtung des Unternehmens maßgeblichen strategischen Angelegenheiten. In diesem Zusammenhang ermächtigt er die leitenden Führungskräfte, sich auf die Umsetzung der Unternehmensstrategie zu konzentrieren.

So fällt es auch viel leichter, Verantwortungen und Kompetenzen an die leitenden Führungskräfte zu übertragen – stets nach dem Motto: „Welches ist die unterste Instanz in der Organisation, die eine solche Entscheidung effektiv zu treffen vermag?" Und dann erst beginnt bei den Managern ein langwieriger Prozeß der persönlichen Entwicklung und der Unterstützung direkt unterstellter Führungskräfte, delegierte Machtbefugnisse zu akzeptieren und zu nutzen und Mittel und Wege zu finden, ähnliche Verhaltensweisen auch den ihnen unmittelbar unterstellten Mitarbeitern nahezubringen.

Auch der Umgang der Spitzenführungskräfte mit ihrer Macht muß sich erheblich ändern. Die meisten leitenden Führungskräfte sind nicht dadurch in ihre jetzigen Positionen gelangt, daß sie andere Mitarbeiter ermächtigen; Empowerment-Merkmale wurden auf der Überholspur in die Vorstandsetage bisher nicht gerade hoch bewertet. Selbst heute noch zählen Empowerment-Merkmale kaum als Kriterium bei der Auswahl künftiger Führungspersönlichkeiten.

Die Forschungsarbeiten von Dr. Lynda Gratton an der *London Business School* im Zusammenhang mit Blitzkarrieren – dem Prozeß einer außergewöhnlich schnellen Beförderung talentierter Jungmanager in die Machtzentren der Führungselite – haben zu folgendem Ergebnis geführt: „Die Wertvorstellungen und Verhaltensstrukturen, die von den Unternehmen bei den aufstrebenden Mittelmanagern von heute und den Alpha-Managern von morgen gefördert werden, stehen in direktem Widerspruch zum Konzept des Empowerment."

Gratton hat untersucht, wie gut sich solche Überflieger auf Empowerment-orientierte Verhaltensweisen verstehen und ob sie diesen eine gewisse Priorität einräumen. In den meisten Fällen fiel die Antwort negativ aus: Der Studie zufolge wurden individuelle Stärken weitaus höher bewertet als Team-Stärken. Die 100 befragten Manager schätzten sich selbst als ausgesprochen dynamisch, arbeitswütig, analytisch, aktionsorientiert und intelligent ein – und wurden auch von ihren Mitarbeitern so beurteilt. Dagegen schnitten die meisten Informanten in bezug auf die Hälfte der 20 Empowerment-Kategorien schlecht und bei keiner dieser Kategorien wirklich gut ab. Insbesondere wurden 42 Prozent der untersuchten Manager dahingehend charakterisiert, sie erwarteten zu viel von ihren Mitarbeitern mit all deren unterschiedlichen Fähigkeiten und Bedürfnissen und verhielten sich ihnen gegenüber ungeduldig. Immer wieder war etwa folgende Formulierung zu hören: „XYZ duldet keine Dümmlinge in seiner Umgebung."

„Es überrascht nicht, daß Überflieger dazu tendieren, den Managementstil ihres eigenen Chefs zu übernehmen, aber wenn es ein Unternehmen mit dem Empowerment wirklich ernst meint, muß es seinen Prozessen schon Führungskräfte mit Entwicklungspotential verpassen", sagt Gratton. Den Unternehmen empfiehlt sie, zum einen nur solche Kandidaten für Blitzkarrieren zuzulassen, die ihre Fähigkeiten zum Delegieren und zur Teambildung aktiv unter Beweis gestellt haben, und zum anderen den Mitarbeitern an verschiedenen Stellen ihres beruflichen Werdegangs Möglichkeiten für Blitzkarrieren zu eröffnen.[16]

Wenn aber Manager mit Blitzkarrieren kein Vorbild für künftige Führungskräfte abgeben, wer dann? Zum Beispiel Frauen in *Top-Management*-Positionen, meint Judy B. Rosener, Fakultätsmitglied der *Graduate School of Management* an der *University of California*:

„Frauen, denen es gelungen ist, die Glasdecke in mittelständigen, nicht traditionellen Organisationen zu durchbrechen, haben gezeigt, daß ein *Kommando/Kontroll*-Führungsstil nicht der einzige Weg zum Erfolg ist."

In einer vom *International Women's Forum* unterstützten Studie[17] fand Rosener heraus, daß viele Managementansätze, die typischerweise von Frauen in Spitzenpositionen angewendet werden, eine bemerkenswerte Ähnlichkeit zu den als Empowerment-orientiert geltenden Ansätzen aufweisen:

„Männer tendieren mehr dazu, ihren Führungsstil im Sinne einer ‚transaktionsorientierten' Führung zu charakterisieren: Sie betonen die Abfolge von Transaktionen mit den unterstellten Mitarbeitern – Belohnung für gute Leistungen beziehungsweise Bestrafung für unzureichende Leistungen. Außerdem sind Männer eher geneigt, die mit ihrer Position und formalen Autorität verbundene Macht zu nutzen. Demgegenüber beschrieben die befragten Frauen ihr Führungsverhalten als ‚transformationell': Sie möchten in erster Linie erreichen, daß die ihnen unterstellten Mitarbeiter ihr Eigeninteresse durch Ausrichtung auf ein umfassenderes Ziel in ein Gruppeninteresse umwandeln. Auch setzen sie Macht eher aufgrund persönlicher Eigenschaften (Charisma, geschickter Umgang mit den Mitmenschen, Arbeitspotential, Kontaktfähigkeit) ein – weniger aufgrund von Machtbefugnissen, die an Position, Titel und Kompetenz zur Belohnung beziehungsweise Bestrafung gebunden sind."

Frauen in Führungspositionen verwiesen häufig auf ihr Bemühen, die Mitarbeiter in ihre Entscheidungen einzubeziehen und Macht und Informationen mit ihnen zu teilen – zwei Aspekte, die häufig mit Empowerment in Verbindung gebracht werden. Sie schilderten auch Versuche, das Selbstwertgefühl ihrer Mitarbeiter zu steigern und ihnen Mut zu machen. Im allgemeinen sind solche Führungskräfte davon überzeugt, daß die Mitarbeiter im Unternehmen die besten Leistungen erbringen, wenn sie mit sich und ihrer Arbeit zufrieden sind; entsprechend gilt es, Situationen zu schaffen, die zu einer solchen Zufriedenheit beitragen. All dies deutet auf einen Empowerment-orientierten Führungsstil hin.

4. Erfolgsmessung bei Führungskräften

Ein entscheidender Schritt bei der Entwicklung ermächtigter und ermächtigender Manager besteht darin, das Beurteilungssystem auf den Kopf zu stellen. Alle Führungskräfte sollten für ihre Fähigkeit belohnt werden, das

Potential ihrer Mitarbeiter unter Berücksichtigung meßbarer Kriterien freizusetzen; zudem sollten Leistungsmessung und Leistungsbewertung nicht nur vom Vorgesetzten und nicht nur kurzfristig erfolgen, sondern einen längeren Zeitraum erfassen und auch von den Kollegen und den unterstellten Mitarbeitern vorgenommen werden.

Genau dies ist unter einem „360°-*Feedback*" zu verstehen – eine Leistungsbeurteilung mit Vorgesetzten, Kollegen und vor allem unterstellten Mitarbeitern.

Dieses Anfang der 70er Jahre in Leningrad (St. Petersburg) entwickelte System bietet sowohl den Führungskräften als auch den Mitarbeitern eine Reihe von Vorteilen, sagt Adrian Furnham, Direktor der betriebspsychologischen Fakultät am *University College London:*

–   Die Mitarbeiter kennen ihre Vorgesetzten meist besser als die Vorgesetzten ihre Mitarbeiter.

–   Es gibt gewöhnlich mehr Mitarbeiter als Vorgesetzte, so daß die Beurteilungen seitens der Mitarbeiter ein statistisch genaueres Bild von der Leistung der Führungskräfte ermöglichen.

–   Die von Mitarbeitern vorgenommenen Beurteilungen sind von größerem Belang, weil diese Form der Führungskräfte-Beurteilung eher die Ausnahme ist.

Allerdings sind seiner Ansicht nach auch einige Risiken einer „Beurteilung von unten nach oben" zu berücksichtigen:

–   Einige Mitarbeiter könnten aus Angst vor Repressalien vor einer freien und fairen Beurteilung ihres Vorgesetzten zurückscheuen.

–   Manche Mitarbeiter sind so wenig darin geübt, ein *Feedback* zu geben, daß sie zu einer milden und damit kaum aussagekräftigen Beurteilung in der Skalenmitte tendieren.

–   Die Gelegenheit zu einer anonym abzugebenden Beurteilung könnte einige Mitarbeiter dazu verführen, nachtragend zu reagieren.

–   Ein solches Vorgehen ist mit höheren Kosten verbunden. Büroarbeit, Software und die Schulung im Umgang damit kosten Geld.[18]

Die Praxis einer „360°-Beurteilung" ist dem Unternehmensberater Graham Oddey zufolge noch nicht sehr verbreitet:

„Man findet nur selten Maßstäbe [für Management-Effektivität], die in einem sinnvollen Zusammenhang mit der Fähigkeit von Führungskräften zur Ermächtigung ihrer Mitarbeiter stehen, aber es dürfte nicht allzu schwierig sein, dies zu ändern. Beispielsweise könnten Sie versuchen, die Ansichten der Mitarbeiter dahingehend zu bemessen, wie gut ihre Vorgesetzten sie zu motivieren verstehen, in welchem Umfang sie sich unterstützt fühlen oder inwieweit die Vorgesetzten ihnen Vertrauen entgegenbringen; die Ergebnisse sollten Sie dann in die Beurteilung der Fähigkeiten des betroffenen Managers einbringen. Sie könnten sich auch Maßstäbe für die Aktivität der Mitarbeiter überlegen: Beispielsweise ermitteln Sie die Anzahl der pro Mitarbeiter vorgebrachten Vorschläge und anschließend den Prozentsatz der tatsächlich in die Praxis umgesetzten Vorschläge. Beurteilen Sie die Führungskräfte wie auch die Mitarbeiter nach dem Ausmaß von Fehlzeiten. Fragen Sie die Mitarbeiter, ob sie Ihr Unternehmen anderen als eine gute Arbeitsstelle empfehlen würden, und beurteilen Sie Manager auch danach, wie diese bei den Reaktionen in bezug auf ihre Empowerment-Fähigkeit eingeschätzt werden."[19]

Zu den Unternehmen, die solche „360°-Beurteilungen" bereits vornehmen, zählen *Motorola, Semco Brazil, British Petroleum, British Airways, Central Television, Cathay Pacific* und *Peritas*.

Bei Motorola trägt die Beurteilung durch Untergebene wie durch Vorgesetzte nicht nur dazu bei, daß sich die Manager der Fähigkeiten, die sie als Führungskraft brauchen, deutlicher bewußt werden; zugleich wird sichergestellt, daß der Prozeß der Leistungsbeurteilung (als Grundlage für eine leistungsbezogene Vergütung) insgesamt als fairer und objektiver angesehen wird.[20]

Das „Beurteilungssystem von unten nach oben" bei *Semco Brazil* mit Sitz in São Paulo ist tief in der Unternehmenskultur verwurzelt. Die Beurteilung der Führungskräfte bei diesem Paradebeispiel für Empowerment umfaßt mittlerweile über 30 Fragen und findet zweimal im Jahr statt. Im Durchschnitt wird eine Punktzahl von 80 Prozent erzielt. Wer regelmäßig mit seinen Leistungen darunter bleibt, verläßt meist das Unternehmen. Bei der letzten Beurteilung erreichte der Hauptgeschäftsführer Ricardo Semler eine Punktzahl von 82 Prozent.[21]

Bei *Ciba UK* hat die mit Aus- und Weiterbildung befaßte Abteilung Aussagen seitens der Belegschaft zusammengetragen, um zu ermitteln, welche Empowerment-Fähigkeiten die Führungskräfte des Unternehmens aufzuweisen haben. Die Führungskräfte und ihre Mitarbeiter wurden aufgefordert, die Manager jeweils nach Kriterien wie „sorgt für Offenheit", „fördert Kooperation", „delegiert Kompetenzen" und „baut Leute auf" zu beurteilen. Die Auffassungen der Mitarbeiter fielen etwas weniger schmeichelhaft aus als die Selbsteinschätzungen der Führungskräfte, aber gegenüber der ersten Umfrage (1991) wurden in der zweiten Umfrage (1992) signifikant bessere Beurteilungen abgegeben. Die zuständige Abteilung sieht sich durch dieses Ergebnis ermutigt, und die Unternehmensleitung ist überzeugt, daß die Umfrage eine sinnvolle Methode zur langfristigen Beurteilung des allgemeinen Meinungsklimas darstellt.[22]

Peritas, ein selbständiges Beratungs- und Schulungsunternehmen der *ICL*, hat im Frühjahr 1994 ein „360°-Beurteilungssystem" eingeführt. „Viele Management-Teams wiegen sich in der Überzeugung, einen bestimmten Führungsstil zu haben und dementsprechend auch eingeschätzt zu werden, aber wenn sie eine ,360°-Beurteilung' durchführen, bekommen sie eine beträchtliche Dosis Realität zu spüren", sagt David Wimpress, Geschäftsführer bei *Peritas*.

Die Ergebnisse der 1993 im Unternehmen durchgeführten Meinungsumfrage unter den Mitarbeitern bestätigten, was Wimpress bereits als Notwendigkeit erkannt hatte: Herbeiführung eines Wandels in der Unternehmenskultur, Empowerment der Mittelmanager und des Stützpersonals zur Beschleunigung des Wandels sowie das Bemühen, *Peritas* zu einem Unternehmen zu entwickeln, in dem die Arbeit anspruchsvoll und anregend zugleich ist.

Wimpress zufolge ist geplant, alle 250 Mitarbeiter ihre jeweiligen direkten Vorgesetzten beurteilen zu lassen. Die Führungskräfte können dann anhand des erhaltenen *Feedback* persönliche Aktionspläne erarbeiten. Zudem wird von ihnen absolute Offenheit hinsichtlich der Ergebnisse erwartet – die *Peritas*-Manager sollen die Mitarbeiter über die Ergebnisse ihrer eigenen Beurteilungen im Zusammenhang mit der Leistungsbeurteilung eines jeden Untergebenen informieren.

Die Initiative hat bereits deutliche Wirkung auf die Einstellungen der Mitarbeiter gezeigt. „Auf den ersten drei Stabssitzungen, die ich durchgeführt habe, waren die Leute noch sehr passiv", sagt Wimpress:

„Ich mußte ihnen versichern, daß ich so lange dort stehen bleiben würde, bis ein Dialog in Gang gekommen wäre. Als sie dann aber über das neue Beurteilungssystem informiert wurden, war ein spontanes Raunen im Raum zu hören. Es folgten eine Menge Diskussionsbeiträge und Gespräche, und einmal erhielten wir sogar Applaus. Nur eine negative Frage wurde gestellt, und die kam von einem Mitarbeiter aus dem Plenum. Zeichen dieser Art bedeuten, daß sich in einer Organisation tatsächlich ein Wandel vollzieht."

Dennoch: Zunächst war nicht jeder begeistert. Einige Führungskräfte hegten böse Vorahnungen, ließen sich aber dann doch überzeugen, als ihnen versichert wurde, daß auch sie ein Empowerment erhalten würden, um das neue System praktisch umzusetzen.

„360°-Beurteilungen" sind Wimpress zufolge ein Teil der Bestrebungen bei *Peritas*, „Offenheit zur Macht" zu fördern:

„Wir möchten eine Kultur entwickeln, die den Mitarbeitern im Unternehmen ein gutes Gefühl vermittelt, wenn sie den „Machthabern" gegenüber Offenheit entgegenbringen. Andernfalls werden Führungskräfte, die den Wandel herbeiführen sollen, niemals die für sie wichtigen Informationen in Erfahrung bringen können. Wenn der Kaiser keine Kleider trägt, muß das Volk so frei sein, ihm dies mitzuteilen."

5. Schlußfolgerung

Empowerment kann für Manager aller Führungsebenen eine beängstigende Perspektive sein. Doch wenn Führungskräfte schon in einer ermächtigten Organisation um die Sicherheit ihres Arbeitsplatzes und ihre Zufriedenheit fürchten müssen, so haben sie in einer Organisation ohne Empowerment noch weitaus mehr Grund dazu: Zum einen sind ermächtigte Organisationen in aller Regel wettbewerbsfähiger und haben somit auf lange Sicht bessere Überlebenschancen; zum anderen kann der Arbeitsplatz einer Führungskraft in einer durch Empowerment geprägten Organisation unweit befriedigender sein als in einer vergleichbaren *Kommando/Kontroll*-Position.

Anstatt Polizei zu spielen, können Empowerment-Führungskräfte gemeinsam mit ihren Mitarbeitern Vorschläge erarbeiten und von ihnen lernen. Auch sind sie hinsichtlich der Routineabwicklungen in der Geschäftsführung erheblich entlastet und somit ermächtigt, sich verstärkt der Aufgabe der Strategieformulierung, Planung und Führung zu widmen.

Robert Frey, Hauptgeschäftsführer der *Cine-Made Corporation*, stellte unter Bezugnahme auf die Empowerment-Initiative in seinem Unternehmen fest: „Wenn es funktionieren würde, wäre dies für uns alle von Vorteil. Zumindest könnte ich dann nachts schon besser schlafen, weil ich mich nicht mehr so verdammt einsam fühlen würde."[23]

6. Literaturhinweise

[1] Kizilos, P. (1990) „Crazy about empowerment", *Training*, Dezember 1990

[2] Frey, R. (1993) „Empowerment or else", *Harvard Business Review*, September/Oktober 1993

[3] Lorenz, C. (1992) „Making fast tracks more empowering", *Financial Times*, 8. Juli 1992

[4] Kahnweiler, W.M. (1991) „HRD and empowerment", *Training and Development*, November 1991

[5] Burdett, J.O. (1991) „What is empowerment anyway?" *Journal of European Industrial Training*, Bd. 15, Nr. 6, 1991

[6] Oddey, G. (1993) „Take a horse to water, but ...", *Managing Service Quality*, November 1993

[7] Pickard, J. (1993) „The real meaning of empowerment", *Personnel Management*, November 1993

[8] Oates, D. (1993) „Coaching staff to beat the opposition", *The Times*, 23. September 1993

[9] Kizilos, P. (1990) „Crazy about empowerment", *op. cit.*

[10] Greenleaf, R.K. (o.J.) *Management letter* (Waterford, Connecticut: Bureau of Business Practice)

[11] Wood, L. (1993) „Profit by power to the middle manager", *Financial Times*, 5. Januar 1993

[12] „New Roles for Managers", *Work in America Institute Inc.*, Scarsdale, NY, 1991

[13] Wood, L. (1993) „Profit by power to the middle manager", *op. cit.*

[14] Peters, T. (1993) „Crazy Ways for Crazy Days", *BBC2*, 6. Dezember 1993

[15] Abrahams, P. (1993) „Creating cracks in the layers", *Financial Times*, 5. April 1993

[16] Lorenz, C. (1992) „Making fast tracks more empowering", *op. cit.*

[17] Rosener, J.B. (1990) „Ways women lead", *Harvard Business Review*, November/Dezember 1990

[18] Furnham, A. (1993) „When employees rate their superiors", *Financial Times*, 1. März 1993

[19] Oddey, G. (1993) „Take a horse to water, but ...", *op. cit.*

[20] Barry, T. (1991) „Empowerment, the new practice in personnel management", *Multinational Employer*, Mai 1991

[21] Hall, E. (1993) „The boss from Brazil", *Personnel Today*, 26. Oktober 1993

[22] Pickard, J. (1993) „The real meaning of empowerment", *op. cit.*

[23] Frey, R. (1993) „Empowerment or else", *op. cit.*

Kapitel 6

Verhaltensänderung bei Mitarbeitern

Was es gekostet hat? Nur unseren gesunden Menschenverstand.

Produktionsarbeiter bei Walkers Smiths

Die Vorstellung, man könne einen Menschen nur dann zum Arbeiten bewegen, wenn man ihm Gold vor die Nase hält, hat sich zur Tradition entwickelt, stellt aber keineswegs ein Axiom dar. Wir haben uns seit so langen Zeiten daran gewöhnt, daß uns andere Möglichkeiten gar nicht mehr einfallen.

F. Scott Fitzgerald

Es spielt keine Rolle, wessen Name auf dem Türschild steht; es ist mein Unternehmen.

Jimmy Howerton, Mitarbeiter bei Ericsson GE

In der Unternehmensliteratur lassen sich interessante Sprachvergleiche in bezug auf die Art und Weise anstellen, in der Unternehmen über ihre Empowerment-Programme sprechen. Ist den sprachlichen Formulierungen zu entnehmen, daß die Mitarbeiter in erster Linie en masse betrachtet werden – in Form von Abteilungen, Funktionen oder Führungsebenen, analog den verschiedenen Dienstgraden beim Militär? Oder werden die Mitarbeiter als Individuen mit eigener Existenzberechtigung angesehen?

1. Gründe für die Notwendigkeit einer Verhaltensänderung bei den einzelnen Mitarbeitern

Wenn die individuellen Reaktionen der Mitarbeiter auf eine Empowerment-Initiative nicht berücksichtigt werden, gibt man sich mit *08/15*-An-

163

sätzen zufrieden, die genauso viele Leute abstoßen, wie sie andere motivieren. Ein sinnvoller Ausgangspunkt bei der Erarbeitung flexibler, individuell ausgerichteter Ansätze ist die Klärung der Frage, *warum* das Verhalten der einzelnen Mitarbeiter einer Änderung bedarf.

Die einzelnen Mitarbeiter sind die Teambasis

Die Produktivität eines gut funktionierenden Teams sollte größer sein als die Summe aller Bemühungen seitens der einzelnen Mitarbeiter. Aus diesem Grund werden Teams gebildet – um in den Genuß des Multiplikatoreffekts zu kommen.

Allerdings besteht auch die Gefahr, daß man sich zu sehr auf die Effektivität der Teamarbeit konzentriert und dabei den einzelnen Teammitarbeiter als die Basiseinheit eines guten Teams vernachlässigt. Unzureichend ausgebildete und unmotivierte Individuen lassen sich einfach nicht zu hocheffizienten und produktiven Teams zusammenfügen – so gut sie in bezug auf Teambildungsfähigkeiten auch geschult sein mögen.

Häufig sind es die einzelnen Mitarbeiter, die unmittelbar mit dem Kunden zu tun haben

In Dienstleistungsbetrieben, von akademischen Beratungsdiensten bis hin zur Thekenbedienung im Schnellimbiß, steht und fällt der Eindruck des Kunden vom Unternehmen mit dem einzelnen Mitarbeiter, der ihn bedient. Schon dies allein sollte Dienstleistungsunternehmen hellhörig machen – was in vielen Fällen auch geschehen ist.

Wie im nächsten Kapitel noch eingehend erörtert wird, räumen immer mehr Dienstleistungsunternehmen ihren Mitarbeitern vor Ort Eigenverantwortlichkeit im Umgang mit den Kunden ein.

So sind die Mitarbeiter in einer Reihe führender Hotelketten nahezu voll befugt, spontan Probleme zu lösen, ohne einen Vorgesetzten fragen zu müssen. *Avis, Lufthansa* und *British Airways* haben versuchsweise ihr Bodenpersonal ermächtigt, Sofortentscheidungen zu treffen, wenn es darum geht, verärgerten Kunden mit Geschenken und Geld entgegenzukommen.

164

Eine schnell lernende Organisation ist das Resultat lernfähiger Mitarbeiter

Unsere Definition einer schnell lernenden Organisation läuft darauf hinaus, daß bei den einzelnen Mitarbeitern eine grundlegende Bereitschaft für vorteilhafte Veränderungen geweckt werden muß. Empowerment ist ein Instrument, das zur Schaffung einer schnell lernenden Organisation beizutragen vermag – aber nur, wenn die einzelnen Mitarbeiter lernfähig sind: Schließlich können Organisationen als solche nicht lernen; nur Individuen können lernen.

Eine Veränderung ist nur dann von Dauer, wenn die Mehrheit der Mitarbeiter dahintersteht

Teams und ganze Organisationen können sich ändern, aber nur die einzelnen Mitarbeiter können den Wandel befürworten und unterstützen.

Die Veränderung individueller Verhaltensweisen kann sich radikal und positiv auf die Unternehmensleistung auswirken

Der Unternehmensberater Peter Bennett meint in diesem Zusammenhang:

„Die heutzutage fast reflexmäßig erfolgende Standardreaktion auf eine Rezession ist die Rationalisierung. Allerdings wird in all der Hektik um Kostenreduzierung leicht der umgekehrte Ansatz übersehen – die Leistungsverbesserung auf der Durchführungsebene.

Die Weiterentwicklung von Produktionsarbeitern und Mitarbeitern vor Ort wird in den meisten Organisationen sträflich vernachlässigt, obgleich gerade hier ein ungeheures Potential vorhanden ist. Beispielsweise schnellte der Umsatz in einem Unternehmen, das sich um Förderung seines technischen Personals bemüht hatte, innerhalb eines Jahres um 8 Prozent in die Höhe und erreichte damit den höchsten Anteil, der jemals auf diesem stark wettbewerbsorientierten Markt erzielt worden ist. In einem anderen Betrieb erhöhte sich die Produktionsleistung um 20 Prozent, die Kunden zeigten sich zunehmend zufrieden, die zuvor hohe Fluktuation unter den Mitarbeitern ging deutlich zurück, die Kosten konnten gesenkt werden – und all dies trotz eines 40prozentigen Abbaus an Management-positionen. Ein weiteres Unternehmen hatte einen nahezu sofortigen Pro-duktionszuwachs von 6 Prozent in einer Abteilung zu verzeichnen, in der die Arbeiter an einem Entwicklungsprogramm teilgenommen hatten."

Steven Brandt, Dozent an der *Stanford Business School*, sagt dazu:

„Es sind die Einstellungen der Mitarbeiter und nicht etwa der Cash-Flow oder die Prozeßtechnologie, worin sich die Unternehmen in bezug auf ihre Wettbewerbsfähigkeit grundlegend unterscheiden. Unsere Organisationen sollen zu den Gewinnern gehören, und es häufen sich die Belege dafür, daß wir uns angewöhnen müssen, ‚unser' Unternehmen in der Vorstellung der Mitarbeiter, die doch den Kern unserer Organisation ausmachen, in ‚mein' Unternehmen umzuwandeln. Die neue Geschäftsordnung ist mehr denn je auf Aktivposten angewiesen, die Schuhe tragen und abends nach Hause gehen."[1]

Aus all diesen Gründen erweist es sich als sinnvoll, einen möglichst großen Teil der Mitarbeiter auf allen Ebenen einzubeziehen. Allerdings ist dies keineswegs eine leichte Aufgabe. So erlaubt sich Alistair Wright, Di-rektor der Personalabteilung bei *Digital Equipment*, die folgende (scherz-haft gemeinte) Bemerkung: „Früher habe ich gemeint, man brauche nur Goldstaub auf die Häupter der Mitarbeiter zu sprenkeln und zu ihnen zu sprechen: ‚Nun seid ihr ermächtigt. Gehet hin und mehret euch.' Das funk-tioniert aber nicht, wenn die nicht mitmachen."[2]

2. Gründe für die Zurückhaltung der Mitarbeiter gegenüber Empowerment-Programmen

Warum lassen sich die Mitarbeiter nicht automatisch für ein Empower-ment begeistern? Die Antwort ist ganz einfach, daß dem Konzept trotz sei-ner offensichtlichen Vorzüge von vielen Seiten Widerstand entgegenge-bracht wird – von Managern, von vorhandenen Systemen mit altherge-brachten kulturellen Einstellungen und allzuhäufig auch von den Mitar-beitern selbst.

166

Widerstand aus den Reihen der Mitarbeiter ist am schwersten zu überwinden – aus vier Gründen:

– Die Leute sind die Veränderungen leid.
– Viele Mitarbeiter hegen begründete Skepsis gegenüber Empowerment.
– Die Mitarbeiter können sich für oder gegen eine Ermächtigung entscheiden.
– Nicht jeder möchte ermächtigt werden.

Die Erkenntnis und Überwindung dieser Hindernisse sind ein wichtiger erster Schritt zur Nutzung des Mitarbeiterpotentials auf der Durchführungsebene.

Die Leute sind die Veränderungen leid

Die meisten Empowerment-Initiativen erfolgen im Rahmen eines umfassenden und häufig schmerzhaften Veränderungsprogramms mit unternehmensweiter Umstrukturierung, Personalabbau und Änderung von Arbeitsplatzbeschreibungen. Wenn eine Empowerment-Initiative bei den einzelnen Mitarbeitern ankommen soll, muß somit als erstes erreicht werden, daß alle die Idee eines ständigen Wandels grundsätzlich befürworten. Die Autoren haben in einer früheren Studie ermittelt, daß die einzelnen Mitarbeiter unter Umständen Veränderungen selbst dann unterstützen, wenn ihnen dies keineswegs nur zum Vorteil gereicht. Dazu aber müssen die folgenden Kriterien erfüllt sein:

– Die Mitarbeiter verstehen, was die Veränderung bewirken soll und warum sie wichtig ist.
– Die Mitarbeiter verstehen und akzeptieren die Tragweite der Veränderung für sich und ihre Kollegen.
– Die Mitarbeiter sind überzeugt, daß man sie bei der Durchführung der Veränderung unterstützt.
– Die Mitarbeiter erkennen den Einsatz und die Unterstützung der Unternehmensleitung bei der Herbeiführung der Veränderung.
– Die Mitarbeiter sehen sich in der Lage, auf die Art und Weise der Durchführung und die Auswirkungen der Veränderung auf ihre eigene Arbeitssituation direkten Einfluß zu nehmen.

Viele Mitarbeiter hegen begründete Skepsis gegenüber Empowerment

In vielen Unternehmen wird das Bemühen, Akzeptanz für Veränderungen zu gewinnen, dadurch erschwert, daß die Mitarbeiter bereits früher unglückliche Erfahrungen mit falschen Ansätzen gemacht haben. Empowerment hat in vielen Betrieben einen schlechten Ruf bekommen: Vielfach war von Empowerment die Rede, wenn die Unternehmen Verantwortlichkeiten für bestimmte Aufgaben übertragen wollten, ohne jedoch entsprechende Kompetenzen abzutreten. So kann kaum überraschen, daß mancher Mitarbeiter Empowerment eher als ein Delegieren von Verpflichtungen denn als eine Form der Arbeitsplatzbereicherung versteht. Schärfer formuliert: Empowerment ist verschrien als eine Methode, Verantwortung auf die mit der Durchführung befaßten Mitarbeiter abzuwälzen, ohne sie dafür zu belohnen. Hier trifft die Bemerkung eines Fabrikarbeiters zu: „Empowerment ist gut und schön für Manager und Vorarbeiter, denn die können die Arbeit nach unten delegieren. Auf unserer Ebene gibt es aber keinen mehr, an den wir Arbeit delegieren könnten."

Als in einer großen Einzelhandelskette im Vereinigten Königreich ein Empowerment-Experiment durchgeführt wurde, reichte eine junge, äußerst vielversprechende Mitarbeiterin im Geschäft ihre Kündigung ein – mit dem folgenden Kommentar: „Zuerst habe ich gern hier gearbeitet, denn mehr Verantwortung wollte ich gar nicht haben. Jetzt erledigt das Arbeitsteam einen Großteil der Arbeit des Geschäftsführers, und dabei fühle ich mich nicht mehr wohl."

Wie viele andere Organisationen durchlief auch dieses Unternehmen zunächst eine Phase anfänglicher Begeisterung und hoher Motivation in einigen Arbeitsgruppen, wurde dann aber mit Forderungen nach höheren Gehältern konfrontiert, weil die Mitarbeiter einen Ausgleich dafür haben wollten, daß sie nunmehr „die Arbeit des Chefs" auch noch erledigen mußten.

Die Bedenken der Mitarbeiter waren berechtigt. Schließlich hatte das Unternehmen keinen Hehl daraus gemacht, daß es die Mitarbeiter ermächtigen wollte, um seine Umsätze und die Produktivität zu erhöhen. Das Unternehmen war also in erster Linie daran interessiert, sich eindeutig Vorteile zu verschaffen – warum sollten sich die Mitarbeiter nicht genauso verhalten?

Die Mitarbeiter können sich für oder gegen eine Ermächtigung entscheiden

Empowerment zählt schon deshalb zu den schwierigsten betrieblichen Veränderungen, weil das Konzept jeden Mitarbeiter persönlich betrifft und gänzlich optional ist.

Ob mit oder ohne Empowerment – die Mitarbeiter auf den unteren Ebenen einer Organisation haben in jedem Fall ein ungeheures Machtpotential, doch Unternehmenskulturen und Unternehmensstrukturen setzen der Bereitschaft der Mitarbeiter, ihre Macht zu nutzen, enge Grenzen. Empowerment bedeutet die Freisetzung – nicht die Übertragung – von Macht, sagt Richard Carver von der *Coverdale Organisation*.

Cary Cherniss, Leiter des mit Organisationsverhalten befaßten Programms an der *Graduate School of Applied Professional Psychology (Rutgers University)* stimmt zu:

„Die Mitarbeiter wählen selbst, ob sie ermächtigt werden wollen oder nicht. Die Unternehmensleitung kann hinderliche Vorschriften, Richtlinien und Verfahren aus dem Weg räumen. Die Führungskräfte können die Mitarbeiter nach ihrer Meinung befragen, den Antworten zuhören und auf gute Anregungen entsprechend reagieren, aber darüber hinaus sind Versuche zur Ermächtigung der Mitarbeiter ‚von oben' zum Scheitern verurteilt. Es ist für die Unternehmensleitung wie auch für einen externen Berater äußerst schwierig, Mitarbeiter zu ermächtigen. In gewisser Weise ist dies sogar ein Widerspruch. Man kann einem anderen keine Macht übertragen: Wenn Sie Ihren Mitarbeitern Macht übertragen, so bedeutet dies nichts anderes, als daß Sie Macht besitzen, Ihre Mitarbeiter aber nicht; und wer Macht zu vergeben hat, kann Macht auch wieder nehmen."[3]

John Burdett, stellvertretender Direktor eines kanadischen Verpackungskonzerns *(Lawson Mardon Group)*, meint in diesem Zusammenhang:

„Als Individuen und häufiger noch als Team haben die Arbeiter und Techniker die Macht, sich für ihre Arbeit zu begeistern oder nicht, sich für das Unternehmen zu interessieren oder nicht, für Qualität zu sorgen oder nicht. Es ist keineswegs so, daß Mitarbeiter keine Macht hätten, aber allzuhäufig wird die Macht, die sie haben, so kanalisiert, daß die Ziele und Vorhaben der Organisation mit den Zielvorstellungen der Mitarbeiter konfligieren."[4]

Bei den meisten erfolgreichen Empowerment-Programmen geht es im wesentlichen darum, diese beiden Zielvorstellungen aufeinander abzustimmen.

Nicht jeder möchte ermächtigt werden

Selbst wenn den Mitarbeitern klargemacht wird, daß ein Empowerment in ihrem eigenen Interesse liegt, gibt es immer noch Leute, die meinen, daß Empowerment für sie nichts sei. (Es spricht für sich, daß nur 49 Prozent der Informanten im Rahmen einer in Großbritannien durchgeführten Umfrage *(Employment in Britain Survey)* den Wunsch nach größerem Mitspracherecht bei Entscheidungen bezüglich ihrer Arbeitssituation äußerten.) Vielleicht meinen sie, ihr Gehalt sei bei Übernahme von noch mehr Verantwortung nicht hoch genug; vielleicht möchten sie ihre intellektuellen Energien in Aktivitäten außerhalb ihres Arbeitsplatzes einbringen; vielleicht aber haben sie, wie Cherniss meint, auch einfach nur Angst davor, ein höheres Maß an ungewohnter Macht und Verantwortung zu übernehmen.

„Wenn Mitarbeiter schon nicht die erforderlichen Sachkenntnisse und Fähigkeiten zur effektiven Bewältigung von Situationen besitzen, in denen sie bereits über erhebliche Selbständigkeit verfügen, kann die Übertragung weiterer Autonomie und Kontrolle buchstäblich ins Auge gehen", sagt Cherniss. „Wir müssen den Arbeitern also zu einem ‚Effizienzbewußtsein' verhelfen; wir müssen ihnen das Gefühl vermitteln, daß sie die Kenntnisse und Fähigkeiten zur Abwicklung organisatorischer Belange besitzen und ihre Selbständigkeit zur Erreichung hoher Arbeitsleistungen nutzen können."

3. Gründe für individuelle Verhaltensänderung

Bevor eine Verhaltensänderung möglich wird, durchlaufen die meisten Menschen verschiedene Bewußtseinsphasen:

- *Einsicht in die Notwendigkeit eines Wandels* – sowohl auf organisatorischer als auch auf individueller Ebene. Die einzelnen Mitarbeiter können nur dann einen echten, langfristigen Wandel vollziehen, wenn sie die zugrundeliegende Zielvorstellung und Begründung verstehen.
- *Akzeptanz der Notwendigkeit eines Wandels* – auf beiden Ebeñen. Ein einzelner Mitarbeiter mag die Notwendigkeit eines Wandels auf intellektueller Ebene einsehen, eine Verhaltensänderung aber erst dann vollziehen, wenn er die Notwendigkeit eines Wandels auch auf emotionaler Ebene erfaßt. Zu echtem Wandel kommt es erst, wenn der Betreffende das Problem internalisiert und die Verantwortung für weitere Maßnahmen übernimmt.
- *Bereitschaft zur Herbeiführung eines Wandels:* Wissen um die erforderlichen Maßnahmen ist nicht dasselbe wie die innere Bereitschaft zu ihrer Durchführung. „Echter Wandel vollzieht sich im Herzen, nicht im Kopf", sagt der Unternehmensberater Wally Cork. „Wenn die Leute die Notwendigkeit eines Wandels mit dem Verstand begreifen, kann es durchaus zu einer Veränderung kommen; doch ein effektiver, dauerhafter Wandel wird nur dann erreicht, wenn sie auch in ihrem Herzen davon überzeugt sind, daß sie ihr Verhalten ändern müssen."
- *Lernen und Planen:* Der Lernprozeß – sowohl die Aneignung der erforderlichen Kenntnisse und Fähigkeiten als auch die Möglichkeit zu ihrer Durchführung – muß in überschaubare Schritte unterteilt werden. Der Unternehmensberater Milo Lynch setzt ein dreiteiliges Lernmodell ein, um Mitarbeitern zu neuen Informationen und Verhaltensweisen zu verhelfen. Bei jeder einzelnen Aufgabenstellung rät er seinen Klienten, zunächst drei Aspekte zu klären:
  1. Zweckbestimmung – *warum* wird die Aufgabe durchgeführt?
  2. Endresultate – was soll letztlich erreicht werden?
  3. Erfolgskriterien – woran ist ein Erfolg zu messen?
- *Feedback:* Man selbst fällt nur zu leicht der Überzeugung anheim, man habe sein Verhalten geändert. Die Mitarbeiter benötigen daher objektive Anhaltspunkte seitens ihrer Führungskräfte, Kollegen und Untergebenen, die ihnen Auskunft darüber geben, ob und inwieweit sie sich wirklich geändert haben.

Am deutlichsten trägt jedoch die Einsatzbereitschaft für den Zweck eines Vorhabens dazu bei, daß tatsächlich eine dauerhafte Verhaltensänderung erzielt wird. Carver meint dazu: „Die Mitarbeiter ändern ihr Verhalten, wenn sie einen Grund dazu haben und dieser Grund ihnen persönlich etwas bedeutet." Die Bereitschaft zur Herbeiführung eines Wandels basiert seiner Ansicht nach auf der Einsicht und der Akzeptanz der Gründe für einen solchen Wandel sowie der Vorzüge, die sich aus seiner Implementierung ergeben.

Der Unternehmensberater Wally Cork bedient sich einer drastischen Vorgehensweise, wenn er Kursteilnehmern die Bedeutung einer *Zweckbestimmung* veranschaulichen will:

„Ich fordere die Teilnehmer auf: Springen Sie in den See. Natürlich sehen mich alle an, als ob ich völlig verrückt wäre; aber dann sage ich ihnen den Grund: Ein Kind ist am Ertrinken. Sofort ist jedem in der Gruppe klar, warum eine Aufgabe wichtig ist: Sie rennen los und zeigen Einsatz. Sobald die Leute den Zweck einer Aufgabe begreifen, ist es ein leichtes, ihre Umsetzung zu erreichen."

4. Schlüssel zur Freisetzung des Potentials bei den einzelnen Mitarbeitern

Die Barrieren gegen Empowerment lassen sich bei den Mitarbeitern nur durch konsistentes Vorgehen abbauen:

– Sorgen Sie dafür, daß die Mitarbeiter den Zweck der Empowerment-Initiative verstehen und sich dafür einsetzen.
– Bauen Sie die zu Anfang benötigten Fähigkeiten auf, und schaffen Sie Vertrauen.
– Erreichen Sie die Bereitschaft der Mitarbeiter zur Herbeiführung der Veränderungen.
– Geben Sie Parameter vor.
– Entwickeln Sie ein angemessenes Vergütungssystem.
– Schaffen Sie die Voraussetzungen für kontinuierliches Lernen.
– Unterstützen Sie die Mitarbeiter mit Informationen.

Sorgen Sie dafür, daß die Mitarbeiter den Zweck der Empowerment-Initiative verstehen und sich dafür einsetzen

Die Leute engagieren sich für eine Aufgabe weitaus stärker, wenn sie den zugrundeliegenden Zweck begreifen, sagt Carver. Er berichtet von einer Fabrik, die unbedingt ihre Betriebskosten reduzieren mußte:

„Die Manager gelangten zu der Ansicht, sie hätten alles getan, was in ihren Kräften stehe, aber mit der billigen Arbeitskraft im Ausland könnten sie nun mal nicht konkurrieren. Sie hielten die Schließung der Fabrik und damit die Entlassung der Belegschaft für die einzige Möglichkeit, die ihnen noch blieb.

Die Arbeiter bestanden jedoch darauf, sie könnten das Werk wieder in die schwarzen Zahlen bringen, wenn man ihnen eine Chance geben würde. Nach ausführlichen Diskussionen und mit etwas Unterstützung von außen gelang es den Mitarbeitern, die Betriebskosten um 40 Prozent zu reduzieren. Erreicht wurde dieses Ergebnis durch wohlüberlegte Vergabe von Unteraufträgen, Investition in neue, effizientere Ausrüstungen sowie Kosteneinsparungen. Der Zweck der Maßnahmen – der Erhalt der eigenen Arbeitsplätze – spornte die Leute zu Leistungen an, die sie sich selbst nicht zugetraut hätten.“

Bauen Sie Fähigkeiten auf, und schaffen Sie Vertrauen

Das Milchproduktunternehmen *Dairycrest Ingredients* im Vereinigten Königreich erntet bereits die Früchte seiner Bemühungen, die Produktionsarbeiter mit Empowerment auszustatten. So entwickelte eine Gruppe von Arbeitern in der unternehmenseigenen *Whitland*-Molkerei auf eigene Initiative hin verschiedene Möglichkeiten zur Reduzierung der Spülmittelkosten: Es gelang den Mitarbeitern, die Jahresrechnung für Reinigungsmittel in Höhe von 100000 Pfund um massive 25 Prozent zu kürzen!

„Dieses Beispiel ließ sich in Geldwerten bemessen, aber auch die Arbeitsmoral in diesem Molkereibetrieb hat sich erheblich verändert. Jeder Arbeiter fühlt sich persönlich motiviert, gute Arbeit zu leisten. Alle sehen, daß ihre eigenen Ziele, einen Arbeitsplatz zu haben und für ihre Familien Geld zu verdienen, in gutem Einvernehmen sind mit den Beziehungen zu den Kollegen und dem Bemühen, gemeinsam die beste Lösung für irgendein anstehendes Problem zu finden.“

Der obige Kommentar stammt von Peter Bennett, dem im Rahmen des beschriebenen Entwicklungsprojekts hinzugezogenen Berater. Weiter sagt er:

„Bei jeder Empowerment-Initiative stoßen Sie unweigerlich auf Leute mit negativen Einstellungen, aber in den meisten Fällen liegt dies daran, daß diese ihr eigenes Potential nicht erkennen oder nicht wissen, wie sie ihre Fähigkeiten weiterentwickeln können. Ich habe schon erlebt, daß Arbeiter, die früher so gut wie jede Anregung seitens des Managements abgelehnt hätten, ihre Haltung vollständig geändert haben. Sie sind jetzt konstruktiv bemüht, ihre Arbeit zu verbessern und die Produktivität zu erhöhen – nachdem sie gemerkt haben, daß die Führungskräfte zu Investitionen in ihre Weiterbildung bereit sind und daß entsprechende Möglichkeiten geschaffen werden, damit sie größere Zufriedenheit am Arbeitsplatz erlangen und vielleicht auch besser bezahlt werden.“

In einer der Beratungssitzungen bei *Dairycrest* schlug Bennett vor, ein Team solle eine Angelegenheit prüfen, die nur entfernt etwas mit der Abteilung zu tun hatte. Daraufhin erklärte einer der Teamarbeiter: „Machen Sie doch Ihren Sch... allein – das ist nicht mein Job.“ In einer solchen Situation, sagt Bennett, gibt es nur zwei Möglichkeiten: Entweder sieht man über die Reaktion hinweg und macht einfach weiter, oder man stellt sich der Herausforderung. Bennett entschied sich für letzteres und konterte: „Und Sie können mir mit Ihrem Sch...kommentar gestohlen bleiben.“ Der rebellische Arbeiter hüllte sich für den Rest der Sitzung in Schweigen.

Als Bennett sich später am Abend verabschiedete, kam der Mann auf ihn zu und entschuldigte sich für sein Verhalten – mit der Erklärung, er befinde sich gerade mitten in der Trennung von seiner Frau. Er lud den Berater zu sich nach Hause ein. Bei einem Glas Bier diskutierten die beiden dann nicht nur über Empowerment in der Molkerei, sondern auch über eine Menge anderer Dinge. Nach diesem Vorfall begann der betroffene Mitarbeiter, in der nunmehr durch Empowerment geprägten Arbeitsatmosphäre aufzublühen. Bennett meint dazu:

„Man muß dem Arbeiter auf seiner Ebene entgegenkommen. Häufig fühlt er sich durch das, was geschieht, eingeschüchtert oder bedroht. Oder er meint vielleicht, sein Beitrag würde nicht geachtet. Darum ist es wichtig, daß der Teamleiter oder Manager jeden Vorschlag konstruktiv aufnimmt, denn sonst gewinnt der Mitarbeiter den Eindruck, sein Beitrag sei es nicht wert, berücksichtigt zu werden, und dieser Eindruck kann schnell zur Ablehnung des Empowerment-Konzepts führen.

Natürlich gibt es auch immer Leute, die keine Verantwortung für ihr Vorgehen übernehmen wollen und Empowerment einfach ablehnen – solche Mitarbeiter werden dann eben von den eigenen Arbeitskollegen herausgedrängt oder gehen von selbst, weil ihnen das neue System nicht mehr behagt.

Zum Glück ist es nur eine sehr kleine Minderheit, die sich gegen eine Ermächtigung sträubt – die meisten Mitarbeiter begrüßen die Möglichkeit, ein Mitspracherecht in Arbeitsplatzfragen zu haben. Viele fühlen sich sogar geschmeichelt, wenn sie von der Unternehmensleitung zu hören bekommen, man schätze ihre Fähigkeiten und erwarte von ihnen, daß sie künftig eine größere Rolle spielen. Empowerment ist auch nicht notwendigerweise an höhere Löhne gebunden, denn im Grunde genommen macht es den Leuten Spaß, wenn sie bei der Arbeit den eigenen Verstand einsetzen können.“

Dennoch haben einige Management-Teams die bedauerliche Erfahrung machen müssen, daß nur ein umfangreiches Auswechseln der Belegschaft einer Empowerment-Initiative zum Erfolg verhelfen konnte. Dies jedenfalls mußte Dave Wiegand von der *Advanced Network Design Inc. (ADNET)* in seinem Betrieb feststellen.[5] Im Jahr 1988 rechnete sich Wiegand aus, daß ihm gerade noch 90 Tage blieben, bis er seinen Betrieb dichtmachen mußte. Mit dem kalifornischen Telekommunikationsunternehmen *La Mirada* ging es immer mehr bergab – weitgehend eine Folge seines fordernden Führungsstils: Je mehr er verlangte, desto stärker ging die Produktivität seiner damals 35 Mitarbeiter zurück. In seiner Unsicherheit, wie der rückläufigen Entwicklung seines Betriebs Einhalt zu gebieten war, zog er einen Krisenexperten hinzu.

Bei der Erarbeitung einer Strategie für *ADNET* empfahl der Berater dringend das Konzept einer Arbeitsplatzautonomie: Wenn Wiegand die richtigen Positionen mit den richtigen Leuten besetzen könnte und diesen dann

Entscheidungskompetenzen und Verantwortung zugestehen würde, hätte dies aller Wahrscheinlichkeit nach stärkere Motivation, bessere Arbeitsqualität, größere Arbeitszufriedenheit und geringere Fluktuation zur Folge.

Wiegand, eigenen Aussagen zufolge ein „Kontroll-Freak", willigte nach einigem Zögern ein. Allerdings war die dann folgende Umstellung so drastisch, daß eine große Anzahl der Mitarbeiter sich nicht anzupassen vermochte und letztlich aus dem Betrieb ausschied. Immerhin aber lernte Wiegand im Verlauf des Prozesses einiges über das menschliche Verhalten: Erstens können „Aktivisten" im Gegensatz zu „Initiatoren" mit ihrer Freiheit nicht so viel anfangen. Zweitens müssen vor der Einstellung von Mitarbeitern für einen bestimmten Arbeitsplatz unbedingt die spezifischen Anforderungen festgelegt werden. „Wir ermitteln 15 bis 20 Merkmale", sagt Wiegand. „Suchen wir einen Tüftler, der am Detail orientiert ist, oder einen Routinier, der sich auf gute Zeitplanung versteht? Entsprechend führen wir dann Interviews durch und lassen die Kandidaten Tests absolvieren, die erkennen lassen, ob sie die gewünschten Merkmale besitzen." *ADNET* kam nach Einführung dieser Strategie schnell auf die Beine – größtenteils mit neuer Besetzung.

Erreichen Sie die Bereitschaft der Mitarbeiter zur Herbeiführung der Veränderungen

Steven Brandt von der *Stanford Business School* hat bei Empowerment-Programmen, die mit Erfolg die Einsatzbereitschaft der Mitarbeiter auf der Durchführungsebene zu erzielen vermochten, einen gemeinsamen Nenner gefunden:[6]

„Das *Benchmarking*-Programm bei *Xerox*, das *Chimney-breaking*-Programm von *Ford* und so gut wie alle anderen erfolgreichen Programme zur Mitarbeitereinbeziehung, die ich untersucht habe, enthielten ausnahmslos einen Appell an die Mitarbeiter zur Verhaltensänderung: Jedem Mitarbeiter wurden mindestens zwei „Jobs" – zwei Verantwortungsbereiche – angetragen, wobei allen Mitarbeitern die erforderliche Unterstützung zuteil wurde, die sie brauchten, um in beiden Arbeitsbereichen gute Leistung zu erbringen.

In jedem Fall stellte der zweite Bereich eine umfassendere, eher gesamt-unternehmerisch orientierte Herausforderung dar. Und der breite Erfolg mit einer solchen Vielzahl an Techniken und Programmen bedeutet doch, daß die Mitarbeiter ihre Leistungen steigern, um den Erwartungen gerecht zu werden – ein Umstand, von dem ich seit langem überzeugt bin."

John Burdett von der *Lawson Mardon Group* stimmt dem zu:

„In einer auf Empowerment ausgerichteten Arbeitsumgebung ist jeder Ar-beitsplatz durch zwei Komponenten geprägt. Die erste Komponente be-trifft die Kernaktivitäten – Aktivitäten, die erfolgreich durchgeführt wer-den müssen, wenn der Mitarbeiter der grundlegenden Zweckbestimmung seines Arbeitsplatzes gerecht werden soll. Die zweite Komponente betrifft einen flexiblen Bereich, der von der Kompetenz des betreffenden Mitar-beiters abhängt und entsprechend erweitert werden kann. In diesem Be-reich sind Initiativen nicht nur möglich, sondern werden in einem er-mächtigten Betrieb auch aktiv unterstützt. Eine Überschneidung ver-schiedener Arbeitsplätze wird nicht etwa um jeden Preis vermieden, son-dern bietet vielmehr eine Möglichkeit für Informationsaustausch, Syner-gie und Innovation."[7]

Ein kurzer Blick auf weitere erfolgreiche Initiativen läßt ähnliche Zusam-menhänge erkennen:

- Bei *Johnsonville Foods*, einem Wurstfabrikanten in Wisconsin, stellen freiwillige Mitarbeiter aus dem Betrieb das Produktionsbudget auf. Zunächst hatte ein Finanzexperte bei dem Prozeß geholfen, doch in-zwischen ist er nur noch als Beobachter tätig.
- Bei *Walkers Smiths Snack Foods* wurden die Produktionsarbeiter, die tagtäglich ein bestimmtes Produkt herstellten, mit der Durchführung eines umfassenden Produktverbesserungsprojekts beauftragt. Wenn sie nicht gerade Schwachstellen analysierten oder Präsentationen vor der Unternehmensleitung hielten, waren sie mit dem Kochen, Braten und Verpacken ihrer Produkte beschäftigt.
- *Granite Rock*, ein kalifornischer Hersteller von Baumaterialien und Pflastersteinen, bietet einen derart unvergleichlichen Qualitäts- und Kundendienststandard, daß er einen Preisaufschlag von bis zu 6 Pro-zent bei Baustoffen wie Beton und Asphalt verlangen kann; seit 1987 konnte das Unternehmen seinen Marktanteil alljährlich vergrößern.

1992 wurde dem Unternehmen der *Malcolm Baldrige National Quality Award* zuerkannt.

Wie das kommt? In einem Industriebereich, in dem wohl kaum auf sämtlichen Unternehmensrängen gleichermaßen großartige Denkleistungen vonnöten sind, hat sich *Granite Rock* zu einer alle Ebenen integrierenden „Denkfabrik" entwickelt. Das Unternehmen beschäftigt 397 Mitarbeiter, und alle sind an mindestens einem der insgesamt über 100 Qualitätsteams aktiv beteiligt. Die Führungskräfte des Unternehmens sind überzeugt, daß die einzige Möglichkeit zum Erhalt der Wettbewerbsfähigkeit in einer halsabschneiderischen Industrie darin besteht, sämtliche Mitarbeiter zu unterstützen, ständig weiterzulernen und ihr Know-how in den Betrieb einzubringen.[8]

Geben Sie Parameter vor

Was Bob Freese, Geschäftsführer bei *Alphatronix Inc.* in North Carolina, besonderen Eindruck machte, war die Intensität, mit der die Leute arbeiten, wenn man ihnen die Möglichkeit zur eigenen Zielsetzung gibt. „Wir lassen uns von den Mitarbeitern sagen, bis wann sie ein Projekt durchführen können und welche Ressourcen sie dafür benötigen. In buchstäblich allen Fällen setzen sie sich höhere Ziele, als wir sie ihnen vorgegeben hätten."[9]

Doch inwieweit soll den Mitarbeitern die Festlegung der eigenen Ziele zugestanden werden? „Es ist nicht damit getan, die besten Leute einzustellen und sie dann sich selbst zu überlassen", sagt Curt Rawley, Geschäftsführer bei *Avid Technology* in Massachusetts. „Erforderlich ist vielmehr ein System, in dem sich Gewicht und Gegengewicht die Waage halten."[10]

Paul Taffinder, ein erfahrener Berater bei *Coopers Lybrand*, stimmt zu, daß Parameter und Grenzen beim Empowerment eine wichtige Rolle spielen.

„Wenn die Voraussetzungen dafür geschaffen werden, daß die Leute ihre Arbeit auf sehr hohem Niveau leisten können, sind ihnen die Verbindungen zu Lieferanten und Kunden viel deutlicher bewußt. Man kann die Mitarbeiter ermächtigen und ihnen sagen, daß es bestimmte Parameter gibt, die sie zu beachten haben. Dabei ist dann im Einzelfall zu entscheiden, wie man am besten vorgeht, um der jeweiligen Situation Rechnung zu tragen.

Jedenfalls führt Empowerment in einer übermäßig komplexen Situation, in der den Mitarbeitern keinerlei Grundregeln und Richtlinien genannt werden, geradewegs in eine Katastrophe."[11]

Aus diesem Grund stellen seiner Meinung nach *Deskilling* (Herabstufen von Arbeitsplätzen) und Empowerment nicht unbedingt konfligierende Konzepte dar:

„In gewisser Weise hat Empowerment insoweit mit *Deskilling* zu tun, als der Arbeitsplatz hinsichtlich seines Aufgabenbereichs besser abgegrenzt wird. Beispielsweise könnte man argumentieren, daß die Kassierer in den Supermärkten durch die Einführung von Scannern ermächtigt worden sind: Die Tätigkeit verlangt technisch geringere Fähigkeiten – die Ware braucht nur über ein Lesegerät geführt zu werden, das Eintippen von Preisen erübrigt sich. Andererseits hat der Kassierer jetzt die Möglichkeit, dem Kunden mehr Aufmerksamkeit zu widmen und beispielsweise auch komplexere Geldaktionen zu bewältigen."

Auch genau definierte Arbeitsplatzbeschreibungen sind mit Empowerment keineswegs unvereinbar, meint Carver:

„Die Frage ist, in welchem Umfang der Arbeitsplatz innovatives Denken zuläßt. In einigen Industriezweigen, beispielsweise in der petrochemischen Industrie, gibt es unter Umständen bürokratisch oder gesetzlich geregelte Verfahren, die es einzuhalten gilt, um nicht mit dem Gesetz in Konflikt zu geraten. Dagegen weist der Arbeitsplatz auch in einer solchen Industrie Bereiche auf, in denen Empowerment eine Rolle spielen kann – beispielsweise bei der Verbesserung der Sicherheitsvorkehrungen. Die Schwierigkeit in solchen Organisationen besteht darin, einen sinnvollen Ausgleich zu finden: Einerseits sollen die Mitarbeiter Innovationsbereitschaft entwickeln und freiwillig persönliche Verantwortung zur positiven Veränderung eines bestimmten Arbeitsbereichs übernehmen, und andererseits wissen sie, daß sie sich in anderen Bereichen ihres Arbeitsplatzes an detaillierte Vorgaben halten müssen."

Arbeitsplatzbeschreibungen spielen daher beim Empowerment eine wichtige Rolle. Man könnte sogar behaupten, daß sie in ermächtigten Betrieben noch wichtiger sind als in Unternehmen ohne Empowerment.

Arbeitsplatzbeschreibungen, die eine Ermächtigung vorsehen, unterscheiden sich jedoch auf grundlegende Weise: Sie sind in Form von Zielvorgaben und Erwartungen abgefaßt und stellen kein striktes Regelsystem dar. Sie führen im einzelnen aus, was der Mitarbeiter leisten soll, nicht aber, wie er dabei vorzugehen hat. Es geht um die Beschreibung der Funktionen, Rechte und Verantwortungen sowie einzelner Aufgabenstellungen, die der Mitarbeiter wahrnehmen soll.

Bei der Abfassung von Arbeitsplatzbeschreibungen für ermächtigte Mitarbeiter sollten die folgenden Kriterien berücksichtigt werden:

– *Zweckbestimmung:* Welchen Beitrag soll der betreffende Mitarbeiter zum Gesamtzweck der Organisation leisten? In welcher Weise wird von dem Betreffenden eine Beitragsleistung im Sinne der organisatorischen Zielsetzungen erwartet?
– *Funktionsbeschreibung:* Was wird von dem betreffenden Mitarbeiter erwartet? Beispielsweise könnte eine Funktionsbeschreibung für einen Kundendiensttechniker folgendermaßen aussehen:
  • Sie unterstützen das Unternehmen in seiner Verpflichtung gegenüber den Kunden, alle Kundendienstanforderungen innerhalb von drei Stunden zu erledigen.
  • Sie verbessern den Eindruck des Kunden vom Unternehmen durch Bereitstellung eines effizienten, professionellen und freundlichen Kundendienstes.
  • Sie betrachten jede Kundenbegegnung als eine Möglichkeit, den Wert unseres Dienstes am Kunden zu steigern.
– *Beschreibung von Verantwortungen:* Zu welcher Art von Unterstützung ist der betreffende Mitarbeiter gegenüber anderen Leuten im Unternehmen verpflichtet? Betrachten wir noch einmal das Beispiel eines Kundendiensttechnikers:
  • Sie lassen der Konstruktionsabteilung und der Marketing-Abteilung ein rechtzeitiges und genaues *Feedback* zukommen, sobald Sie Möglichkeiten zur Verbesserung von Produkten oder Dienstleistungen erkennen.
– *Beschreibung von Rechten:* Welche Ansprüche hat der betreffende Mitarbeiter gegenüber einzelnen Mitarbeitern und Abteilungen im Unternehmen? Der Kundendiensttechniker könnte beispielsweise ein Recht haben auf

- genaue, rechtzeitige Informationen über die Verfügbarkeit von Ersatzteilen,
- detaillierte Informationen über den Kundenstandort und alle früheren Kundendienstbesuche sowie
- Unterstützung seitens des Vorgesetzten bei Entscheidungen, wenn es um die Rückgewinnung von *Goodwill* eines unzufriedenen Kunden geht.

Norman Metzger, ein Management-Experte auf dem Gebiet des Gesundheitswesens, empfiehlt eine strukturiertere und in höherem Maß kontrollierte Vorgehensweise, um den Mitarbeitern eine klare Vorstellung davon zu vermitteln, was im Rahmen der Übertragung zusätzlicher Verantwortlichkeiten von ihnen erwartet wird.[12]

1. Geben Sie ein klares und einfaches Ziel vor.
2. Bestimmen Sie nicht automatisch Ihren besten Mitarbeiter für diese Aufgabe, zumal eine anspruchsvolle Aufgabe gerade einem durchschnittlichen Mitarbeiter die Möglichkeit zur Entfaltung seiner Fähigkeiten geben könnte. Fragen Sie, wer die Aufgabe freiwillig übernehmen möchte; Sie werden überrascht sein, welche Mitarbeiter sich melden.
3. Wenn Sie die Aufgabe dann einem Mitarbeiter zuweisen, erklären Sie ihm, warum Ihre Wahl auf ihn gefallen ist. Der Mitarbeiter erkennt auf diese Weise, daß Sie sein Urteilsvermögen schätzen und die Arbeit nicht willkürlich verteilen.
4. Sorgen Sie gegebenenfalls dafür, daß der Mitarbeiter auf seine neue Aufgabe vorbereitet wird. Zusätzliche Verantwortung sollte Vertrauen stärken; achten Sie darauf, daß die neue Aufgabe den Mitarbeiter herausfordert, ihn aber nicht überfordert. Wenn Sie über das Projekt diskutieren, sollten Sie den Mitarbeiter nach seinen Ideen fragen – er könnte das Problem in einem gänzlich anderen Licht sehen. Auch wird auf diese Weise sichergestellt, daß der Mitarbeiter das Projekt versteht.
5. Geben Sie dem Mitarbeiter den erforderlichen Rückhalt. Dies bedeutet nicht, daß Sie ihm vorschreiben, wie er etwas tun soll. Es bedeutet vielmehr, daß Sie alle erforderlichen Fakten bereitstellen, mit aller Vorsicht mögliche Vorgehensweisen ansprechen und die erwarteten Ergebnisse umreißen.
6. Legen Sie fest, wieviel Freiheit der Mitarbeiter in bezug auf die Un-

ternehmensressourcen hat, wie häufig Sie Nachprüfungen vornehmen wollen und wie seine Leistung zu bemessen ist.

7. Vereinbaren Sie Kontrollen – Budget- und Termineinhaltung sowie Zeitpunkt und Durchführung einer formalen Überprüfung.

8. Legen Sie eine Akte an, damit Sie rechtzeitig daran erinnert werden, wann Sie den Fortschritt des Projekts überprüfen müssen.

9. Sorgen Sie für positives wie negatives *Feedback*.

10. Nehmen Sie eine Beurteilung des Projekts nach Abschluß aller Arbeiten vor. Aktennotizen liefern Ihnen Anhaltspunkte dafür, was an dem Projekt gut beziehungsweise schlecht gewesen ist.

Entwickeln Sie ein angemessenes Vergütungssystem

Arbeitsplatzbeschreibungen, Funktionen, Verantwortungen und Erwartungen – es hilft alles nichts: Was springt für den einzelnen Mitarbeiter dabei heraus?

Größeres Mitspracherecht am Arbeitsplatz, die Chance zur selbständigen Durchführung eines Projekts, die Entfaltung persönlicher Kreativität und die Anerkennung der eigenen Vorstellungen werden von den meisten Mitarbeitern begrüßt, und langfristig kann jedes dieser Elemente die Mitarbeiter dazu motivieren, sich nach Kräften für ihre Arbeit einzusetzen. Doch das braucht Zeit, und viele Unternehmen sehen sich mit der Notwendigkeit konfrontiert, zu spontaneren und konkreteren Mitteln zu greifen, um Akzeptanz für die größeren Anforderungen zu gewinnen, die an die Mitarbeiter im Rahmen von Empowerment-Initiativen gestellt werden.

Tom Ehrenfeld vom Magazin *Inc* meint in diesem Zusammenhang: „Nichts stellt die Hierarchieverhältnisse und die Fairneß in einem Unternehmen so erbarmungslos bloß wie sein Vergütungssystem, und nichts kann die Mitarbeiter schneller demoralisieren als unfaire Vergütungssysteme."[13]

Vergütungssysteme reichen von kleineren Belohnungen für individuelle Leistungen und Vorschläge über Gewinnbeteiligung und gewinnabhängige Bezahlung bis hin zu Arbeitnehmeranteilen am Unternehmen. Effektiv sind Vergütungssysteme dann, wenn sie hinreichend große Geldsummen bereitstellen, als fair angesehen werden und so offensichtlich an die Arbeitssituation gekoppelt sind, daß die Mitarbeiter den Zusammenhang zwischen ihrem persönlichen Arbeitseinsatz, den Unternehmensgewinnen und der eigenen Lohntüte erkennen können.

Beispielsweise erhalten die Mitarbeiter bei *Mars* im Vereinigten Königreich immer dann eine Gehaltserhöhung, wenn das Unternehmen ein vorbestimmtes Wachstumsziel erreicht hat. Locksley Ryan, der frühere Leiter der Öffentlichkeitsarbeit bei *Mars*, gibt dazu die folgende Erläuterung:

„Einer solchen Gehaltsstruktur liegt das Prinzip zugrunde, daß man das Unternehmen auf die Erreichung eines bestimmten Wachstumsniveaus ausrichtet und jeder Mitarbeiter in jeder Phase entsprechend informiert ist. Im Idealfall sehen Sie dann nicht nur die bisher erzielten Fortschritte im Unternehmen, sondern sind auch in der Lage, diese Fortschritte mit Ihrer eigenen Aktivität in Verbindung zu bringen."[14]

Robert Frey, Eigentümer der *Cine-Made Corporation* in Cincinnati, Ohio, hat lange Zeit intensiv nach einem Gewinnbeteiligungssystem Ausschau gehalten, das seinen Anforderungen entspricht. Er habe, sagt er, „den Mitarbeitern einen Grund geben wollen, sich für das Unternehmen zu interessieren".[15]

„Ich wollte dieses Unternehmen mit meinen Mitarbeitern teilen. Anfangs wollte ich vor allem auch meine Sorgen, nicht nur den Gewinn, mit den Mitarbeitern teilen. Ich wollte, daß sie sich auch Sorgen machen. Ob sich wohl irgendeiner der Mitarbeiter am Wochenende Gedanken über die Unternehmensentwicklung machte und sich die Frage stellte, ob er in der vergangenen Woche die richtigen Entscheidungen getroffen hatte? Vielleicht ging ich von unrealistischen Erwartungen aus, aber genau diese Art von Einbeziehung der Mitarbeiter stellte ich mir vor."

Frey sagt, er sei von den Gewinnbeteiligungssystemen anderer Unternehmen, soweit er sie untersucht hätte, nicht sonderlich angetan:

„Alle Konzepte, die ich in der Literatur beschrieben fand, hörten sich manipulativ an. Die Bestimmungen konnten ohne Ankündigung verändert werden. Die Gewinnbeteiligung war in das Ermessen der jeweiligen Unternehmensleitung gestellt. Die Pläne waren nichts als Almosen – ein Akt der Barmherzigkeit. So überrascht auch nicht, daß solche Gewinnbeteiligungssysteme überhaupt keinen Kausalzusammenhang zwischen Produktivität und Profit, zwischen Arbeit und Erfolg, erkennen ließen. Ein weiteres Problem war die Komplexität der Bestimmungen. Am schlimmsten aber war, daß die im Rahmen dieser Systeme ausgezahlten Beträge nie besonders hoch waren. Meine Vorstellung hingegen war, viel Geld zu zahlen – so viel Geld, daß zwischen dem Arbeitseinsatz der Mitarbeiter und den Gewinnen, an denen sie beteiligt waren, ein konkreter Zusammenhang hergestellt wurde. Die Beträge sollten so hoch sein, daß sich jeder Mitarbeiter leidenschaftlich dafür einsetzte, die Kosten zu senken, den Umsatz zu steigern und Gewinne zu erwirtschaften.

Ich hatte etwas Radikales vor. Ich wollte die Gewinnbeteiligung – die variable Komponente – so hoch (mit zunehmender Tendenz) ansetzen, daß sie als Anreiz ausreichte, die Löhne – die fixe Komponente – auf ihrem derzeitigen Niveau „einzufrieren". Auf diese Weise würde sich das Geschäftsrisiko verringern, und gleichzeitig konnten wir unseren Mitarbeitern immer höhere Belohnungen in Aussicht stellen. Meine Mitarbeiter sollten die Gewinne mit mir teilen, aber sie sollten auch meine Ängste teilen."

Frey entschied sich für eine 30prozentige Gewinnbeteiligung – den Höchstsatz dessen, was er nach Abzug von Steuern, Investitionen und dem eigenen Gehalt einbringen konnte.

„Ich wollte eine Struktur mit erkennbarem *Ursache/Wirkung*-Zusammenhang schaffen und die Möglichkeit so großer Gehaltserhöhungen bieten, wie dies die Mitarbeiter noch nicht erlebt hatten; aber erst mußte das Geld erwirtschaftet werden. Gewinnbeteiligung war nur zum Teil eine Frage der Fairneß. Für mich bestand eine noch wichtigere Zielsetzung darin, meinen Mitarbeitern die Augen zu öffnen, woher die Löhne kamen und welcher Zusammenhang zwischen Vergütungsleistungen und Gewinnen bestand."

Das wohl ermutigendste Ergebnis ist darin zu sehen, daß in allen Unternehmen, denen es mit Hilfe von Gewinnbeteiligungssystemen gelungen ist, „den Mitarbeitern einen Grund zu geben, sich für das Unternehmen zu interessieren", die finanzielle Motivation letztlich zweitrangig wird. 1992 hatte die Rezession bei *Ericsson General Electric* zur Folge, daß die Mitarbeiter zwei Jahre lang keinen Gewinnbeteiligungsbonus erhielten.[16] Doch dies schien der Begeisterung der Belegschaft für den unternehmensweiten Gewinnbeteiligungsplan keinen Abbruch zu tun. Die Mitarbeiter äußerten zwar gegenüber Bob Filipczak vom Magazin *Training*, sie vermißten den Bonus und hofften, bald wieder einen solchen zu bekommen, aber dies war ihnen offensichtlich nicht das Wichtigste. Selbst ohne besondere finanzielle Vergütung legten sie in dem Jahr 4900 Vorschläge vor – das Maximum an Vorschlägen seit Einführung des Systems.

Natürlich vermag lediglich die Aussicht auf zusätzliche Vergütung noch keine dauerhafte Leistungssteigerung seitens der Mitarbeiter sicherzustellen; die Mitarbeiter brauchen eine gewisse Anleitung zur Kostenreduzierung und ein gewisses Maß an Schulung, um entsprechende Maßnahmen durchführen zu können.

Schaffen Sie die Voraussetzungen für kontinuierliches Lernen

Es ist sowohl ineffektiv als auch unfair, von den Mitarbeitern größere Einsatzbereitschaft zu erwarten, ohne ihnen die Fähigkeiten und Techniken zu vermitteln, die sie benötigen, um die an sie gestellten Erwartungen zu erfüllen. Zum Glück investieren die Unternehmen inzwischen bereitwilliger in die Schulung und Weiterbildung ihrer Mitarbeiter. Zwar geschieht dies nicht immer mit der Absicht, den Mitarbeitern zu Empowerment zu verhelfen, aber häufig ist genau dies das Ergebnis.

Schulung bedeutet mehr als nur die Vermittlung von Fähigkeiten – Schulung ist auch ein Beweis dafür, daß sich das Unternehmen für seine Mitarbeiter einsetzt und ihnen Vertrauen entgegenbringt, schreibt Tom Ehrenfeld vom Magazin *Inc*:

„Schulung ist ein Akt der Offenbarung des Grundvertrags zwischen einem Unternehmen und seinen Mitarbeitern: Schulung weist aus, daß ein Unternehmen um seine Zukunft bemüht ist und darauf vertraut, daß seine Mitarbeiter in der Lage sind, neue Fähigkeiten zu erlernen, größere Verantwortung zu übernehmen – und Mißerfolge zu riskieren. Auch auf der Seite des Arbeitgebers ist ein Risiko in Kauf zu nehmen. So mancher Unternehmensleiter weiß ein Lied zu singen von Mitarbeitern, die nach Abschluß ihrer Schulung kurzerhand den Hut nahmen."[17]

Die Mitarbeiter ihrerseits beklagen sich darüber, die Schulungsmaßnahmen seien häufig nur unsystematisches Stückwerk. Viele vertreten die Ansicht, sie könnten von den Schulungskursen weitaus mehr profitieren, wenn ihnen der Kontext und der Sinn der Schulung verdeutlicht würden. Eine Gruppe von Fabrikarbeitern drückte dies gegenüber den Autoren mit den folgenden Worten aus: „Die schicken uns auf Kurse, aber uns wird nicht gesagt, was das eigentlich soll. Wir könnten viel mehr davon haben, wenn wir wüßten, worauf das letztlich abzielt."

Aus der in Großbritannien durchgeführten Erhebung zur Arbeitssituation *(Employment in Britain Survey)* geht hervor, daß inzwischen einer weitaus höheren Zahl von Mitarbeitern Schulungen seitens ihrer Arbeitgeber – und dies über längere Zeit hinweg – angeboten werden als noch Mitte der 80er Jahre. Dennoch gilt es einen beträchtlichen Schulungsrückstand aufzuholen: Von fünf Mitarbeitern, die sich in Zukunft eine Weiterbildung wünschen, äußert einer den Eindruck, daß ihm eine solche aller Wahrscheinlichkeit nicht zugestanden wird. Hinzu kommt, daß Mitarbeiter ohne Qualifikationen oder in weniger anspruchsvollen Positionen die geringsten Aussichten auf eine Teilnahme an Schulungsmaßnahmen haben.[18]

Allerdings sind Empowerment-Erfolge nicht notwendigerweise an massive formelle Schulungen gebunden, sagt Marc Tucker, der Vorsitzende vom *National Center on Education and the Economy in Rochester*, New York. „Den Leuten muß nur die Möglichkeit zum Lernen geboten werden."[19]

Bei *Johnsonville Foods* wird genau dieses Prinzip verfolgt: Das Unternehmen bietet den Mitarbeitern Möglichkeiten zum Lernen um des Lernens willen – in der Überzeugung, daß sich lebenslange Lerngewohnheiten auch am Arbeitsplatz positiv auswirken. Die Personalabteilung bei *Johnsonville* ist zum *„Personal Development Lifelong Learning Department"* umfunktioniert worden und läßt somit schon in ihrer Bezeichnung den Stellenwert eines lebenslangen Lernens deutlich werden: „Die Mitarbeiter suchen einen Berater auf, der ihnen hilft, ihre Ziele und Träume zu verbalisieren – gleich, ob sie nun den Posten eines stellvertretenden Geschäftsführers anstreben, ihre Kinder durch die Schule bringen oder Rosen züchten wollen. Jeder Mitarbeiter bekommt einen kleinen Betrag in Höhe von 100 Dollar im Jahr zugeteilt, die er für ein Projekt einer persönlichen Weiterentwicklung seiner Wahl ausgeben kann. Einige Mitarbeiter besuchen ein College oder eine weiterführende Schule, andere nehmen an einem Kochkursus teil. Für größere Unkosten, beispielsweise für Ausbildungslehrgänge, können die Mitarbeiter auch Stipendien erhalten."[20]

Und was hat *Johnsonville* davon? Eine ganze Menge, behauptet der Hauptgeschäftsführer Ralph Stayer. „Unsere Mitarbeiter sind Aktivposten, keine Passivposten. Sie zeigen größere Bereitschaft, sich zu verändern und die Zusammenhänge zu hinterfragen. Wenn sie die Erfahrung machen, daß sie in ihrem Privatleben etwas verändern können, bringen sie diese Einstellung auch an ihren Arbeitsplatz mit."

Rover UK wendet dasselbe Prinzip an: Das Unternehmen bietet seinen Mitarbeitern einen jährlichen Zuschuß, um sich auf einem Gebiet ihrer Wahl weiterzubilden. Auch die Unternehmensleitung bei der *Luitink Manufacturing Company* in Wisconsin vertritt eine gleichermaßen holistische Auffassung von Aus- und Weiterbildung.[21] Die Unternehmensleitung bei *Luitink* definierte „Schulung" in einer neuen Bedeutungsvariante als „Lernprozeß, der sich bei der produktiven Zusammenarbeit der Mitarbeiter abspielt". „Zunächst denkt man natürlich an eine technische Schulung", sagt Joe Hauk, Produktionsdirektor bei *Luitink*. „Aber wir haben uns von einem autokratischen Unternehmen zu einem Unternehmen gewandelt, in dem viel Wert auf Empowerment und Teambildung gelegt wird. Und während dieses Wandels haben wir allmählich begriffen, daß Schulung ein Interaktionsprozeß unter den Mitarbeitern ist." Entsprechend bedeutet Schulung bei *Luitink*, daß man die Voraussetzungen für einen Wissenstransfer von Mitarbeiter zu Mitarbeiter schaffen muß. „Es scheint zu funktionieren", berichtet Ehrenfeld:

„Vor fünf Jahren führte der Drucker John Hausner lediglich die ihm vorgeschriebenen Handgriffe aus; wenn ein Maschinenwechsel fällig war,
zog er sich zurück und überließ den Mechanikern das Feld. Heute aber hat
er sich einige der notwendigen Fertigkeiten angeeignet und Verantwortung von seinen Teamkollegen übernommen: Er hat gelernt, die Stempel
selbst auszuwechseln, was den Mechanikern die Möglichkeit gibt, sich auf
handwerklich anspruchsvollere Aufgaben wie das Stempelschleifen zu
konzentrieren."

Hauk meint dazu: „Früher hielten wir es für richtig, die Mitarbeiter aufgrund ihrer bereits vorhandenen Fähigkeiten einzustellen. Heute aber sind
wir überzeugt, daß wir besser einen Mitarbeiter einstellen, der die richtige
Einstellung und den Wunsch zum Lernen hat, um aus ihm den besten Maschinenarbeiter der Welt zu machen."

Werfen wir auch einen kurzen Blick auf die beträchtlichen Gewinnver-
besserungen, die ein *IBM*-Werk mit seiner neuen Einstellung zu Schulung
und Weiterbildung erzielen konnte.

Im Jahr 1985 beschäftigte das *IBM*-Werk in Austin, Texas, mit seiner Produktion von gedruckten Leiterplatten zu viele Mitarbeiter, blieb mit seiner Produktion zurück und mußte Verluste in Höhe von 60 Millionen
Dollar im Jahr hinnehmen.[22] Auf einen Fließbandarbeiter kamen je drei
Hilfsarbeiter; das Unternehmen brauchte eindeutig weniger, aber besser
ausgebildete Arbeitskräfte. Anstatt nun die Arbeiter durch anderes Personal zu ersetzen (was der Unternehmenspolitik keineswegs entsprochen
hätte) oder einem Bereich mit noch niedrigerer Lohnstufe zuzuweisen
(wie in Mexiko geschehen), entschied sich das Unternehmen für die Einführung eines Weiterbildungsprogramms: Die Zahl der Hilfskräfte wurde
reduziert, aber gleichzeitig wurden die freigewordenen Mitarbeiter so um-
geschult, daß sie umfassendere Aufgaben übernehmen konnten.

Im Rahmen dieses Programms *(Manufacturing Technical Associates,
MTA)* wurden die bisherigen 200 Arbeitsplatzklassifikationen auf sieben
Kategorien reduziert. Die Arbeiter der untersten Kategorie verbringen
mehr als 90 Prozent ihrer Arbeitszeit mit Produktionsarbeiten, während
die übrige Zeit technischen Aufgaben wie beispielsweise der Material-

prüfung gewidmet ist. Je mehr Fertigkeiten ein Arbeiter erlernt hat und je höher er bezahlt wird, desto mehr verschiebt sich der Proporz. Doch selbst die Arbeiter in der Kategorie Eins brauchen bis zu 40 Stunden Unterricht, bei dem ihnen technische Fertigkeiten, aber auch Grundkenntnisse im Rechnen und Lesen vermittelt werden. Abe Clay, der Produktionsleiter in diesem Werk, meint, all die Mängel hinsichtlich der Grundausbildung der Arbeiter hätten ihn weniger überrascht als das ungenutzte Potential der 800 Mann starken Belegschaft. „Wir hatten viele Leute, denen man die eine oder andere Aufgabe überhaupt nicht zugetraut hätte. Das hat mir zu denken gegeben – wir haben die vorhandenen Fähigkeiten vieler Mitarbeiter wohl immer noch nicht richtig genutzt."

Die neue Struktur hat zudem die früher eher undurchsichtige Arbeitsplatzsituation transparent gemacht und verdeutlicht, was das Unternehmen von seinen Mitarbeitern erwartet. „Das zeigt mir auch meine Grenzen", sagt Jerry Schiappa, Arbeiter in Kategorie Fünf. „Jetzt habe ich zum erstenmal begriffen, was ich tun muß, um in die nächste Kategorie aufzusteigen."

Das Programm übertraf alle Erwartungen. In sieben Jahren hat sich die Produktivität verdoppelt, die Lagerhaltung konnte um 40 Prozent reduziert werden, die Produktion ist gestiegen, und es wurde eine 5prozentige Qualitätsverbesserung erzielt. *IBM* hat inzwischen etwa zwei Drittel seiner 30000 Arbeiter an *MTA*-Programmen oder vergleichbaren Schulungskursen teilnehmen lassen.

Das Unternehmen *Triton Industries* in Chicago hatte ähnliche Erfolge zu verbuchen.[23] Als Chico Lopez vor neun Jahren seine Arbeit bei *Triton* aufnahm, konnte er nur Haare schneiden. Fünf Jahre Friseurtätigkeit hatten ihm in keiner Weise die Fähigkeiten vermittelt, die er zum Schneiden und Formen von Metall brauchte. Doch drei Monate nach seinem Arbeitsantritt bei *Triton* als Aushilfskraft war Lopez schon vollzeitig als Maschinenarbeiter beschäftigt, und ab da nahm seine fachliche Aus- und Weiterbildung ihren Lauf. Zuerst besuchte er einen Kursus über Sicherheitsfragen bei der Arbeit an Maschinen, der von einem lokalen Fachverband durchgeführt wurde; dann folgten Kurse über Präzisionsinstrumente und Blaupausenlesen bei *Triton*. Schließlich nahm Lopez an Management-

Kursen teil – angefangen mit der Mitarbeitermotivation bis hin zu *Total Quality Management (TQM)*. Heute ist er der führende Mann in der Stempelabteilung und verdient dreimal soviel wie zu Anfang. Daß Lopez in einen gutbezahlten, technisch anspruchsvollen Job aufsteigen konnte, ist aber keineswegs die Ausnahme. Fast alle Vorarbeiter bei *Triton* haben ihre Positionen deshalb bekommen, weil sie sich im Unternehmen selbst oder mit Unterstützung des Unternehmens neue Fertigkeiten angeeignet haben. Für den Produktionsleiter Jeri Barr ist der Grund ganz offensichtlich: „Wir konnten einfach nicht so weitermachen wie noch vor zwei Jahren."

Bei *Triton* verdienen Arbeiter nach Abschluß der ersten acht Wochen eines 32wöchigen Kurses über Blechverarbeitung 225 Dollar; je mehr Kurse sie besuchen, desto höher wird der Vergütungsanreiz.

Auch *Ashton Photo* in Salem, Oregon, belohnt seine Mitarbeiter für ständiges Lernen: Die Bezahlung richtet sich nicht nur nach den Fähigkeiten, die der Betreffende an seinem Arbeitsplatz einsetzt, sondern auch nach den Fähigkeiten, die er sich aneignet und unterrichtet.[24] Die Mitarbeiter definieren und stufen die für den Produktionsprozeß im Unternehmen entscheidenden Fähigkeiten selbst ein. Um die Bezahlung zu bestimmen, schätzen sie ihre eigene Leistungsstärke in bezug auf diese Fähigkeiten ein. Da das Unternehmen kontinuierliche Verbesserungen über Schulungsmaßnahmen in verschiedenen Arbeitsbereichen anstrebt, gilt es als höchste Stufe der Beherrschung einer Fertigkeit, andere darin zu unterrichten.

„Die Leute wissen, daß sie um so mehr erreichen, je mehr sie lernen", sagt Karen Welch, die innerhalb eines Jahres von einer Photomontage-Arbeiterin zur Vorarbeiterin aufgestiegen war. „In dem einen Jahr habe ich Druckaufbereitung, Dateneingabe und Drucken gelernt – aus jedem Bereich etwas – und vor allem den größeren Zusammenhang begriffen." Der *Ashton*-Eigentümer, Steve Ashton, versichert, der Plan habe sich ausgezahlt: In den letzten sechs Jahren hat das Unternehmen seinen Umsatz verdoppelt, ohne neue Mitarbeiter einstellen zu müssen.

Doch selbst das gründlichste Schulungsprogramm vermag noch kein echtes Empowerment in einer Organisation zu bewirken, schreibt der Management-Journalist Peter Kizilos:

„Aus- und Weiterbildung ist sicher mit einem gewissen Potential in Richtung Verhaltensänderung verbunden, aber es ist bei weitem keine leichte Schulungsaufgabe, die Einstellung der Mitarbeiter auf Empowerment auszurichten und aus einem bürokratischen Drückeberger einen Mitarbeiter zu machen, der Risiken eingeht, Initiativen ergreift, Probleme löst und die Aufgaben anpackt. Das würde sogar dann zutreffen, wenn es nicht noch obendrein Hindernisse außerhalb des Einflußbereichs des Schulungsleiters gäbe – und die gibt es zuhauf.

Organisatorische Trägheit hält die Mitarbeiter eher davon ab, ein Empowerment-Verhalten an den Tag zu legen. Langjährig und sorgsam gehegte Domänen fallen nicht plötzlich über Nacht in sich zusammen; es könnte sich sogar erweisen, daß die Einstellungen kontrollorientierter Führungskräfte so gut wie gar nicht zu ändern sind.“[25]

Unterstützen Sie die Mitarbeiter mit Informationen

So manche Empowerment-Initiativen scheitern trotz umfassender Schulungsmaßnahmen, weil es den Organisationen nicht gelingt, ihren Mitarbeitern Zugang zu den Informationen zu verschaffen, die sie benötigen, um ihre neuerworbenen Fähigkeiten zu nutzen.

Umgekehrt ist für viele Empowerment-Organisationen gerade die Offenlegung der Bücher vor den Mitarbeitern ein erster Schritt zur Verdeutlichung des angestrebten Wandels. Bei *Ford* in Großbritannien zum Beispiel bestand eine der ersten Krisenmaßnahmen in der Einführung einer unternehmenspolitischen Richtlinie, derzufolge den Mitarbeitern sämtliche Unternehmensinformationen zugänglich gemacht wurden. Andy Richards, Gewerkschaftsvertreter *(Transport and General Workers Union)* in Bridgend, sagt dazu: „Was die Zusammenarbeit zwischen Management und Gewerkschaft betrifft, so verfolgen wir hier ein gemeinsames Ziel: Der Betrieb muß florieren.“[26]

Hal Rosenbluth, Geschäftsführer von *Rosenbluth Travel* in Philadelphia, bedient sich einer eher ungewöhnlichen Methode des Informationsaustauschs mit seinen Mitarbeitern vor Ort:

Er schwört auf die Politik der „offenen Tür", aber bei 2500 Mitarbeitern, zudem über 300 Städte verteilt, würde es seiner Schätzung nach wohl anderthalb Jahre dauern, um jeden Mitarbeiter einmal aufzusuchen. Also lädt er an drei Tagen in der Woche ein bis zwei Mitarbeiter zu einem Besuch ein. Diese „Mitarbeiter des Tages" nehmen an Kundenbesprechungen, Sitzungen und allen sonstigen Terminen teil, die an dem Tag anstehen. Sie werden gebeten, sich des ihnen entgegengebrachten Vertrauens würdig zu erweisen, aber sie bekommen buchstäblich alles vom Geschäftsalltag bei *Rosenbluth* mit – einmal sogar die Leistungsüberprüfung eines der Direktoren, der ebenfalls nichts einzuwenden hatte.

Die Mitarbeiter haben auch Zugang zu den Gewinn- und Verlustrechnungen und erhalten zwischen den Terminen und Besprechungen Gelegenheit, ihre Beobachtungen zu hinterfragen oder zu kommentieren. *Rosenbluth* zufolge trägt das Programm dazu bei, daß „die Mitarbeiter begreifen, worum es beim Prozeß der Entscheidungsfindung eigentlich geht"; gleichzeitig wird er selbst „laufend unterrichtet" über die Vorgänge vor Ort. Hinzu kommt, so sagt er, daß „die Gespräche mit dem Mitarbeiter im Verlauf eines Tages ein recht gutes Gespür dafür vermitteln, wer als künftige Führungskraft im Unternehmen in Frage kommt".[27]

Bei *Buckingham Foods* hatte die Unternehmensleitung erkannt, daß die Chance des Unternehmens zur Erreichung seiner Gewinnziele am ehesten in einer Produktionssteigerung zu sehen war. Doch der geschäftsführende Direktor Peter Halman sagt: „In Ermangelung relevanter und neuer Daten konnten die Vorarbeiter die erforderlichen Produktionsentscheidungen nicht treffen. Wir haben erkannt, daß wir nur dann ein Optimum aus dem Geschäft herausholen können, wenn wir über genaue, leistungsorientierte Daten verfügen, die allen Mitarbeitern die richtigen Entscheidungen zum richtigen Zeitpunkt ermöglichen."[28]

Die Mitarbeiter bei *Buckingham* wurden über die neuesten Angaben zur Auftragslage und zur Terminsituation informiert und richteten die Produktion entsprechend darauf aus – mit angemessenem Personaleinsatz und der Bestellung von gerade so viel Material, daß die Aufträge ohne Materialverluste durchgeführt werden konnten. Daraufhin gelang es dem Unternehmen (einem *Sandwich*-Hersteller mit Verkaufsstellen in guter Geschäftslage), innerhalb von 30 Wochen 800000 Pfund bei einem Umsatz von 30 Millionen Pfund einzusparen, ohne größere Technologie- oder Kapitalinvestitionen vorzunehmen. Das Unternehmen verzeichnete auch eine 25prozentige Verbesserung in bezug auf sein Jahresgewinnziel und konnte mit einer gleichbleibenden Belegschaft von etwa 500 Mitarbeitern mehr Aufträge bewältigen.

„Es ging vor allem darum, die Mitarbeiter vor Ort zu bewegen, selbst Entscheidungen zu treffen und für die Abwicklung der Aufträge zu sorgen", sagt Halman. „Sie waren es, die am meisten davon verstanden und den Prozeß effektiver gestalten konnten."

5. Schlußfolgerung

Die einzelnen Mitarbeiter sind die Basiseinheit einer jeden Empowerment-Initiative. Zwar sind es auch einzelne Mitarbeiter, die unter Umständen den größten Widerstand gegen Empowerment leisten, doch gerade sie können letztlich am meisten davon profitieren. Um solchen Widerstand zu positivem Wandel umzuformen, muß der Zweck einer Empowerment-Initiative allen Mitarbeitern begreiflich gemacht werden.

Das vorliegende Kapitel handelte in erster Linie von den Belangen der Mitarbeiter in Produktionsbetrieben. Im folgenden Kapitel wollen wir uns nun den besonderen Anforderungen der Mitarbeiter in Dienstleistungsunternehmen zuwenden.

6. Literaturhinweise

[1] Brandt, S.C. (1991) „Bring your brains to work please", *Stanford Business School Magazine*, Dezember 1991

[2] „Empowerment, a leap of faith?", *Management Training*, August 1993 (Name des Verfassers nicht bekannt)

[3] Kizilos, P. (1990) „Crazy about empowerment", *Training*, Dezember 1990

[4] Burdett, J.O. (1991) „What is empowerment anyway?", *Journal of European Industrial-Training*, Bd. 15, Nr. 6, 1991

[5] Finegan, J.O. (1993) „People power", *Inc*, Juli 1993

[6] Brandt, S.C. (1991) „Bring your brains to work please", *op. cit.*

[7] Burdett, J.O. (1991) „What is empowerment anyway?", *op. cit.*

[8] Austin, N.K. (1993) „Where employee training works", *Working Woman*, Mai 1993

[9] Fenn, D. (1993) „Bottoms up", *Inc*, Juli 1993

[10] *Ibid.*

[11] Oates, D. (1993) *Leadership: The Art of Delegation* (London: Century Business Books)

[12] Metzger, N. (1990) „Hanging on to what you've got", *Health and Manpower Management*, Januar 1990

[13] Ehrenfeld, T. (1993) „Cashing in", *Inc*, Juli 1993

[14] Jackson, S. (1991) „Empowerment to the people?", *Director*, April 1991

[15] Frey, R. (1993) „Empowerment or else", *Harvard Business Review*, September/Oktober 1993

[16] Filipczak, R. (1993) „Ericsson General Electric, the evolution of empowerment", *Training*, September 1993

[17] Ehrenfeld, T. (1993) „School's in", *Inc*, Juli 1993

[18] *Employee Commitment and the Skills Revolution.* The Policy Studies Institute, Juni 1993 (Teil einer zur Arbeitssituation in Großbritannien durchgeführten Erhebung: *Employment in Britain Survey*)

[19] Ehrenfeldt, T. (1993) „Cashing in", *op. cit.*

[20] Stewart, T.A. (1989) „A user's guide to power", *Fortune*, 6. November 1989

[21] Ehrenfeld, T. (1993) „School's in", *op. cit.*

[22] Gapper, J. (1992) „Workers who want to make the grade", *Financial Times*, 5. Oktober 1992

[23] Ehrenfeld, T. (1993) „School's in", *op. cit.*

[24] Ehrenfeld, T. (1993) „Cashing in", *op. cit.*

[25] Kizilos, P. (1990) „Crazy about empowerment", *op. cit.*

[26] „Bridgend spears Ford revolution", *The Times,* 24, September 1992

[27] Peters, T. (1990) „Associates spend a day in the executive suite", *On Achieving Excellence*, August 1990

[28] Hewson, D. (1993) „Try a taste of something different", *The Sunday Times*, 17. Oktober 1993

194

Kapitel 7

Empowerment auf dem Dienstleistungssektor

Jemanden von rigoroser Kontrolle zu befreien ... und ihm die Freiheit zu geben, selbst die Verantwortung für seine Ideen, Entscheidungen und Aktionen zu übernehmen, bedeutet die Freisetzung verborgener Ressourcen, die andernfalls weder dem einzelnen noch der Organisation zugänglich gewesen wären.

Jan Carlzon, früherer Hauptgeschäftsführer bei SAS Scandinavian Airlines System

Sie können unmöglich von den Mitarbeitern optimalen Einsatz, Engagement und Aufmerksamkeit für Aspekte verlangen, die Sie für Ihre Kunden und die langfristigen Interessen Ihrer Organisation für wichtig halten, wenn Sie unternehmenspolitische Richtlinien und Verfahrensweisen festlegen, bei denen die Mitarbeiter wie Diebe und Banditen behandelt werden.

Tom Peters, Unternehmensberater und Autor

Wir haben endlich begriffen, daß wir für jedes Paar Hände, die wir einstellen, einen Kopf umsonst bekommen. Warum sollten wir den nicht nutzen?

Anonym gebliebener Hauptgeschäftsführer

In mancher Hinsicht haben Dienstleistungsunternehmen beim Empowerment ihrer Organisationen mehr zu gewinnen als Produktionsunternehmen: In den meisten Fällen sind Wettbewerbsvorteile nur über die eigenen Mitarbeiter und die Qualität der von ihnen erbrachten Dienstleistungen zu erreichen. Viele führende Dienstleistungsorganisationen – zum Beispiel

195

Holiday Inn, Marriott Hotels und *Avis Rent-a-Car* – haben einen solchen Wettbewerbsvorteil dadurch erreicht, daß sie ihrem Personal die Freiheit einräumen, in der konkreten Situation eigenverantwortlich zu entscheiden, was für die Kunden am besten ist.

Dennoch: Empowerment auf dem Dienstleistungssektor ist ein riskantes Geschäft. Wenn beispielsweise ein ermächtigter Klempner ein neues Verfahren ausprobieren will, kann er dies in einer kontrollierten Arbeitsumgebung tun – auf Kosten eines erhöhten zeitlichen und materiellen Aufwands. Dagegen müssen die Mitarbeiter in Dienstleistungsunternehmen mit „Echtzeit" experimentieren – vor „echten" Kunden. Wenn etwas schiefläuft, gibt es kein Netz, das sie auffängt.

Richard Segalowitch von *Club Med* hat anläßlich einer Konferenz 1993 einmal gesagt: „Wenn der Hauptgeschäftsführer in einem Industrieunternehmen sein Produkt definiert, wird er aller Wahrscheinlichkeit nach ein einheitliches Resultat bekommen. In einem Dienstleistungsunternehmen ist die Erzielung einheitlicher Ergebnisse eher unwahrscheinlich. Hinzu kommt, daß Dienstleistungen in Gegenwart des Kunden erbracht werden, so daß unweigerlich auch Fehler passieren."

Empowerment hat in Dienstleistungsorganisationen mit Sicherheit mehr öffentliche Aufmerksamkeit erfahren als in Produktionsbetrieben. Schließlich sind auf dem Dienstleistungssektor herrliche Werbegags möglich – man denke an den *Avis*-Mitarbeiter, der einen verlorengegangenen Teddy zu dessen Besitzer nach Hause flog, oder an den Pagen bei *Marriott Hotels,* der einem Gast seine Manschettenknöpfe auslieh. Die nüchterne Statistik weist jedoch aus, daß die mit Empowerment verbundenen Risiken aus der Sicht der meisten Dienstleistungsunternehmen immer noch dessen Vorzüge überwiegen, und der Dienstleistungsbereich insgesamt hat sich auch nur zögernd an Empowerment-Initiativen herangewagt.

Den amerikanischen Betriebswirtschaftlern David Bowen und Edward Lawler zufolge hat eine 1989 durchgeführte Untersuchung bei ausgewählten Unternehmen (*Fortune* 1000) zu folgendem Ergebnis geführt:

„Dienstleistungsunternehmen sind in bezug auf ihre Vorgehensweisen bei der Mitarbeitereinbeziehung im Rückstand; Produktionsunternehmen machen weitaus mehr Gebrauch von Qualitätszirkeln, Partizipationsgruppen und eigenverantwortlichen Arbeitsteams als Dienstleistungsunternehmen."[1]

Diese Situation ist ihrer Ansicht nach darauf zurückzuführen, daß sich Produktionsunternehmen mit einem intensiveren globalen Wettbewerb konfrontiert sehen als Unternehmen auf dem Dienstleistungssektor und unter entsprechend größerem Druck stehen, neue Möglichkeiten der Geschäftsabwicklung zu finden. Auch ist im Produktionsbetrieb leichter als im Dienstleistungsgewerbe zu erkennen, wie sich Empowerment bezahlt macht – Produktivität läßt sich nun einmal einfacher bemessen als Kundenzufriedenheit.

Doch tendenziell ist ein Wandel festzustellen: Bowen und Lawler zufolge sind inzwischen auch Dienstleistungsunternehmen einem stärkeren und härteren Wettbewerb ausgesetzt, und die Empowerment-Resultate lassen sich heute auch schon besser bemessen, weil die Dienstleistungsunternehmen bei der Analyse der qualitativen Vorzüge ihres Service sensibler vorgehen. Wer spät kommt, der hat auch Vorteile, meinen sie: „Wenn jetzt die Dienstleistungsunternehmen Empowerment in Erwägung ziehen, können sie sich die Produktionsunternehmen anschauen, die ihre Mitarbeiter bereits weitgehend einbeziehen: Das sind gewissermaßen die Laboratorien, in denen die verschiedenen Empowerment-Ansätze erprobt und entwickelt worden sind."

Allerdings lassen sich nicht alle Erfahrungen, die man in Produktionsunternehmen gesammelt hat, ohne weiteres auf den Dienstleistungssektor übertragen. Es gibt sowohl auf der Kosten- als auch auf der Nutzen-Seite eine Reihe von Empowerment-Aspekten, die nur die Dienstleistungsunternehmen betreffen. Eines der größten Probleme bei der Ermächtigung von Mitarbeitern mit direktem Kundenkontakt ist das Risiko (oder zumindest die Befürchtung seitens des Managements), die Mitarbeiter könnten sich entgegenkommender verhalten als nötig – nur, um sich das Leben einfacher zu machen. Mit anderen Worten: Sie könnten das Geschäft „verschenken". Aus diesem Grund ist es wichtig, daß den Mitarbeitern vor Ort mit ihrer Ermächtigung zugleich auch Richtlinien und eindeutig definierte Grenzen vorgegeben werden, innerhalb derer sie ihre Entscheidungsfreiheit nutzen können.

1. Empowerment-Optionen im Dienstleistungsbereich

Empowerment in Dienstleistungsunternehmen kann alles bedeuten – von der Festlegung eines Höchstbetrags von 20 Pfund zur Entschädigung eines unzufriedenen Kunden bis hin zu der Freiheit der Mitarbeiter, alles zu tun, was sie für angemessen halten. Die meisten Organisationen verfolgen einen Mittelweg, indem sie ein paar Richtlinien aufstellen, die einen Ausgleich zwischen den Erfordernissen von Kunden, Personal und Unternehmen gewährleisten.

Robert A. Brymer, Fakultätsmitglied am *Department of Hospitality Administration* an der *Florida State University,* beschreibt zwei alternative Empowerment-Strukturen, die dazu angetan sind, ermächtigten Mitarbeitern die Entscheidungsfindung zu erleichtern und dem Management ein gewisses Maß an Konsistenz und Kontrolle zu sichern: strukturiertes Empowerment und flexibles Empowerment.[2]

Strukturiertes Empowerment

Bei einer solchen Strukturform werden den Mitarbeitern spezifische Richtlinien vorgegeben. Auf diese Weise können sie ihre eigenen Entscheidungen treffen – aber nur innerhalb spezifizierter und detaillierter Grenzen. Die Richtlinien geben dem Personal genau vor, welche Möglichkeiten sie haben, um die erfahrungsgemäß am häufigsten auftretenden Kundenprobleme zu lösen. Die Richtlinien schreiben vor, wann eine Kundenabsprache ohne irgendwelche Rücksprachen erfolgen kann, wann ein Vorgesetzter hinzuzuziehen ist und wann eine finanzielle Entschädigung – und in welcher Höhe – vorzunehmen ist. Beim *Hilton Hotel* in *Walt Disney World Village* beispielsweise enthalten die Richtlinien die folgenden Details:

– Ein Gast bemängelt beim Auschecken irgendein Problem im Zusammenhang mit seinem Zimmer: Stellen Sie ihm bei seinem nächsten Besuch einen Raum aus einer höheren Preiskategorie als Entschädigung in Aussicht, oder geben Sie auf die jetzige Rechnung einen Preisnachlaß bis maximal 100 Dollar.

- Ein Gast beschwert sich über irgendeinen Zusammenhang, der nichts mit seinem Zimmer zu tun hat: Geben Sie auf seine Rechnung einen Preisnachlaß bis maximal 50 Dollar.
- Ein Gast behauptet, er habe der Mini-Bar keinerlei Getränke entnommen und sei nicht bereit, dafür aufzukommen: Nehmen Sie einen entsprechenden Preisnachlaß vor.
- Ein Gast beklagt sich über einen unhöflichen oder unaufmerksamen Mitarbeiter: Geben Sie das Problem an den geschäftsführenden Assistenten weiter.

Richtlinien wie diese räumen dem Personal die Freiheit ein, Probleme an Ort und Stelle zu lösen, und die Kunden sind zufrieden, daß ihre Beschwerden unverzüglich bearbeitet worden sind; zugleich aber wird erreicht, daß die Geschäftsführer eine gewisse Kontrolle über das Verhalten der Mitarbeiter wie auch über den Geldbeutel behalten. In einer anderen Hotelkette hat man allerdings die Erfahrung gemacht, daß die Vorgabe strikter finanzieller Grenzen, innerhalb derer das Empfangspersonal Kundenbeschwerden eigenverantwortlich regeln konnte, häufig zu einer Eskalation der Probleme führte – was zunächst den unmittelbaren Vorgesetzten und dann auch den Geschäftsführer betraf. In allen Fällen fand der Geschäftsführer letztlich eine Lösung zugunsten der Kunden. Doch bis sich dieser schließlich des Problems annahm, zeigten sich die Kunden bereits so verärgert oder befremdet, daß über 50 Prozent von ihnen sagten, sie würden das Hotel wahrscheinlich nicht wieder aufsuchen.

Flexibles Empowerment

Dagegen ermöglicht ein flexibles Empowerment den Mitarbeitern größere Entscheidungsfreiheit im unmittelbaren Kundenkontakt. In einer Organisation mit flexiblem Empowerment gibt die Unternehmensleitung nur sehr allgemeine Richtlinien und Grenzen vor, wobei von den Mitarbeitern – nach entsprechender Schulung – erwartet wird, daß sie im Einzelfall ein optimales Geschäftsgebaren im Sinne der Kundenzufriedenstellung an den Tag legen. Brymer erklärt dazu:

„Beim flexiblen Empowerment sollte der Mitarbeiter den Kunden fragen: ‚Was kann ich für Sie tun, damit Ihr Problem gelöst wird?' Der Mitarbeiter ist befugt, alle notwendigen Schritte zu unternehmen, um den Kunden zufriedenzustellen. Die Mitarbeiter sollen ihre Vorgesetzten nur in ganz besonderen Extremfällen hinzuziehen (zum Beispiel dann, wenn ein Gast mit der Beschwerde, die Kopfkissen in den Hotelbetten seien unbequem, auf der Stornierung seiner Gesamtrechnung in Höhe von 500 Dollar besteht). Ansonsten sind die Mitarbeiter befugt, angemessene Entscheidungen zur Zufriedenstellung der Gäste zu treffen. Die Geschäftsführer können unter Umständen eine Obergrenze festlegen, bis zu der ein Mitarbeiter eine monetäre Entschädigung vornehmen darf.

Beim flexiblen Empowerment umfassen die Kompetenzen und Machtbefugnisse, die den ermächtigten Mitarbeitern übertragen werden, weitaus mehr als nur eventuelle Preisregulierungen an der Kasse. Vielmehr steckt die Überlegung dahinter, die Mitarbeiter zu einer möglichst vielseitigen Verbesserung des Dienstes am Kunden zu ermutigen."

Allerdings ist hier durchaus die Gefahr gegeben, daß die Mitarbeiter bei der Zufriedenstellung ihrer Kunden zu weit gehen könnten. Beispielsweise wurde in einer Hotelkette geprüft, wie sich die Restaurant-Bedienung gegenüber den Gästen bei Beschwerden über das Essen beziehungsweise die Getränke verhielt. Dabei wurde festgestellt, daß in solchen Fällen, in denen das Personal unzufriedene Gäste übermäßig entgegenkommend behandelte, genausoviel Schaden angerichtet wurde wie bei zu wenig Entgegenkommen. Viele der zu sehr umschmeichelten Kunden zeigten sich peinlich berührt und meinten, sie würden wohl nicht wiederkommen. Ganz offensichtlich hätte eine Lösung darin bestehen können, das (finanzielle) Entgegenkommen in spezifischen Situationen zu begrenzen. Doch letztlich gelangte man in der Hotelkette zu der Schlußfolgerung, die wirkliche Lösung sei eine entsprechende Schulung der Mitarbeiter, so daß diese eventuelle Kundenentschädigungen besser bemessen und im Einzelfall angemessenere Entscheidungen treffen konnten.

Sowohl beim strukturierten als auch beim flexiblen Empowerment müssen drei zusätzliche Faktoren hinzukommen, wenn Empowerment in einer Dienstleistungsorganisation erfolgreich angewendet werden soll: Erstens müssen die Führungskräfte sicherstellen, daß die Mitarbeiter über alle erforderlichen Informationen verfügen; zweitens müssen sie sicherstellen, daß sich irgendeiner für alle eventuell auftretenden Kundenprobleme zuständig fühlt; und drittens müssen sie den Mitarbeitern die Freiheit zugestehen, auch einmal Fehler zu machen.

2. Empowerment-Vorzüge in Dienstleistungsunternehmen

Bowen und Lawler beschreiben die wichtigsten Vorteile, die Dienstleistungsunternehmen mit der Ermächtigung ihrer Mitarbeiter erzielen können:

Schnellere Reaktion auf Kundenbedürfnisse während der Dienstleistung

„Spontanes, kreatives Überschreiten von Vorschriften kann aus einem potentiell frustrierten oder ärgerlichen Kunden einen zufriedenen Kunden machen", schreiben Bowen und Lawler. „Dies ist besonders dann wertvoll, wenn kaum Zeit für die Einbeziehung einer höheren Instanz gegeben ist."

Schnellere Reaktion auf unzufriedene Kunden zugunsten einer weiteren Inanspruchnahme von Dienstleistungen

Die spontane Lösung eines Problems, bei der nicht erst auf das Erscheinen eines Managers gewartet wird, kann aus einem unzufriedenen Kunden einen treuen Kunden machen. Viele Dienstleistungsorganisationen haben festgestellt, daß sie mit einer Ermächtigung der Mitarbeiter vor Ort Geld sparen können, weil Kunden, deren Probleme schnell bearbeitet werden, gewöhnlich mit einer kleineren Entschädigung zufrieden sind als Kunden, die noch erst lange auf eine Managemententscheidung haben warten müssen. Bei *Avis Rent-a-Car* hat die Geschäftsleitung die Erfahrung gemacht, daß die Ermächtigung der in direktem Kundenkontakt stehenden Mitarbeiter im Umgang mit Beschwerden und selbst bei der Entschädigung von Service-Fehlern dem Unternehmen Geld gespart und zu treuen Kunden verholfen hat. Beides wäre nicht der Fall gewesen, wenn die Kunden auf eine schriftliche Reaktion seitens der Geschäftszentrale hätten warten müssen.

Ermächtigte Mitarbeiter als wichtige Quelle für Service-Ideen, Mundwerbung und Kundentreue

Als die *Crest Hotels* ein Programm zur Erzielung erhöhter Gastlichkeit einführten, in dessen Rahmen die Mitarbeiter auch in einem freundlicheren und aufmerksameren Verhalten gegenüber den Gästen geschult wurden, begannen die Kursleiter mit der Frage an die Hoteliers, wie die Gäste ihrer Ansicht nach den Service in ihrem Hotel einschätzten. Die Antworten der Manager waren in erster Linie produktorientiert – sie meinten, die Kunden seien vorrangig interessiert an konkreten Dingen wie Tischbesteck, Bettwäsche und Umfang der Portionen im Restaurant: Dies waren die Bereiche, mit denen sie vorrangig befaßt waren. Als nächstes wurden die Manager aufgefordert, eine Checkliste aufzustellen, anhand derer sie die Qualität der Gastlichkeit in Bars und Restaurants beurteilen sollten; einem jeden von ihnen wurden 50 Pfund überreicht, für die sie in einem Gastronomiebetrieb ihrer Wahl essen und zugleich ihre Checkliste ausprobieren sollten. Anschließend berichteten alle Manager übereinstimmend, der Service sei völlig unzureichend gewesen. Interessanterweise fügten die meisten von ihnen hinzu, sie fürchteten, die Resultate in *Crest Hotels* würden wohl nicht viel besser ausfallen.

Viele dieser Manager waren über die Ergebnisse ihrer informellen „Erhebungen" derart bestürzt, daß sie ihren Abteilungsleitern denselben Prozeß der Bewußtseinsschärfung verordneten. David Robinson hat mit *Crest* in seiner Funktion als Unternehmensberater bei der Entwicklung und Durchführung des Projekts zusammengearbeitet. Hier sein Kommentar: „Der Prozeß funktionierte hervorragend, und die Abteilungsleiter schlugen nun ihrerseits außergewöhnlich gute Ideen vor, was man in ihren jeweiligen Verantwortungsbereichen alles verbessern könnte."

John Seddon, Berufspsychologe bei *Vanguard Consulting,* vertritt die Ansicht, ein gutes Service-Personal müsse sich auch den eigenen Arbeitgebern gegenüber ausgesprochen kritisch verhalten. „Ich meine damit nicht, daß den Unternehmen daran gelegen sein sollte, Stänker und Querköpfe als Mitarbeiter zu haben", sagt er. „Die Mitarbeiter sollen lediglich ermutigt werden, alles an ihrer Arbeitssituation zu hinterfragen, was die Organisation daran hindert, ihren Kunden einen möglichst effizienten Service bereitzustellen."[3]

Größere Zufriedenheit der Mitarbeiter mit ihrem Job und mit sich selbst

Laura Ashley, Hauptgeschäftsführerin einer Mode-Einzelhandelskette, führte ein erfolgreiches Experiment durch: Sie gestand ihren Verkäuferinnen die Freiheit zu, auf hochbezahlte Verkaufsberater zu verzichten und die Geschäftsleitung selbst in die Hand zu nehmen. Das Personal in zehn Geschäften brauchte vier Monate, um über das Verkaufsangebot, die Durchführung eigener Modenschauen sowie Veränderungen in den Geschäften zwecks Erhöhung der Gewinne zu entscheiden. Die Geschäftszentrale bot finanzielle Leistungsanreize, die an die prozentuale Steigerung vorgegebener Gewinnziele gekoppelt waren.

Einem Bericht in der *Times* zufolge hat die Boutique an der *Oxford Street* die Gewinne um 62 Prozent erhöht, eine andere in Liverpool um 139 Prozent. „Es hat Spaß gemacht und Wunder in bezug auf Personalmotivation bewirkt", sagt eine Geschäftsleiterin. Und der geschäftsführende Direktor Steve Cotter meint: „Der Test hat sich als äußerst erfolgreich erwiesen und gezeigt, daß die Mitarbeiter schnell und effektiv reagieren, wenn ihnen die Freiheit zugestanden wird, selbst Geschäftsentscheidungen zu treffen."

3. Konsequenzen für Empowerment-Dienstleistungsunternehmen

Dennoch – die Ermächtigung von Mitarbeitern in Dienstleistungsorganisationen fordert ihren Preis:

Ermächtigtes Personal verlangt im allgemeinen mehr Schulung als Mitarbeiter, die sich an strikte Vorgaben halten:
Wenn die Mitarbeiter sinnvolle Entscheidungen zugunsten des Unternehmens wie auch der Kunden treffen sollen, müssen sie die Ziele und Abläufe ihrer Organisation genau kennen.

Ermächtigtes Personal bedeutet mehr Personal:
Viele Dienstleistungsunternehmen beschäftigen Teilzeit-Mitarbeiter, auf Zeit eingestellte Mitarbeiter oder Saison-Mitarbeiter. Es könnte sich als notwendig erweisen, daß solche Unternehmen auf besser bezahltes, voll-

zeitig arbeitendes und auf Dauer eingestelltes Personal übergehen, damit sich die Investition in entsprechende Schulungen lohnt. Doch die derzeitige Entwicklung – besonders im Einzelhandel – verläuft genau umgekehrt: Man beschäftigt immer weniger Vollzeit-, sondern immer mehr Teilzeit-Mitarbeiter.

Ermächtigtes Personal könnte bei der Bereitstellung von Dienstleistungen zu langsam oder inkonsistent vorgehen:
Mitarbeiter in Dienstleistungsunternehmen, die den Erfordernissen eines bestimmten Kunden besonders große Aufmerksamkeit widmen, könnten andere Kunden, die auf der Warteliste stehen, vernachlässigen.

„Kunden wissen einen schnellen Service – und einen Service ‚ohne Überraschungen‘ – zu schätzen", schreiben Bowen und Lawler. „Sie möchten wissen, was sie erwartet, wenn sie sich auf ein bestimmtes Dienstleistungsunternehmen verlassen oder regelmäßig bestimmte Vertriebsstellen begünstigen; wenn dann aber der Service ins Ermessen des einzelnen Mitarbeiters gestellt wird, ist Inkonsistenz nicht gänzlich auszuschließen." Einige Kunden wünschen einen preiswerten, schnellen und zuverlässigen Service. Sie sind sehr wohl an Qualität interessiert, erwarten aber nicht unbedingt, von hinten und vorne mit Bücklingen bedient zu werden. Selbst wenn sie daran Gefallen fänden, wären sie nicht bereit, dafür zu zahlen.

Eine Konsumkette verlor sogar Kunden, nachdem das Personal ermächtigt worden war. Die Kunden wollten schnell bedient werden, und die freundlichen Angestellten waren diesen Kunden zu langsam. Die *Fast-Food*-Kette *Taco Bell* dagegen ist daran interessiert, im Marktbereich „ohne Empowerment" Fuß zu fassen: Während immer mehr *Fast-Food*-Ketten zu einem auf spezielle Kundenerfordernisse zugeschnittenen Service-Betrieb übergehen, rechnet sich *Taco Bell* größere Chancen in der Marktnische mit schnellem, preiswertem Service aus.

Einige Organisationen haben auch eine „gemischte" Kundschaft: Die einen wünschen einen schnellen, direkten Service, während andere persönliche Aufmerksamkeit bevorzugen. Bei *Selfridges Food Halls* zum Beispiel werden drei Kundentypen unterschieden: erstens Kunden, die das Geschäft als ihren „Laden von nebenan" betrachten und persönlich bedient werden wollen; zweitens Käufer, die in der Mittagspause oder nach der Arbeit schnell und bequem einkaufen möchten; und drittens „Einkaufstouristen", die das Geschäft kennenlernen wollen und Waren suchen und kaufen, die sie woanders nicht bekommen. Um alle drei Käufertypen mit ihren unterschiedlichen Bedürfnissen zufriedenstellen zu können, bedarf es einer Menge Planung in bezug auf die Anordnung der Regale, die Warenauslage und die Flexibilität des Personals. Bei *Selfridges* hat man erkannt, daß strikte Vorgaben hinsichtlich der Art und Weise der Kundenbedienung in einer solchen Situation nicht sinnvoll sind; die einzige Möglichkeit, allen Kunden gleichermaßen gerecht zu werden, bestand darin, den Mitarbeitern die Entscheidung zu überlassen, wie sie den einen oder anderen Kunden bedienen wollten.

Ermächtigtes Personal könnte den Vorstellungen der Kunden von „Fair play" *zuwiderlaufen:*
„Viele Kunden meinen, wenn sich das Personal an vorgegebene Vorgehensweisen halte, sei faires Verhalten ihnen gegenüber sichergestellt", schreiben Bowen und Lawler. Solche Kunden werden mit größerer Wahrscheinlichkeit ein Geschäft erneut aufsuchen, wenn sie überzeugt sind, daß ihre Beschwerde im Rahmen vorgegebener Unternehmensrichtlinien effektiv bearbeitet worden ist – nicht etwa, weil sie das Glück hatten, an einen bestimmten Mitarbeiter geraten zu sein.

4. Aufbau einer auf Empowerment ausgerichteten Dienstleistungsorganisation

Die Schaffung einer Dienstleistungsorganisation mit ermächtigten Mitarbeitern setzt voraus, daß das Unternehmen überprüft, wie die folgenden fünf Managementbereiche gehandhabt werden:

– Ziele,
– Managementeinstellungen,
– Aus- und Weiterbildung,
– Personalauswahl und -einstellung,
– Strukturen und Systeme.

Festlegung von Zielen

Was soll mit Empowerment bewirkt werden? „Wichtig ist, daß der Geschäftsführer und die leitenden Führungskräfte genau definieren, welche spezifischen Ziele sie mittels Ermächtigung ihrer Mitarbeiter erreichen wollen", empfiehlt Robert Brymer von der *Florida State University*. „Diese Zielvorgaben müssen spezifisch, meßbar und erreichbar sein. Dazu ein Beispiel: Das Hotel soll innerhalb eines Jahres die Zufriedenheit seiner Gäste, gemessen an unternehmensweiten Standards, um 50 Prozent erhöhen."

Andernfalls gerät Empowerment leicht zu etwas, was man „mal ein Jahr lang ausprobieren" könnte.

Veränderung von Managementfunktionen und -einstellungen

Donald Laurie ist der Gründer und Hauptgeschäftsführer der *Laurie International,* einer Unternehmensberatungsfirma mit Sitz in London, die sich auf die Untersuchung von Kundenreaktionen spezialisiert hat. Donald Laurie meint in diesem Zusammenhang:

„Die Leute vor Ort kennen die Kundenerwartungen und auch die Faktoren, die sie daran hindern, diesen Kundenerwartungen besser Rechnung zu tragen als irgendeiner der Manager. Und für die Unternehmensleitung ist es wichtiger, diesen Leuten zuzuhören, als irgend etwas anderes in bezug auf ihre Leistung zu beurteilen. Allerdings bin ich immer wieder erstaunt, wie viele Spitzenführungskräfte die Mitarbeiter vor Ort nicht so recht achten. Sie verkennen, daß es zu ihren vorrangigen Verantwortungen zählt, sich ernsthaft mit den Problemen der Mitarbeiter im Kundenverkehr zu befassen und zu ihrer Lösung beizutragen."[4]

Das größte Problem für die Mitarbeiter vor Ort ist seiner Ansicht nach häufig „Mangel an Vertrauen und Unterstützung seitens der Unternehmensleitung und das Gefühl, nicht handlungskompetent zu sein. Ohne eine solche Kompetenz können sie nicht die Verantwortung dafür übernehmen, die Bedürfnisse ihrer Kunden zu erfüllen – schon gar nicht, wenn die Lösung eines Kundenproblems außerhalb ihres Verantwortungsbereichs liegt."

Entsprechend gilt es, die Unternehmensstruktur so abzuändern, daß die folgenden Kriterien Berücksichtigung finden:

- Die Kunden definieren ihre Erwartungen.
- Die Mitarbeiter vor Ort bestimmen, was sie daran hindert, diesen Erwartungen gerecht zu werden.
- Die Führungskräfte unterstützen die Mitarbeiter, indem sie alle Hindernisse aus dem Weg räumen.

Die Managementfunktionen sind Laurie zufolge dahingehend zu modifizieren, daß die Führungskräfte nicht mehr vorschreiben, wie der Service erfolgen soll, sondern vielmehr alle Barrieren beseitigen, die es den Mitarbeitern unmöglich machen, die Arbeit selbst in die Hand zu nehmen. Seine Empfehlung lautet:

„Die Führungskräfte müssen erkennen, daß nur die Mitarbeiter vor Ort den Kundenanforderungen tatsächlich Rechnung tragen können. Zeigen Sie Ihren Mitarbeitern ihr Potential, setzen Sie Vertrauen in sie, unterstützen Sie sie mit allen erforderlichen Instrumenten und Schulungen, und sorgen Sie dafür, daß alle hinderlichen Faktoren beseitigt werden. Ihre Mitarbeiter werden es Ihnen mit positiven finanziellen Resultaten lohnen."

Aus- und Weiterbildung

Einer der Autoren hat detaillierte Untersuchungen darüber angestellt, was bei Programmen zur Verbesserung der Kundenbetreuung tatsächlich abläuft. Eines der beunruhigendsten Ergebnisse war, daß auf keiner Unternehmensebene eine nennenswerte Schulung in bezug auf die Kundenbetreuung erfolgt. Allenfalls ein Viertel der untersuchten Unternehmen vermittelte seinen Spitzenführungskräften Kenntnisse hinsichtlich der Service-Qualität, und nur 40 Prozent schulten ihre Mittelmanager und Nachwuchskräfte. Auf der durchführenden Ebene sorgten zwei von drei Unternehmen für eine Schulungsdauer von höchstens zwei Tagen, und 18 Prozent setzten weniger als einen halben Tag für Schulungszwecke an.[5]

Die Konsequenz dieser vergleichsweise geringen Investition ist, daß von vielen Mitarbeitern vor Ort hochkarätige Service-Qualität erwartet wird, ohne daß diese über die entsprechenden Fähigkeiten oder den entsprechenden Weitblick verfügen.

Sowohl erfahrene als auch neu eingestellte Mitarbeiter brauchen ein gewisses Maß an Schulung, um in die neuen Funktionen hineinzufinden. Doch ihre Bedürfnisse sind ganz unterschiedlich. Brymer meint dazu:

„Erfahrene Mitarbeiter haben gewöhnlich zu Anfang größere Schwierigkeiten, Entscheidungsverantwortung zu übernehmen. Dies ist darauf zurückzuführen, daß sie an eine Delegierung in umgekehrter Richtung gewohnt waren – sie hatten bisher Probleme an ihren Vorgesetzten oder vielleicht auch an eine andere Abteilung weitergegeben. Doch wenn sie erst einmal die Umstellung geschafft und ihr Empowerment akzeptiert haben, können sie auf ihre betrieblichen Erfahrungen zurückgreifen und sachkundige Entscheidungen treffen. Sie wissen, was in welchen Situationen zu tun ist, um ein Kundenproblem zu lösen. Neu eingestellte Mitarbeiter hingegen reagieren meist entgegengesetzt. Sie sind eher bereit, eine Entscheidungsfindung von unten nach oben zu akzeptieren, und packen Kundenprobleme mit Mut und Energie an. Doch Unerfahrenheit mit den betrieblichen Abläufen und im Umgang mit Gästen läßt es manchmal erforderlich werden, daß neu eingestellte Mitarbeiter um Rat nachsuchen, was zu tun (oder nach vollendeter Tat zu korrigieren) ist.“[6]

Personalauswahl und Personaleinstellung

Die Manager im Dienstleistungsbereich halten es zunehmend für weitaus leichter und auch effektiver, Leute mit einer natürlichen Service-Bereitschaft einzustellen, als vorhandene Mitarbeiter, deren Persönlichkeit einer solchen Haltung weniger zuträglich ist, entsprechend zu schulen und zu formen. „Die Unternehmen gehen immer mehr von einer generellen Schulung – teils aus Kostengründen – ab und wenden sich der kompetenzorientierten Personaleinstellung als Alternative zu“, meint Michael Douglas, Partner bei der *PA Consulting Group*.

Eines der ersten britischen Unternehmen, das einen solchen Ansatz verfolgte, war *Allied Lyons Retailing*: Seit 1984 sind dort psychometrische Testverfahren angewendet worden, um Service-Bereitschaft bei potentiellen Gastwirten und deren Mitarbeitern zu überprüfen. David Frean, selbst Führungskraft bei *Allied Lyons* für den Bereich der Entwicklung des Führungskräftepotentials und zuständig für die bei der Personalauswahl einzusetzenden Techniken, sagt:

„Wir führen ein strukturiertes Interview durch und versuchen, mit Hilfe allgemeiner Fragen nach den Präferenzen und Attitüden der Kandidaten deren Lebenshaltung und Arbeitseinstellung zu ergründen. Leuten, zu deren Lebenshaltung auch die Service-Bereitschaft gehört, bereitet es Freude, etwas für andere zu erledigen; sie fühlen sich in ihrem Eigenwert bestätigt, wenn sie eine gute Dienstleistung erbringen. So etwas kann man keinem beibringen."

In einer intern durchgeführten Untersuchung wurde festgestellt, daß diejenigen Führungskräfte, die im Test gut abgeschnitten hatten, innerhalb eines Jahres den Gewinn in ihrem *Pub* um durchschnittlich 30 Prozent und den Umsatz um 11 Prozent erhöht hatten. Diejenigen, die beim Test weniger erfolgreich waren, konnten ihren Gewinn nur um 11 Prozent und den Umsatz um 2 Prozent steigern. „Jetzt stellen wir keine Leute mehr ein, die nicht den Test mit Erfolg absolvieren", sagt Frean.

Der Gedanke, daß Einstellungen eine Rolle spielen, wird mittlerweile auch auf ausgesprochen technisch ausgerichtete Arbeitsplätze übertragen. Bis zu diesem Jahr wurden die Neuzugänge an Auszubildenden bei *British Gas North Thames* lediglich im Hinblick auf verbale, mechanische und numerische Fähigkeiten getestet. Kundenorientierung werde zwar berücksichtigt, meint der Bezirkspersonalleiter Jim Needham, sei aber nicht Testgegenstand.

Ein Pilotprojekt soll dies ändern. Needham sagt:

„Wir haben analysiert, was einen erfolgreichen Kandidaten von einem weniger erfolgreichen Kandidaten unterscheidet, und dabei sechs wichtige Kompetenzen ermittelt – darunter Initiative, Problemlösungsfähigkeiten und Kundenorientierung. Technische Fähigkeiten sind nach wie vor wichtig, aber wir achten jetzt auch darauf, ob der Kandidat bei entsprechender Qualifikation die Fähigkeit besitzt, das Unternehmen gewissermaßen als Botschafter zu vertreten."

Karen Ward, Ressourcen-Beraterin bei der *PA Consulting Group*, sieht in einer kompetenzorientierten Personaleinstellung auch einen Beitrag zur Durchbrechung traditioneller Stereotype: „Einer unserer Klienten beschäftigte einen recht typischen Mitarbeiterstab im Kundendienst: Frauen unter 35. Die Unternehmensleitung war der Meinung, andere Mitarbeiter, zum Beispiel gestandene Männer, seien für Kundendienst-Arbeiten völlig ungeeignet."

Nachdem man begonnen hatte, Personaleinstellungen unter Anwendung von Tests und Übungen vorzunehmen, die wenig Raum für subjektive Beurteilungen ließen, änderte sich das Mitarbeiterprofil. „Inzwischen liegt das Verhältnis zwischen männlichen und weiblichen Mitarbeitern bei 50:50, und die Mitarbeiter sind bis 55 Jahre alt", erklärt Karen Ward.

„Die ausbildungstechnischen Qualifikationen waren im Durchschnitt nicht mehr so hoch angesetzt, aber die Service-Qualität hat sich verbessert.

Immer mehr Unternehmen erkennen, daß es bei vielen Aktivitäten vor Ort die natürlich vorhandenen Eigenschaften, Arbeitsstile und Verhaltensweisen und weniger die bisherigen Erfahrungen, Qualifikationen oder technischen Fähigkeiten sind, die den erfolgreichen Mitarbeiter vom weniger erfolgreichen Mitarbeiter unterscheiden. Schließlich kann man anderen sehr wohl technische Fähigkeiten beibringen, aber wie soll man jemandem ein freundliches Lächeln beibringen?"

Bereitstellung von Informationen für die Mitarbeiter vor Ort

Das Unternehmen muß sicherstellen, daß zwischen den Mitarbeitern vor Ort und der Unternehmensleitung die Möglichkeit eines freizügigen Kommunikationsaustauschs besteht. Die Mitarbeiter sollten über Kundenerwartungen und die Beurteilung der Kunden hinsichtlich der eigenen Leistung genauso gut informiert sein wie die Unternehmensleitung.

Hotels beispielsweise können Datenbanken unterhalten, die den Mitarbeitern mit direktem Kundenverkehr schon im voraus Auskunft darüber geben, welche Zimmer die Kunden bevorzugen, welche Zeitungen sie lesen, welche besonderen Einrichtungen sie in Anspruch nehmen usw.

Entwicklung der Bereitschaft, sich eines Problems anzunehmen

Wer auch immer mit einer Kundenbeschwerde konfrontiert wird: Er sollte sich des Problems annehmen, auch wenn „eigentlich" eine andere Abteilung zuständig ist. Wenn beispielsweise ein Hotelgast in der Bar seinen Unmut darüber äußert, daß seine Wäsche nicht rechtzeitig zurückgekommen ist, muß der Barmixer den Gast auf jeden Fall fragen, ob schon etwas unternommen worden sei, um das Problem zu lösen. Andernfalls ist der Barmixer für das Problem zuständig und muß dafür sorgen, daß die Hauswirtschaftsabteilung über die verspätete Wäschelieferung informiert wird. Brymer zufolge werden die Mitarbeiter in *Ritz Carlton Hotels* in folgenden Prinzipien unterwiesen:[7]

— Jeder Mitarbeiter, der die Beschwerde eines Gastes entgegennimmt, ist für diese Beschwerde zuständig.
— Alle Mitarbeiter setzen sich unverzüglich dafür ein, einen unzufriedenen Gast zu beschwichtigen.
— Reagieren Sie in den nächsten zehn Minuten, wenn Ihnen ein Gast einen Wunsch angetragen hat.
— Erkundigen Sie sich nach etwa 20 Minuten telefonisch, ob der Gast zufriedengestellt ist.

Obgleich sich derjenige Mitarbeiter, der als erster von einem Problem hört, für dieses Problem insoweit zuständig fühlen sollte, als er dafür sorgen muß, daß das Problem zur Zufriedenheit des Kunden gelöst wird, kann die Zuweisung der Verantwortung für die tatsächliche Durchführung der Lösung Schwierigkeiten bereiten.

Wo es solche Verantwortlichkeiten zu lokalisieren gilt, sollten folgende Kriterien berücksichtigt werden:

— Von wem möchte der Kunde das Problem gelöst wissen? Zum Beispiel mag die Dame am Empfang durchaus in der Lage sein, das Problem aus der Welt zu schaffen, aber der Kunde fühlt sich vielleicht angemessener behandelt, wenn das Problem von einer höheren Instanz gelöst wird.
— Mit welchen Konsequenzen ist zu rechnen, wenn das Problem nicht an die richtige Person weitergeleitet wird?

- Wie fähig sind die Mitarbeiter vor Ort, mit dem Problem fertig zu werden? Würden sie größere Fähigkeiten erlangen, wenn sie mehr Schulung, Erfahrung oder technische Unterstützung bekämen?
- Wer muß die Arbeit tatsächlich tun?
- Wer muß für Abhilfe sorgen, wenn etwas schiefgelaufen ist?

Toleranz gegenüber Fehlern seitens der Mitarbeiter

Brymer meint in solchem Zusammenhang:

„Wenn Mitarbeiter für Entscheidungen getadelt oder kritisiert werden, weil diese nicht den Vorstellungen ihres Vorgesetzten entsprechen, werden sie sich mit weiteren Entscheidungen sehr zurückhalten. Dies bedeutet nicht, daß Mitarbeiter nicht auch korrigiert und hinsichtlich einer besseren Situationsbewältigung unterwiesen werden sollten oder daß das Zugeständnis an die Mitarbeiter, Fehler machen zu dürfen, mit der Institutionalisierung von Inkompetenz gleichbedeutend wäre. Wichtig ist aber, daß die Mitarbeiter ein Lob erhalten, wenn sie die Initiative ergriffen und eine Entscheidung im Sinne des Dienstes am Kunden und seiner Zufriedenheit getroffen haben."

Der Unternehmensberater David Laurie berichtet von einer Unterhaltung, die er einmal mit einer für Buchungen zuständigen Sachbearbeiterin geführt hat; sie war seit einem Jahr bei *British Airways* beschäftigt und hatte zuvor sieben Jahre bei einer amerikanischen Lufttransportgesellschaft gearbeitet.
„Woran liegt es, daß der Service bei *British Airways* insgesamt besser als bei vielen anderen Fluggesellschaften ist?" fragte Laurie. Sie antwortete:

„An meinem ersten Arbeitstag bei *BA* sagte mein Chef zu mir: ‚Tun Sie was. Haben Sie keine Angst, Sie könnten einen Fehler machen, und seien Sie immer um das Wohl des Passagiers bemüht. Für solches Bemühen wird Ihnen niemand Vorhaltungen machen.' Und das stimmt. Aber auch bei meinem früheren Arbeitgeber habe ich viel gelernt. Allerdings wurde dort Wert darauf gelegt, daß man sich an die Vorschriften hielt. Dort herrschte eine Atmosphäre, die einem den Eindruck vermittelte, man würde in irgendeiner Form zur Rechenschaft gezogen oder bestraft, wenn man sich nicht an die Vorschriften hielt. Eigentlich schade, daß all das Gelernte umsonst war.

Der Unterschied zwischen den beiden Arbeitgebern der *BA*-Sachbearbeiterin bestand darin, daß der eine – *BA* – es fertiggebracht hatte, die emotionalen Bestrebungen der Mitarbeiter mit den Unternehmenserfordernissen in Einklang zu bringen, so daß die Mitarbeiter einen wirklich hervorragenden Service bereitstellen *wollten*. Und außerdem erhielten die Mitarbeiter sämtliche Hilfsmittel und Unterstützungen, die sie dazu benötigten.

Wie die beiden folgenden Fallstudien zeigen, macht genau dies den Unterschied zwischen einer Dienstleistungsorganisation mit echtem Empowerment und einer nur oberflächlich ermächtigten Organisation aus.

5. Fallstudien

Auf dem Dienstleistungssektor gibt es kein Rezept für Empowerment – vielleicht noch weniger als bei den Produktionsunternehmen. Was funktioniert, was nicht funktioniert und was man ruhig ausprobieren kann, hängt jeweils vom Ausgangspunkt einer Organisation, von ihren Zielen, ihrer Kundenbasis und ihrem Personal ab.

Zwei sehr unterschiedliche Dienstleistungsorganisationen – ein Spitzenreiter auf dem durch intensiven Wettbewerb gekennzeichneten Autoverleih-Markt und eine weltweite Hotelkette, die einst ihren Erfolg auf strikte Konformität gründete – haben jeweils ihre eigenen Versionen für eine Ermächtigung ihrer Mitarbeiter vor Ort gefunden – mit unterschiedlichem Erfolg.

Wenn ihnen eines gemeinsam ist, dann vielleicht die Fähigkeit, das emotionale Engagement ihrer Mitarbeiter zu gewährleisten.

Avis Rent-a-Car

Avis Rent-a-Car hat als eines der ersten Dienstleistungsunternehmen in Großbritannien das Konzept der Ermächtigung seiner Mitarbeiter im direkten Kundenverkehr eingeführt. Das Unternehmen stellte vor einiger Zeit fest, daß die Kosten im Zusammenhang mit der Bearbeitung von Beschwerdebriefen in keinem Verhältnis zu den betroffenen Transaktionen standen.

Es gab auch „latente" Kosten: Die Zeitspanne zwischen dem Zeitpunkt, zu dem das Kundenproblem in Erscheinung trat, und dem Zeitpunkt, zu dem der entsprechende Beschwerdebrief beantwortet wurde, war derart lang, daß selbst eine großzügige Entschädigung seitens des Unternehmens die Kunden kaum zurückzugewinnen vermochte.

Dann kam einem der *Avis*-Manager die zündende Idee. Die Mehrzahl aller Beschwerden ging zunächst an den Angestellten im Schalterdienst. Wäre es nicht preisgünstiger, so dachte der Manager, wenn alle Probleme dort zuerst einmal gesichtet und sortiert würden? Natürlich bedeutete dies, daß jedem Angestellten die Kompetenz zugestanden werden mußte, die Kunden nach eigenem Ermessen zufriedenzustellen.

Oberflächlich betrachtet, erschienen die Risiken zunächst recht hoch. Würden die Mitarbeiter sich ein friedliches Leben verschaffen, indem sie zu hohe finanzielle Entschädigungen zahlten oder Wagen einer höheren Preisklasse vermieteten? Oder würden sie gar vergessen, daß doch hinter allem das Ziel stand, die Kunden für *Avis* zurückzugewinnen?

In der Praxis hat sich das Konzept ausgezeichnet bewährt. Das Unternehmen hat nicht nur finanzielle Vorteile erzielt – trotz des größeren Umfangs an spontan ausgezahlten Entschädigungen; auch die Zahl zunächst unzufriedener Kunden, die dann als dankbare und treue Kunden gewonnen werden konnten, ist drastisch gestiegen. Außerdem hat das Personal positiv reagiert auf das große Vertrauen, das ihnen vom Unternehmen entgegengebracht wird.

Novotel

Novotel, eine der größten Hotelketten der Welt, hat sich ihren Namen und ihren Erfolg mit konsequenter Gleichförmigkeit verschafft. Bis 1993 wurde über jeden Service-Aspekt – von den Portionen der Kuchenteilchen im *Coffee-Shop* bis hin zur Anzahl der Kopfkissen auf dem Bett – für alle in der ganzen Welt verteilten 270 Hotels in der Pariser Zentrale entschieden. Die Vorschriften galt es einzuhalten – ob sich das Hotel nun auf dem Gelände eines französischen Flughafens, an einer britischen Schnellstraße oder in der Nähe eines afrikanischen Marktes befand.

„Das *Novotel*-Konzept basiert auf einer simplen Idee: Konsistenz in Raumausstattung und Service-Qualität in allen *Novotel*-Hotels“, sagt Guy Parsons, der Verkaufs- und Marketing-Direktor bei *Novotel UK*. „Weil die Kette so schnell expandierte (es gab Zeiten, wo wir alle 14 Tage ein Hotel eröffneten), mußten wir eine Struktur festlegen, die uns Konsistenz wahren und sichern würde.“

Doch diese Struktur, die weitgehend den Erfolg der Kette bestimmt hatte, wirkte mit der Zeit erdrückend, meint Guy Parsons.

Die Vorgehensweisen waren so streng geregelt, daß es beispielsweise den Geschäftsführern eines Hotels, in dem viele Japaner abstiegen, nicht gestattet war, japanischen Tee zu servieren. „Wir mußten uns so an Konformitätsstandards halten, daß wir uns auf individuelle Märkte, Kunden oder Standorte nicht so einstellen konnten, wie wir es gern getan hätten.

Wir erkannten, daß es an der Zeit war, den Geschäftsführern die

Freiheit einzuräumen, individuellen Kundenansprüchen Rechnung zu tragen, und sie daran zu erinnern, daß die wichtigste Person nicht ihr Chef mit all seinen Vorschriften war, sondern ihre Gäste."

Ein Programm mit der Bezeichnung *Back to the Future* [Zurück zur Zukunft] hat die Einführung eines neuen Führungsstils und die Ermächtigung sowohl der Geschäftsführer – inzwischen *Maîtres de Maison* genannt – als auch der Mitarbeiter zwecks Verbesserung des Kundendienstes zum Inhalt.

„Das erste, was wir taten, war der Abbau von Führungsebenen", sagt Parsons.

Inzwischen arbeiten alle Unternehmensteile – einschließlich Zentrale, Hotels und Küchenbetriebe – jeweils nur noch mit drei Führungsebenen. Die Abteilungen in der Zentrale erteilen weniger Anweisungen, sondern nehmen vielmehr eine beratende Funktion wahr; die Geschäftsführer der Hotels und in geringerem Umfang auch die Mitarbeiter haben die Freiheit, auf individuelle Kundenerfordernisse nach eigenem Ermessen einzugehen.

„Wenn ein Stammkunde stets fünf Kissen auf seinem Bett haben möchte, kann das Hotelpersonal diesem Wunsch nachkommen. Vorher schrieben die Unternehmensrichtlinien vor, daß zwei Kissen auf dem Bett und alle Ersatzkissen im Schrank sein mußten; Ausnahmen gab es nicht. Wenn ein Restaurant eine besondere Kundschaft hat, kann es nunmehr auch eine besondere Speisekarte anbieten", sagt Parsons.

„Einige unserer Kunden haben die Veränderungen bereits ausdrücklich zur Kenntnis genommen. Ihre Probleme werden sofort am Empfang gelöst. Sie werden nicht erst bis hin zu den Geschäftsführern ‚verschoben'."

Doch die zentralen Aspekte des Hotelangebots wie Zimmergröße 24 Quadratmeter, Schreibtisch im Zimmer, Frühstücks-Buffet, zweisprachiges Personal, strikte Preispolitik und Restaurant-Öffnungszeiten von 6 Uhr morgens bis Mitternacht würden sich nicht ändern, meint Parsons. „Sie werden nach wie vor erkennen können, daß Sie sich in einem *Novotel*-Hotel befinden."

6. Schlußfolgerung

Dienstleistungsorganisationen haben durch Empowerment mehr zu gewinnen – und auch mehr zu verlieren – als Produktionsunternehmen. Auch stehen sie unter größerem Druck, ihre Mitarbeiter zu ermächtigen. Auf einem durch zunehmend härteren Wettbewerb geprägten Dienstleistungssektor erweisen sich Empowerment und die damit verbundene größere Anpassung an die Kundenerfordernisse für viele Dienstleistungsorganisationen als der beste und schnellste Weg zur Erlangung von Wettbewerbsvorteilen.

Allerdings gibt es auf dem Dienstleistungssektor ein „Empowerment-Rezept" ebensowenig wie ein „Service-Rezept": Empowerment im Dienstleistungsbereich muß für jede Organisation maßgeschneidert sein – vom flexiblen Empowerment bei *Avis*, wo die Angestellten im Schalterdienst zu jeglicher Handlungsfreiheit im Dienst am Kunden ermächtigt sind, bis zum strukturierten Empowerment bei den *Novotel Hotels*, wo die von der Zentrale herausgegebenen Vorschriften lediglich ein wenig gelockert worden sind.

Die folgenden Kriterien werden Ihnen helfen, das richtige Maß an Empowerment für Ihre Organisation zu finden:

— Gehen Sie vom Standpunkt des Kunden aus: Aspekte, die dem Kunden die meisten Probleme verursachen könnten, haben beim Empowerment die höchste Priorität.
— An welcher Stelle in der Organisation werden Kundenanforderungen am besten erfüllt beziehungsweise Probleme am besten gelöst? Die

Antwort sollte nicht immer nur nach Effizienzkriterien erfolgen, wie das Beispiel *Avis* zeigt. Vielmehr könnte auch zu berücksichtigen sein, wann und innerhalb welcher Zeit ein Problem gelöst sein sollte.

- Wenn feststeht, wer für eine Entscheidung zuständig ist, muß bestimmt werden, welche Kompetenzen zur Durchführung der Entscheidung benötigt werden. Ist darüber hinaus für Unterstützung in bezug auf die erforderlichen Ressourcen, Informationen und Schulungsmaßnahmen gesorgt?
- Mißbrauchen Sie Empowerment nicht als eine Möglichkeit, die Unzulänglichkeiten Ihrer Service-Systeme auf den Schultern Ihrer Mitarbeiter abzuladen. Ständiges Atemschöpfen führt rasch zur völligen Erschöpfung.

Die Vermeidung einer solchen Erschöpfung ist eines der Themen, die im nächsten Kapitel erörtert werden sollen – als Anleitung zum Empowerment der eigenen Person.

7. Literaturhinweise

[1] Bowen, D.E./Lawler, E.E. (1992) „The empowerment of service workers: what, why, how and when", *Sloan Management Review* 1992, Bd. 33, Nr. 3

[2] Brymer, R.A. (1991) „Employee empowerment: a guest-driven leadership strategy", *The Cornell HRA Quarterly*, Mai 1991

[3] Dearlove, D. (1993) „Shout if you see it's wrong", *The Times*, 25. November 1993

[4] Laurie, D. (1993) *Managing the Customer Revolution*, Laurie International 1993

[5] Clutterbuck, D./Kernaghan, S. (1991) *Making Customers Count* (London: Mercury Books)

[6] Brymer, R.A. (1991) „Employee empowerment: a guest-driven leadership strategy", *op. cit.*

[7] Brymer, R.A. (1991) „Employee empowerment: a guest-driven leadership strategy", *op. cit.*

Kapitel 8

Empowerment der eigenen Person

*Eine Arbeit hat nur dann etwas Würdiges, wenn sie freiwillig
übernommen wird.*

Albert Camus

*Ermächtigung ist kein Verb. „Sie" können „mich" nicht ermächtigen.
Es handelt sich eher um eine Geisteshaltung und eine Handlungsweise.*

*Ken Gilliver,
Leiter der Abteilung für Nachwuchskräfte
und Aus- und Weiterbildung bei Ciba UK*

*Treffen Sie jede Entscheidung so, als ob Sie für das ganze Unternehmen
verantwortlich wären.*

Robert Townsend, früherer Geschäftsführer bei Avis

In Kapitel 1 haben wir die wohl grundlegendste Wahrheit über Empowerment bereits angesprochen: Niemand kann von einem anderen ermächtigt werden; man muß sich selbst ermächtigen.

Wie aber kann dies geschehen? Selbst in einer flachen, demokratischen, auf Empowerment ausgerichteten Organisation mit voller Unterstützung seitens der Unternehmensleitung, hohen Erwartungshaltungen und guten Schulungsmöglichkeiten stellt die „Eigenermächtigung" eine völlige Abkehr von der bisherigen Auffassung der meisten Menschen vom Arbeitsleben dar. Wenn die Mitarbeiter in solchen Organisationen schon Schwierigkeiten mit ihrem Empowerment haben, wie kann dann der großen Mehrheit, die doch veralteten Hierarchien, erheblichem Widerstand seitens der Führungskräfte wie auch unternehmenspolitischen Rangeleien ausgesetzt ist, ein Empowerment der eigenen Person gelingen?

Dies führt uns zur zweiten grundlegenden Wahrheit über Empowerment: Wie immer die äußeren Umstände aussehen mögen – die Ermächtigung der eigenen Person ist weder leicht noch schnell zu vollziehen. Es bedarf schon eingreifender Veränderungen, obgleich natürlich das Ausmaß eines solchen Wandels von der inneren Einstellung des einzelnen Mitarbeiters, seinen Verhaltensweisen, seinem Kommunikationsstil und sogar seinem Selbstbild abhängt.

1. Charakteristika ermächtigter Individuen

Was also wollen Sie erreichen? Wie sieht eine ermächtigte Person aus? Graham Oddey, leitender Berater bei *KPMG Peat Marwick*, beantwortet diese Frage wie folgt:

„Ermächtigte Mitarbeiter sind selbstbewußt und selbstsicher. Sie brauchen keine Beaufsichtigung. Sie sind bereit, fähig und hochmotiviert. Ermächtigte Mitarbeiter fordern ihre Vorgesetzten heraus und tendieren zu Beharrlichkeit. Ermächtigte Mitarbeiter sind voller Energie. Sie haben eine positive Grundhaltung, und ihre Effektivität bedeutet für die Vorgesetzten, daß diese mehr Zeit für größere Aufgaben haben und nicht in einem Sumpf ärgerlicher kleiner Probleme steckenbleiben, die eigentlich von den Mitarbeitern selbst gelöst werden müßten."[1]
Sir Colin Marshall, Vorsitzender der *British Airways*, ergänzt das Bild eines ermächtigten Individuums mit seiner Beschreibung der grundlegenden Anforderungen an einen guten Manager. Der ermächtigte Mitarbeiter

- hat eine Menge Energie;
- ist voll und ganz bereit, sich auch emotional zu engagieren;
- zeigt das Bestreben, Hervorragendes zu leisten;
- besitzt die Fähigkeit, sich über Erfolge anderer zu freuen;
- bringt den Mitmenschen Zuneigung entgegen;
- hat eine positive Selbsteinschätzung;
- weiß um die Notwendigkeit von Analysen, läßt sich davon aber nicht beherrschen;
- ist von der betrieblichen Effizienz redlichen Verhaltens überzeugt – nach dem Motto „Aufrichtigkeit zahlt sich aus";

– zeigt sich gewöhnlich wach und neugierig und beweist ein gutes Maß an gesundem Menschenverstand.[2]

Faßt man die Beobachtungen und Kommentare verschiedener Quellen zusammen, so ist festzuhalten, daß die meisten wirklich ermächtigten Mitarbeiter – seien diese nun Maschinenarbeiter, Kassierer oder Hauptgeschäftsführer – zumindest einige der folgenden Merkmale aufweisen. Sie sind

– gut ausgebildet;
– selbstsicher;
– begeisterungsfähig, motiviert und engagiert;
– fähig, ihre natürliche Kreativität zu nutzen;
– fähig, Verantwortung zu übernehmen;
– fähig, Erfordernisse, Erfolge, Probleme und Ideen mitzuteilen;
– fähig, selbständig oder in einem Team zu arbeiten;
– flexibel in bezug auf ihre Arbeit und die Bewältigung neuer Situationen;
– fähig, je nach Situation Entscheidungen zu treffen, aber auch zu wissen, wann Kollegen hinzuzuziehen sind;
– stolz auf ihre Arbeit;
– stolz auf ihr Team und ihre Organisation;
– voller Vertrauen gegenüber den Kollegen, die dem Betreffenden auch ihrerseits Vertrauen entgegenbringen;
– bereit, den *Status quo* zu hinterfragen;
– fähig, den größeren Zusammenhang und die Tragweite ihrer Arbeit zu begreifen;
– fähig, sich selbst Prioritäten zu setzen und die eigene Arbeit zu organisieren;
– fähig, Prozeßverbesserungen auf eigene Initiative vorzunehmen;
– intelligent genug, ihre eigene Leistung richtig einzuschätzen;
– informiert über ihre (internen oder externen) Kunden und deren Bedürfnisse;
– ermächtigt auch außerhalb ihrer Arbeitssituation;
– bemüht, ständig weiterzulernen und sich weiterzuentwickeln.

2. Wie gelingt Empowerment der eigenen Person?

Eine ermächtigte Person zu erkennen, ist das eine – eine solche zu werden, etwas ganz anderes. „Eigenermächtigung" verlangt

- die Entwicklung der erforderlichen Fähigkeiten zur Übernahme von Verantwortung;
- die Übernahme von Verantwortung;
- die Teilung von Macht und Verantwortung;
- die Erschließung effektiver Informations- und Einflußkanäle;
- die Unterstützung von Teamkollegen bei der Entwicklung persönlicher Fähigkeiten, die diese für effektives Arbeiten brauchen;
- die Steigerung von Kreativität bei sich selbst wie beim Team;
- die Ermittlung von Möglichkeiten, etwas zu bewirken;
- die Bereitschaft, Traditionen zu hinterfragen;
- die Bereitschaft, Verantwortung nicht nur für den derzeitigen Job, sondern auch für die ganze Karriere zu übernehmen;
- die Aufrechterhaltung eines gesunden Gleichgewichts zwischen Arbeitseinsatz und Privatleben;
- die Konzentration auf eine Arbeit, die dem Betreffenden Freude macht;
- die Bereitschaft zu ständigem Weiterlernen;
- die Erarbeitung und Verfolgung eines persönlichen Entwicklungsplans;
- die Festlegung anspruchsvoller, aber realistischer Ziele.

Übernehmen Sie Verantwortung

Eine einzelne Person kann auf verschiedenen Ebenen Verantwortung übernehmen:

- für Aufgaben, die nur dieser Person direkt zugeordnet sind;
- für Aufgaben, die einer Gruppe von Mitarbeitern allgemein zugewiesen sind – wer zum Beispiel einem nicht besetzten Telefon am nächsten ist, nimmt den Hörer ab und sorgt dafür, daß der Anruf angemessen bearbeitet wird;
- für Aufgaben, die niemandem direkt zugewiesen sind, aber zweifellos erledigt werden müssen – zum Beispiel zusätzliche Sicherung eines

schlecht verpackten Pakets, Unterstützung eines in Bedrängnis geratenen Kollegen oder Information eines Besuchers, der sich verlaufen hat;
– für Aufgaben, an die noch niemand gedacht hat – zum Beispiel die Entwicklung und versuchsweise Einführung eines neuen und besseren Systems oder die Verbesserung eines Produkts.

Eine wirklich ermächtigte Person übernimmt Verantwortung auf all diesen Ebenen – und hält das für völlig selbstverständlich. Doch um zu einer solchen Selbstverständlichkeit zu gelangen, bedarf es geraumer Zeit und gezielter Anstrengungen. Douglas Paul arbeitet als Unternehmensberater bei dem Konzern *NHS Perth & Kinross Unit* und unterstützt die *NHS*-Unternehmensleitung in ihren Bemühungen um Realisierung von Empowerment. Seiner Ansicht nach entwickelt sich Empowerment beim Individuum in drei Phasen – den Entwicklungsstadien eines Kindes vergleichbar:

1. *Abhängigkeit*: Das Individuum befindet sich in hierarchisch gebundener Abhängigkeit und nimmt Aufträge entgegen.
2. *Unabhängigkeit*: Das Individuum entwickelt die Fähigkeit zur selbständigen Entscheidungsfindung; in dieser Phase gewinnt es Selbstvertrauen, wird rebellisch und erprobt die Grenzen seines Empowerment.
3. *Gegenseitige Abhängigkeit*: Das Individuum entdeckt, daß niemand eine „Insel" ist; es lernt eine neue Art von Abhängigkeit kennen, die auf Gleichheit, Kooperation und Vertrauen zu den Mit-Arbeitern beruht.

Entwickeln Sie die erforderlichen Fähigkeiten zur Übernahme von Verantwortung

Es bedarf einer Reihe von Fähigkeiten, um das Stadium der gegenseitigen Abhängigkeit zu erreichen.

Bauen Sie Vertrauen zu Ihren Kollegen auf, und tragen Sie Ihrerseits dazu dabei, daß Ihnen die Kollegen Vertrauen entgegenbringen:
Wie groß ist das Vertrauen, das Ihnen Ihr Chef und Ihre Kollegen entgegenbringen? Vertrauen spielt eine wichtige Rolle beim Delegieren von Macht und Verantwortung! In einer beruflich orientierten Beziehung sind drei grundlegende Vertrauenskomponenten zu unterscheiden:

- Vertrauen zu Integrität und *Goodwill* des anderen,
- Vertrauen, daß man gemeinsame Ziele verfolgt beziehungsweise bei Zielkonflikten offen miteinander spricht,
- Vertrauen zur Kompetenz des anderen, sich an Versprechen zu halten.

Erkennen Sie Ihre Stärken, Schwächen und Grenzen:
Eine ermächtigte Person ist bemüht, durch eine formelle wie auch informelle Beurteilung seitens der Führungskräfte, Kollegen und Mitarbeiter die eigenen Stärken und Schwächen kennenzulernen. Desgleichen suchen ermächtigte Individuen von sich aus nach Mitteln und Wegen, um ihre Schwächen auszugleichen und ihre Stärken weiter auszubauen.

Fragen Sie sich:

- Trauen Sie sich irgend etwas nicht zu? Haben Sie kein Selbstvertrauen, weil es Ihnen – in Wirklichkeit oder in Ihrer Einbildung – an Erfahrung oder Fähigkeit mangelt? Jeder Mangel an Selbstvertrauen an irgendeiner Stelle Ihres Arbeitsbereichs bedeutet eine potentielle oder faktische Einschränkung Ihrer Fähigkeit, Verantwortung zu übernehmen. Als ermächtigte Person sind Sie bemüht, das erforderliche Selbstvertrauen zu gewinnen.
- Worin sehen andere Leute Ihre Stärken und Schwächen? Haben die anderen recht, wenn auch nur bis zu einem gewissen Grad? Haben sie unrecht und schränken damit Ihre Möglichkeiten durch eine falsche Einschätzung Ihrer Fähigkeiten ein? Was können Sie tun, um diesen falschen Eindruck richtigzustellen? Versuchen Sie, nach und nach das Vertrauen anderer Leute zu gewinnen: Zeigen Sie zunächst, daß Sie Aufgaben mit geringen Risiken verantwortungsvoll bearbeiten können, und stellen Sie allmählich immer mehr Fähigkeiten unter Beweis.
- Werden Sie an Ihrem Arbeitsplatz mit Problemen konfrontiert, denen Sie tatsächlich nicht gewachsen sind? Wissen Sie, von welcher Seite Sie Unterstützung zu erwarten haben? Wenn ja, nehmen Sie diese in Anspruch? Ermächtigte Mitarbeiter kennen ihre Grenzen, wissen, wo sie Beistand finden, und hegen keinerlei Bedenken, gegebenenfalls um einen solchen zu ersuchen.

Selbsterkenntnis ist eine Stärke. In einer ermächtigten Organisation sollten die Mitarbeiter in der Lage sein, sich Informationen über die eigenen

Stärken, Schwächen und Leistungen mit Hilfe von „360°-Beurteilungen" zu verschaffen – Beurteilungen seitens ihrer Kollegen, ihrer eigenen Mitarbeiter, ihrer (internen und gelegentlich auch externen) Vorgesetzten und ihrer Kunden.

Selbst in einer nicht auf Empowerment ausgerichteten Organisation sind ermächtigte Personen von sich aus an solchen Informationen interessiert und erkundigen sich in ihrer Umgebung: „Wie trage ich zur Erleichterung Ihrer Arbeit bei? In welcher Weise behindere ich Ihre Effektivität?"

Mit solchem Wissen ausgerüstet, kann sich der einzelne Mitarbeiter persönliche Verbesserungsziele setzen und einen sinnvolleren Beitrag leisten.

Bemühen Sie sich, Ihren Arbeitsplatz im Kontext des Gesamtunternehmens zu sehen:
Wie fügt sich Ihr Job in die Arbeitssituation insgesamt ein? Worin ist die eigentliche Zweckbestimmung zu sehen? Die Arbeitsplatzbeschreibung oder die spezifischen Elemente Ihres Jobs sind nicht unbedingt ausschlaggebend.

Verstehen Sie die Arbeitsaufgaben der Kollegen in Ihrem Umfeld? Nur dann können Sie einen größeren Beitrag leisten und Ihre eigenen Aufgaben so wahrnehmen, daß auch Ihre Kollegen davon profitieren.

Gibt es in Ihrer Organisation Verantwortungslücken? Gibt es irgendeinen wichtigen Aspekt in bezug auf Service-Bereitstellung, Produktqualität oder Kostenkontrolle, der ganz oben auf der Prioritätsliste irgendeines Mitarbeiters stehen sollte, bislang aber vernachlässigt worden ist? Können Sie einen Beitrag leisten?

Entwickeln Sie Selbstvertrauen und kritisches Selbstbewußtsein, um Verantwortung übernehmen zu können:
Selbstvertrauen und kritisches Selbstbewußtsein stellen die stärkste Motivation – und zugleich die nachdrücklichste Einschränkung – eines jeden Versuchs in Richtung Verhaltensänderung dar. Man tut das, wozu man sich befähigt fühlt, und es bedarf schon erheblicher Anstrengungen, um sich von der persönlichen Einschätzung der eigenen Fähigkeiten zu lösen.

Am vertrautesten ist dieses Phänomen wohl im Sport – als psychologische Barriere. So war es für Sprinter weitaus schwieriger, den Vier-Minuten-Meilen-Rekord zu brechen als den Rekord über drei Minuten und 57 Sekunden, weil es eine psychologische Barriere zu überwinden galt. Genauso wird sich eine Sekretärin, die meint, „lediglich Schreibkraft" zu sein, mit der Übernahme verwaltungstechnischer Verantwortungen weitaus schwerer tun als eine Mitarbeiterin in derselben Position und mit denselben Fähigkeiten, die sich als Nachwuchsführungskraft betrachtet.

Ermächtigte Leute stellen unaufhörlich ihre Vorstellungen von dem, was sie können und was sie nicht können, in Frage.

Der Produktionsarbeiter Steve Dyer nahm als einer der ersten auf Stundenbasis bezahlten Mitarbeiter einer in Swansea angesiedelten Fabrik der *Walkers Smiths Snack Foods* an einem unternehmensinternen Kursus über Empowerment-Verhaltensweisen teil. „Mein Arbeitsstil hat sich geändert", sagt er. „Doch die größte Veränderung betrifft mein Selbstbewußtsein. Der Kursus hat mir das Selbstvertrauen vermittelt, mich stärker zu engagieren, und ich habe auch gelernt, wie man mit anderen Leuten besser umgehen kann."

Teilen Sie Macht und Verantwortung

Wenn man ein Problem zu zweit angeht, ist die Last vielleicht nur noch halb so schwer; zugleich aber verdoppeln sich Ihre Machtbefugnisse und Ihre Einflußnahme in bezug auf die Problemlösung, wenn diejenigen, mit denen Sie das Problem bearbeiten, dieselben Ziele verfolgen und eine solide Basis an organisatorischer wie persönlicher Einsatzbereitschaft vorhanden ist.

Genauso ist auch die Weitergabe von Machtbefugnissen an andere dazu angetan, Ihnen mehr Empowerment zuteil werden zu lassen. Mit Macht, die sorgsam von einem einzelnen Mitarbeiter gehortet wird, verhält es sich wie mit dem Geist in der Wunderlampe: Solange er unter Verschluß ist, können Sie nicht viel damit anfangen; entscheiden Sie sich aber, ihn zu rufen, stellen Sie fest, daß Sie nur eine begrenzte Anzahl von Wünschen äußern können, bevor der Geist auf und davon ist.

Als generelle Richtlinie sollte jeder Manager mindestens 25 Prozent seiner Arbeit pro Jahr darauf verwenden,

- Verantwortung an entsprechend vorbereitete Mitarbeiter zu delegieren und
- die Prozeßabläufe so zu systematisieren, daß sie weniger Aufwand in bezug auf Beurteilungen und Managementkontrollen erfordern.

Erschließen Sie sich effektive Informations- und Einflußkanäle

In Kapitel 6 ist diese Thematik bereits ausführlicher erörtert worden; hier soll nur darauf verwiesen werden, daß ermächtigte Mitarbeiter wissen, wie sie an die Informationen herankommen, die sie für ihre Arbeit benötigen. Sie warten nicht auf irgendwelche Memos, sondern nutzen von sich aus die formellen und informellen Informationsnetze im Unternehmen, um an die erforderlichen Daten heranzukommen.

Sie behalten die so gewonnenen Informationen – und die damit verbundenen Machtbefugnisse – auch nicht für sich. Judith Rosener von der *Harvard Business School* hat in einer Untersuchung von Empowerment-Führungsstilen unter weiblichen Führungskräften folgendes festgestellt: „Während viele Führungskräfte Informationen als Machtmittel und damit als ein knappes und sorgsam zu hütendes Gut ansehen, geben [ermächtigte Personen] Machtbefugnisse und Informationen bereitwillig an andere weiter."[3]

Judith Rosener zufolge wirkt sich die gemeinsame Nutzung von Macht und Informationen in verschiedener Hinsicht positiv aus:

„Sie bewirkt Loyalität, zumal den unterstellten Mitarbeitern zu verstehen gegeben wird, daß man ihnen vertraut und ihre Vorschläge respektiert. Sie hat Vorbildfunktion und kann den allgemeinen Kommunikationsfluß steigern, und sie trägt dazu bei, daß den Führungskräften Schwierigkeiten zu Ohren kommen, bevor sich diese zu handfesten Problemen auswachsen. Darüber hinaus vermittelt sie den Mitarbeitern das, was sie benötigen, um Probleme zu lösen und die Gründe für bestimmte Entscheidungen zu erkennen."

Die Informantinnen von Judith Rosener sorgten auf unterschiedliche Weise für einen ungehinderten Informationsfluß: Aufforderung der Mitarbeiter, ihr Mitspracherecht in nahezu allen arbeitsplatzbezogenen Fragen zu nutzen; Einführung eines Gesprächsstils, der allen Mitarbeitern Gesprächsbereitschaft signalisiert; Bestätigung der Zusage, die Meinungen der Mitarbeiter tatsächlich einbeziehen zu wollen, indem vor der eigenen Entscheidungsfindung Vorschläge seitens der Mitarbeiter eingeholt werden; und gemeinsame „Erprobung" bestimmter Entscheidungen mit anderen, bevor sie in die Tat umgesetzt werden. Eine der von Judith Rosener befragten Informantinnen äußerte sich wie folgt: „Wenn ich vor einer schwierigen Entscheidung stehe, frage ich immer meine Mitarbeiter: ‚Was würden Sie an meiner Stelle tun?' Auf diese Weise kommen gute Vorschläge zustande, und meine Mitarbeiter gewinnen Einblick in die Komplexität von Managemententscheidungen."

Judit Rosener erläutert dazu:

„Ermächtigte Personen beziehen andere ein, um ihre eigenen Auffassungen abzuklären und um sicherzustellen, daß sie keinen wichtigen Aspekt übersehen haben. Eine solche Einbeziehung bedeutet für sie, daß nicht nur die vorhandene Informationsbasis breiter wird, sondern daß auch die anstehenden Entscheidungen fundierter zu treffen sind. Zudem bekommen sie schon frühzeitig einen Eindruck davon, wer sich ihren Auffassungen widersetzen könnte."

Allerdings, so fügt Judith Rosener hinzu, hat ein solcher Informationsaustausch auch Nachteile:

„Die Nachfrage nach Ideen und Informationen bei anderen nimmt Zeit in Anspruch, bedeutet vielfach einen gewissen Verzicht auf Kontrollmöglichkeiten, bietet Anlaß zu Kritik und führt unter Umständen zu persönlichen Auseinandersetzungen und Konflikten. Die Mitarbeiter könnten die Ansichten ihres Vorgesetzten ablehnen oder in Frage stellen; sie könnten auch frustriert sein, wenn sie Vorschläge machen sollen, die letztlich dann doch nicht verwirklicht werden. Und da Wissen eine Form der Macht ist, könnten Vorgesetzte, die ihr Wissen mit anderen teilen, als schwach oder naiv angesehen werden. Wer nach Ideen und Informationen fragt, könnte als jemand gelten, der selbst keine Antworten weiß."

Ermächtigte Personen halten den Informationsfluß in allen Richtungen offen – sie sorgen für Informationsaustausch mit Mitarbeitern, Kollegen und Führungskräften gleichermaßen.

Thomas Kempner, emeritierter Management-Professor am *Henley Management College*, erteilt aus der Sicht des Chefs einige Ratschläge, wie ein unterstellter Mitarbeiter die schwierige Frage der „Kommunikation nach oben" am besten löst:[4]

– Bereiten Sie mir keine unangenehmen Überraschungen. Ich sollte Ihnen gar nicht erst vorhalten müssen: „Warum haben Sie mir das nicht früher gesagt?"
– Behalten Sie Probleme nicht so lange für sich, bis es für sorgfältiges Denken und Handeln zu spät ist und nur noch ein „Feuerwehreinsatz" möglich ist.
– Es ist nicht sehr hilfreich, wenn man zu hören bekommt: „Dieses oder jenes muß sofort entschieden werden." Hätten Sie die Entscheidung vielleicht schon seit Wochen vorbereiten können?
– Bitte schicken Sie mir nicht nur Notizen und Briefkopien, aus denen hervorgeht, wie klug Sie gehandelt haben.
– Bereiten Sie Ihr Anliegen vor unserem Treffen in aller Sorgfalt vor. Nennen Sie mir eine Alternative zu jedem Aktionsplan – nicht nur die von Ihnen bevorzugte Vorgehensweise. Empfehlungen solcher Art könnten bei einem weiteren Anlaß hilfreich sein.
– Wenn Sie eine Antwort auf eine komplexe Fragestellung von mir erwarten (und mit etwas anderem sollten Sie gar nicht erst zu mir kommen), lassen Sie mich die Details im voraus wissen. Es ist nicht sinnvoll, bei schwierigen Fragestellungen spontane Antworten oder Lösungen aus dem Stegreif zu erwarten.
– Verteidigen Sie Ihre Ansichten mit allem Nachdruck, aber sobald eine Entscheidung getroffen ist, müssen Sie diese ausführen, als ob sie Ihre eigene wäre – selbst wenn Sie nicht einverstanden sind. Wenn Sie eines Tages meinen Job haben, werden Sie dasselbe von Ihren Mitarbeitern verlangen.
– Verhalten Sie sich konstruktiv, und bieten Sie von sich aus Problemlösungen an. Mitarbeiter, die einem ständig nur ihre Schwierigkeiten vorjammern, können einen ziemlich deprimieren. Sie heben nicht gerade meine Arbeitslaune.

– Fassen Sie sich kurz. Ich habe eine Menge anderer Probleme; sorgen Sie dafür, daß Sie nicht auch dazu gehören.

Ermächtigte Leute entwickeln überdies Fähigkeiten, nachhaltigen Einfluß zu nehmen und ihre Vorschläge und Ideen besser zu „verkaufen". Insbesondere sind gut vorbereitete Präsentationen unbedingt wichtig, wenn Sie sicherstellen wollen, daß Ihre Stimme in Angelegenheiten, auf die Sie Einfluß nehmen möchten, auch gehört wird.

Unterstützen Sie Ihre Teamkollegen bei der Entwicklung von Fähigkeiten, die diese für effektives Arbeiten brauchen

Sie sind auf gute Teamarbeit angewiesen: Der Zeitaufwand für die Unterstützung Ihrer Teamkollegen zahlt sich meist aus, zumal gegenseitige Unterstützung und Beratung die Leistung des gesamten Teams zu steigern vermag.

Unterstützung von Teamkollegen bedeutet allerdings nicht nur den Austausch von Fähigkeiten und Informationen. Wichtig ist auch, anderen zu einem gesunden Selbstvertrauen zu verhelfen, sie zu motivieren und gegebenenfalls Anerkennungen auszusprechen. Eine Stärkung des Selbstvertrauens unter den Teamkollegen ist ein wesentlicher Bestandteil von Teamarbeit, sagt Steve Dyer von *Walkers Smiths*:

„Die Art, wie Sie mit jemandem sprechen, kann Einfluß darauf haben, wie Sie ein Problem lösen; die Art, wie Sie eine Frage beantworten, kann Welten trennen; und wenn Sie anderen geduldig zuhören, so trägt auch dies zu ihrer Ermutigung bei. Wenn andererseits aber jemand ein Problem hat, sollten Sie nicht gleich hingehen und die Verantwortung selbst übernehmen. Sie sollten nur dann helfend eingreifen, wenn Sie gebraucht werden."

Unterstützung Ihres Teams heißt auch, daß Sie die Teammitglieder motivieren. So äußerte sich eine der Informantinnen gegenüber Judith Rosener wie folgt: „Wenn Sie Ihre Mitmenschen zu begeistern verstehen, gelingt es Ihnen, auch auf diejenigen Einfluß zu nehmen, die nicht zu Ihrem Kontrollbereich gehören."

230

Ermächtigte Personen geben anderen auch Wertschätzung und Anerkennung zu verstehen. Letztlich ist es ein Geben und Nehmen: Je großzügiger Sie den Teil lobend hervorheben, den andere zu Ihren Erfolgen beigetragen haben, mit desto größerer Wahrscheinlichkeit werden Sie aufgefordert, bei den anderen „mitzuspielen".

Steigern Sie Ihre eigene Kreativität wie auch die Kreativität des Teams

Ermächtigte Personen wissen, wie sie ihre eigene Kreativität und die Kreativität ihres Teams einsetzen können, um Problemlösungen und Prozeßverbesserungen zu ermöglichen. Im Gegensatz zu vielen anderen Leuten lassen sie sich nicht durch falsche Vorstellungen von Kreativität behindern.

„Kreativität hat kaum etwas mit Farbmustern und Zeichenbrettern, wohl aber eine ganze Menge mit Effektivitätssteigerung am Arbeitsplatz zu tun", sagt Elizabeth Rogers, eine auf Kreativitätsfragen spezialisierte Unternehmensberaterin aus Großbritannien.

„Die Leute meinen oft, sie seien nicht kreativ, weil sie vielleicht nicht gut zeichnen oder dichten können. Aber jeder hat doch eigene Meinungen, und jeder, der Meinungen zu bestimmten Problemen hat, kann mit seinen Ideen zur Lösung dieser Probleme beitragen. Meistens halten sich die Leute entweder für analytisch oder für kreativ. Doch bis zu einem gewissen Ausmaß verfügen wir über beide Fähigkeiten. Auch unterschätzen wir leicht, wie dicht angestrengtes analytisches Denken und die Produktion neuer Ideen beieinander liegen. Gemeinhin wird angenommen, daß sich kreative, intuitive Menschen keiner Logik bedienen; daß ihre Ideen aus plötzlichen Eingebungen herrühren. Und doch sind die meisten Einfälle und Geistesblitze das Ergebnis eines langen Beobachtungs- und Analyseprozesses."

Elizabeth Rogers beschreibt ein typisches Szenario: Eine Mitarbeiterin äußert eine Meinung zu einem bestimmten Aspekt des Arbeitsablaufs, und die Vorgesetzte entgegnet aggressiv: „Also gut. Wie sollen wir es Ihrer Meinung nach in Zukunft denn besser machen?"

„Die Mitarbeiter sollten eine solche Herausforderung annehmen", meint Elizabeth Rogers. „Wir alle sind uns selbst und unseren Kollegen gegenüber verpflichtet, Ideen vorzuschlagen, wie man dies oder jenes besser machen könnte."

Leider ist die Arbeitssituation nicht immer dazu angetan, kritisches Verhalten zu fördern. Eine kürzlich bei *Ford* in Europa durchgeführte Untersuchung hat gezeigt, daß sich Kreativität bei den Mitarbeitern erst dann entfaltet, wenn Organisationsstrukturen geschaffen werden, die Kreativität nicht nur ermöglichen, sondern auch fördern.[5]

„Die Führungskräfte müssen die Mitarbeiter bewußt darin unterstützen, neue Ideen vorzubringen – auch radikale, unausgegorene oder leicht abwegige Ideen", sagt Elizabeth Rogers. Auch darf solchen Ideen nicht gleich der Todesstoß versetzt werden – etwa mit Bemerkungen wie: „Dafür haben wir kein Geld"; „Dies hat jetzt aber keine Priorität"; oder „Warum setzen Sie sich nicht erst mal hin und schreiben einen Bericht darüber?" „Die Unternehmen brauchen auch ein gutes internes Kommunikationssystem, damit die Vorschläge an solche Mitarbeiter herangetragen werden, die am besten damit umgehen können", fügt sie hinzu.

Einige Organisationen verweisen auf *Intrapreneurship* – die Idee, innerhalb einer Organisation eine unternehmerisch orientierte Atmosphäre zu schaffen, um die darin erzeugten Ideen und Potentiale aufzufangen und so die internen kreativen Ressourcen des Unternehmens nutzbar zu machen. Allerdings hat Jack Matson vom *Cullen College of Engineering (University of Houston)* herausgefunden, daß *Intrapreneurship* häufig nicht funktioniert:[6]

„Bürokratische Strukturen dienen dem Zweck einer effizienten Bereitstellung der Produkte und Dienstleistungen eines Unternehmens. Je effizienter die Struktur ist, desto größer ist der Gewinn. Dagegen ist *Entrepreneurship* (und aus denselben Gründen auch *Intrapreneurship*) ineffizient. Kreative Ideen bringen gewöhnlich nichts ein. *Entrepreneurs* – dynamische Jungunternehmer – wissen, daß sie gegen den Strom schwimmen, und nur ein kleiner Prozentsatz ihrer Ideen hat auf dem Markt Bestand. *Intrapreneurship* würde bedeuten, daß kreative Leute ermächtigt und Managementkontrollen gelockert würden, aber Veränderungen dieser Art sind in starken Unternehmenskulturen eher verhaßt."

„Kuckuckseier" sind dennoch Ausdruck von individueller Kreativität innerhalb einer Unternehmenskultur. Mit diesem Begriff – der Unternehmensberater und Schlagwortproduzent Tom Peters hat dafür das Wort „*Skunkworks*" (Stinktierarbeit) geprägt – werden Produkte und Lösungen bezeichnet, die einen Durchbruch bewirken, aber nicht etwa aus den F&E-Laboratorien des Unternehmens stammen: Sie wurden von irgendeinem Pfiffikus aus einer anderen Abteilung ausgetüftelt, der vielfach mit improvisierten Mitteln und ohne offizielle Genehmigung in seiner Freizeit daran gebastelt hat. Das persönliche Interesse, das in solche Projekte investiert wird, bedeutet, daß Mitarbeiter sehr wohl gegen den Strom anschwimmen können – und dies auch tun. Doch Peter Martin, Verfasser des Buches *How to Survive and Prosper in a Recession*, warnt: „Sie mögen ein streitsüchtiger Eigenbrötler sein und Ihr Büro in eine Rumpelkammer verwandeln, aber das heißt noch lange nicht, daß Sie ein Genie sind und ‚Kuckuckseier' ausbrüten."[7]

Finden Sie Mittel und Wege, um etwas zu bewirken

Sie können die Effektivität Ihres Teams oder Ihres Unternehmens auf verschiedene Weise verbessern: kraft der Verantwortung, die Ihnen an Ihrem Arbeitsplatz übertragen worden ist, mit Hilfe einer Arbeitsgruppe außerhalb Ihres Arbeitsplatzes oder durch Einbringung persönlicher Qualitäten wie Kreativität oder Fähigkeit zur Motivation anderer. Eine Analyse Ihrer Stärken, Schwächen und Talente vermag bei gleichzeitiger Berücksichtigung der Erfordernisse in Ihrem Unternehmen die Ermittlung solcher Bereiche zu erleichtern.

Sind Sie bemüht, etwas zu bewirken? Martin hält einen schnellen „Härtetest" bereit: „Wenn ein Außenstehender Sie und Ihre Kollegen sieht – würde er dann meinen, daß das, was Sie tun, für das Überleben der Organisation von entscheidender Bedeutung ist? Inwieweit würde es sich nachteilig auf das Produkt, das Ihr Kunde kauft, auswirken, wenn es Ihren Arbeitsplatz nicht gäbe?"[8]

Bei vielen Leuten würde die Antwort wohl eher *nein* oder *kaum* lauten. Dennoch gibt es Möglichkeiten, wie man sich an jedem Arbeitsplatz so einsetzen kann, daß tatsächlich etwas bewirkt wird.

Martin schlägt dazu die folgenden Prinzipien vor:

- *Rücken Sie dichter an die Kunden heran*: Finden Sie Mittel und Wege, wie Sie Ihren Job enger an das Endprodukt Ihres Unternehmens koppeln können. Wenn Sie ein F&E-Mitarbeiter sind, könnten Sie regelmäßig ein wenig Zeit erübrigen, um mit Kunden zusammenzukommen, deren Fragen zu beantworten und neue Ideen mit nach Haus zu nehmen. Oder Sie sind Kundenberater: Können Sie der Produktionsabteilung die Arbeit erleichtern?
- *Machen Sie neue Märkte ausfindig*: Wann immer Ihnen eine Kundenbeschwerde zu Ohren kommt, sollten Sie überlegen, ob sich aus dieser Beschwerde eine neue Chance ableiten läßt.
- *Stellen Sie wertvolles Datenmaterial zusammen*: Überlegen Sie sich, wie Sie all das, was Sie über das Unternehmen und seine Kunden wissen, in Form von Daten zusammenfassen können, von denen das ganze Unternehmen profitieren kann.
- *Erhöhen Sie die Relevanz des bisher bereitgestellten Datenmaterials*: Überprüfen Sie Ihre Datensammlung und -verarbeitung – Sie sollten das erfassen, was die Empfänger wirklich wissen möchten, nicht das, was leicht anzubieten ist.
- *Ersetzen Sie einen externen Lieferanten*: Wenn Sie bereits einer bestimmten Abteilung einen Service bereitstellen, könnten Sie diesen Service vielleicht auch jemand anders, gewissermaßen zum „Nulltarif", anbieten.
- *Erarbeiten Sie Problemlösungen*: Die Chefs sind es bald leid, ständig mit Problemen konfrontiert zu werden. Verschaffen Sie Ihrer Abteilung oder sich selbst den Ruf, nicht mit Problemen, wohl aber mit Problemlösungen aufzuwarten.[9]

Seien Sie bereit, Traditionen zu hinterfragen

Ermächtigte Leute hinterfragen, argumentieren und widersprechen, je nach Situation. Sie vertreten nachdrücklich ihren Standpunkt – nicht etwa, weil sie eine konstante Antihaltung einnähmen, sondern weil sie die ihrer Ansicht nach beste Lösung durchsetzen wollen. Sie melden sich, wenn etwas nicht stimmt, sie kennen den Unterschied zwischen Konsens und Beschwichtigung, und sie wittern Gruppendenken auf 30 Meter Entfernung. Dagegen ziehen Leute ohne persönliche Ermächtigung gutes Einvernehmen mit dem Chef und den Experten vor, so falsch diese auch liegen mögen. Erinnern wir uns an das Fiasko in der Schweinebucht, den *New-Coke-Flop* und das Design des *Pinto*-Modells von *Ford*: All diese Flops sind ausnahmslos Teammitgliedern zuzuschreiben, die sich wider besseres Wissen der Meinung der Gruppe, des Vorgesetzten und der Experten angeschlossen hatten.

John Seddon, Berufspsychologe bei der Beratungsfirma *Vanguard Consulting*, argumentiert wie folgt:

„Echter Wandel findet nur statt, wenn die Mitarbeiter ermächtigt sind, mit der Faust auf den Tisch zu hauen, und wenn sie sich nicht mit der weniger effizienten Lösung einer Aufgabe zufriedengeben müssen; und sie müssen es als einen grundlegenden Bestandteil ihrer Arbeit ansehen, zu hinterfragen, warum die Aufgaben, die sie durchführen, so und nicht anders organisiert sind. Ein solches Verhalten stößt traditionsgemäß bei den Führungskräften auf Widerstand: Zum Teil wissen sie keine Antworten auf die Fragen; vielleicht wollen sie vor den Mitarbeitern nicht eingestehen, daß sie nicht befugt sind, entsprechende Veränderungen herbeizuführen; möglicherweise sehen sie auch ihre Funktion gefährdet, wenn Verbesserungsvorschläge „von unten" angenommen werden."[10]

Einige Führungskräfte sind dennoch bereit, das Risiko einzugehen. Bei der Finanzgesellschaft *Frizzell Financial Services* gibt es an mehreren Stellen im Büro ein „Schwarzes Brett", wo jeder Mitarbeiter Zettel mit Aufgaben anhängen kann, die seiner Ansicht nach verändert werden sollten oder auch entfallen könnten. Im Lauf des Jahres haben die Teams einige recht effektive Vorschläge vorgebracht, die sie dann selbst nachgeprüft und umgesetzt haben.[11]

Bei *Harvester Restaurants* führte die Neuerung, die Mitarbeiterteams für die Erreichung der eigenen Umsatzziele verantwortlich zu machen, zu einem zunächst unverständlich erscheinenden Verhalten seitens Duncan Podmore, einem Grill-Chef bei *Bulldog Harvester* in Ashford, West London. Zum Ärger seines Geschäftsführers Stephen Rose sah sich Podmore in dem Bestreben, sein Umsatzziel in der Weihnachtszeit zu übertreffen, veranlaßt, von der ungeschriebenen unternehmenspolitischen Richtlinie, am Heiligabend den Grillbetrieb zu schließen, abzugehen. Rose, der diesen Tag lieber mit seiner Familie verbracht hätte, mußte schließlich beipflichten, daß seine bisherige Begründung für die Schließung des Betriebs am Heiligabend – „Das machen wir immer so" – nicht stichhaltig war. Die Initiative fand ihre Bestätigung, als *Bulldog Harvester* sein Umsatzziel übertraf und damit alle anderen *Harvester*-Betriebe in den Schatten stellte. Die Folge war, daß die Unternehmensleitung die Belegschaft in den anderen *Harvester Restaurants* mit voller Unterstützung der Marketing-Abteilung aufforderte, ebenfalls am Heiligabend zu öffnen. Inzwischen sind sämtliche *Harvester Restaurants* am Heiligabend geöffnet – nur, weil ein Grill-Chef kühn genug war, den Vorreiter zu spielen.[12]

Wer im Umgang mit seinem Vorgesetzten auf diese Weise Erfolg hat, bewirkt einen Wandel, bestätigen auch J. Kenneth Matejka, Management-Professor an der *Duquesne University* in Pittsburgh, und Richard J. Dunsing, Direktor des Management-Instituts an der *University of Richmond*:

„Sie möchten vielleicht, daß sich Ihr Chef anders verhält, aber er wird sein Verhalten nicht ändern, wenn Sie den Prozeß nicht einleiten. In einem solchen Fall müssen Sie den Widerstand Ihres Chefs gegen Veränderungen überwinden. Sein Widerstand beruht auf Mißverständnissen, Angst, Mißtrauen, dem Wunsch nach Aufrechterhaltung des *Status quo* und dem Bedürfnis, sein Gesicht zu wahren und sich nichts zu vergeben. Die Überwindung eines solchen Widerstands entsteht aus Vermittlung von Informationen, Unterstützung, Verhandlung und Einführung neuer Belohnungen, die wertvoller als die derzeitigen sind. Die meisten Mitarbeiter wissen, welche Art von Problem sie im Umgang mit ihrem Chef haben; sie wissen auch, wie sie es lösen können. Dennoch: Entweder verstecken sie sich hinter der Behauptung, so etwas könne man nicht machen, oder sie gehen so ungeschickt dabei vor, daß ihnen tatsächlich kein Erfolg beschieden ist. Dann heißt es natürlich immer: ‚Siehst du, ich hab's ja gleich gesagt, daß es so nicht funktioniert.'"[13]

Übernehmen Sie Verantwortung nicht nur für Ihren Job, sondern für Ihre ganze Karriere

Automatische Beförderungen gehören anscheinend der Vergangenheit an:

In den meisten Wirtschaftsbereichen können die Mitarbeiter nicht mehr davon ausgehen, daß sich Beförderungen als Belohnung für loyales Verhalten und gute Leistung von selbst einstellen. Abgeflachte Hierarchien und die verringerte Anzahl an Führungspositionen bedeuten, daß es einfach nicht genügend leitende Stellen für alle Kandidaten gibt, die eine solche vielleicht verdient hätten.

Dem britischen *Institute of Management* zufolge ist bei Managern die Anzahl an Schritten auf der Karriereleiter nach oben seit einem Höchststand in 1987 um fast 40 Prozent gesunken, während sich die nach unten gerichteten Schritte seit 1980 verdoppelt haben. Der Abbau von Führungsebenen und Umstrukturierungsmaßnahmen haben diesen Trend noch verstärkt, so daß mehr und mehr Mitarbeiter zu einem vergleichsweise frühen Zeitpunkt in ihrer Karriere „an der Decke" angelangt sind – an der Stelle, wo sie in einem Unternehmen nicht mehr weiterkommen können. Wissenschaftler am *Sundridge Park Management Centre* befragten Führungskräfte zu diesem Thema zunächst im Jahr 1985 und dann noch einmal 1993. Der wissenschaftliche Berater Peter Harriet berichtet das folgende Ergebnis: „Früher erkannten die Manager meist im Alter von 45 bis 50 Jahren, daß sie wohl keine Beförderung mehr zu erwarten hätten; heute ist dieser Punkt viel früher erreicht – etwa zwischen 30 und 40."[14]

Obgleich eine solche „Endstation" in erster Linie für Führungskräfte gilt, stellen inzwischen auch viele fähige und ehrgeizige Mitarbeiter fest, daß selbst die erste Stufe der Karriereleiter nur unter immer größeren Schwierigkeiten zu erklimmen ist. Mittlerweile kann diese Entwicklung so gut wie jeden Mitarbeiter betreffen – die Bürohilfe ebenso wie die leitende Führungskraft: Man mag alle Voraussetzungen für einen Aufstieg erfüllen, erhält aber keine entsprechende Chance.

Mitarbeiter, deren Karriere solchermaßen vor dem Ende steht, lassen meist drei Reaktionsmuster erkennen:

- Sie zeigen sich demotiviert, verlieren das Interesse an ihrer Arbeit und ihrer Leistung, und ihr Selbstbewußtsein ist beeinträchtigt.
- Sie halten an der Überzeugung fest, wenn sie nur einen noch härteren, längeren oder intelligenteren Arbeitseinsatz zeigten, würde dies letztlich doch noch zu einer Beförderung führen. Sie machen es anderen zu-

nehmend schwer, mit ihnen zusammenzuarbeiten und zu leben, und finden sich einmal weniger mit der Realität ab, wenn sie schließlich erkennen müssen, daß eine Beförderung eben doch nicht erfolgt.
– Sie schätzen die Situation richtig ein und verhalten sich entsprechend.

Den meisten Leuten wird irgendwann in ihrem Berufsleben abverlangt, daß sie sich mit ihrer „Karriere-Endstation" abfinden. Es gibt verschiedene Möglichkeiten, das Beste aus der Situation zu machen:

– *Seien Sie realistisch:* Der erste Schritt ist die Erkenntnis, daß Ihre Karriere an ihrem Endpunkt angelangt ist – nicht, weil Sie persönlich versagt hätten oder nicht zu Größerem fähig wären, sondern einfach deswegen, weil auf der Karriereleiter kein Platz ist. Fragen Sie sich aber auch, ob Sie tatsächlich „an der Decke" sind: Vielleicht warten Sie ungerechtfertigterweise voller Ungeduld auf eine Beförderung, oder Sie haben die Möglichkeiten Ihres derzeitigen Jobs noch nicht richtig ausgeschöpft.
– *Überprüfen Sie Ihre Fähigkeiten:* Nehmen Sie eine kritische Bestandsaufnahme im Hinblick auf Ihre Fähigkeiten vor. Ermitteln Sie Möglichkeiten, wie Sie Ihre Schwächen ausgleichen können – beispielsweise durch Aneignung zusätzlicher Qualifikationen. Überlegen Sie, wie Sie Ihre Stärken besser nutzen können. Und geben Sie Ihrem Chef zu verstehen, wie Ihre Qualifikationen Ihrer Ansicht nach eingesetzt werden können.
Besonders wichtig sind in diesem Zusammenhang solche Fähigkeiten, die überall zum Einsatz kommen können – zum Beispiel Freude an Teamarbeit, Befähigung zu mündlicher und schriftlicher Kommunikation, Begabung im Zuhören und Beraten anderer, Führungspotential, Geschick bei der Erarbeitung von Problemlösungen, unternehmerische Orientierung, Organisationsgeschick in bezug auf die Festsetzung von Prioritäten und eine effektive Zeitplanung oder spezielle mathematische Kenntnisse und Fähigkeiten im Umgang mit Computern.
Ziehen Sie auch Fähigkeiten in Betracht, die Sie außerhalb Ihres Arbeitsplatzes entwickelt haben – etwa ein freiwilliger Arbeitseinsatz, Mitarbeit in einem Familienbetrieb, Gründung einer eigenen Familie oder besondere Freizeitaktivitäten.
„Eine solche Analyse kann genauso wie eine Erweiterung des beruflichen Horizonts Bereiche zu einer persönlichen Weiterentwicklung auf-

zeigen. Immer mehr progressive Arbeitgeber erwarten von ihren Mitarbeitern, daß diese ihre Kompetenzen ausloten und Bereiche ermitteln, in denen der Arbeitgeber ihnen beim Ausbau ihrer Fähigkeiten zum beiderseitigen Nutzen behilflich sein kann", sagt der Karriereberater Chris Dunn, geschäftsführender Direktor der *TDS Consulting Group*.[15]

— *Ermitteln Sie horizontale Karrieremöglichkeiten:* Wenn es „nach oben hin" immer enger wird und eine Beförderung oder Übernahme größerer Verantwortung nicht in Sicht ist, sollten Sie nach horizontalen Karrierewegen suchen, die Ihnen eine Erweiterung Ihrer Fähigkeiten an Ihrem derzeitigen Arbeitsplatz ermöglichen.

Drew Melton beispielsweise ist ein auf Photokopierer spezialisierter Techniker bei *Prospect Associates*, einem Beratungsunternehmen in Maryland. Er fing 1990 als Maschinenarbeiter an und ist heute noch Maschinenarbeiter, aber er hat seinen Verantwortungsbereich erheblich vergrößert. Zwei Wochen nach seiner Einstellung ging er zu Laura Henderson, der Geschäftsführerin bei *Prospect Associates*, und teilte ihr mit, wie er die Produktion von Dokumenten zu verbessern und zu beschleunigen gedachte. Sie gab ihm grünes Licht für sein Vorhaben. „Die hören meinen Vorschlägen zu, und deshalb setze ich mich auch für Veränderungen ein und leiste meinen Beitrag für das Unternehmen", sagt Melton. Heute betreut er ein ganzes Arsenal an *Xerox*-Maschinen und berät die gestreßten *Prospect*-Berater, die ihrerseits seine Liebe zum Detail, mit der er ihren Dokumenten professionelles Aussehen gibt, dankbar anerkennen. Melton ist nicht auf der Unternehmensleiter „aufgestiegen", aber er hat seinen Beitrag zum Unternehmen erhöht, indem er seine Fähigkeiten gezielt einsetzte und seinen Arbeitsbereich weiter ausdehnte. Sein Gehalt hat sich um 40 Prozent erhöht, er wird von den Akademikern im Unternehmen voll anerkannt, und er verspürt seinerseits kein Verlangen, „aufzusteigen".[16]

— *Suchen Sie neue Herausforderungen und Möglichkeiten außerhalb Ihres Arbeitsplatzes*: Eignen Sie sich neue Fähigkeiten und Erfahrungen an – möglicherweise in Form eines Studienurlaubs oder eines Aufenthalts an einer Universität, bei einer Tochtergesellschaft, einer freiwilligen Hilfsorganisation oder einer staatlichen Einrichtung.

Selbst Leute, die gar nicht einmal den Eindruck haben, an ihrer beruflichen „Endstation" angekommen zu sein, sollten es sich in ihrer derzeitigen Funktion nicht allzu bequem machen, schreibt der Management-Autor Desmond Dearlove in der *Times*:

„Führungskräfte, die mehr als drei Jahre in derselben Position sind, laufen Gefahr, durch die ständige Wiederholung derselben Arbeitsaufgaben ohne größere Variationsmöglichkeiten demotiviert zu werden. Wenn die Leistung darunter nicht leiden soll, müssen sie Mittel und Wege finden, „frisch" zu bleiben.

Zum Teil liegt das Problem daran, daß Manager-Müdigkeit häufig den Eindruck einer beruflichen Stagnation und Apathie hervorruft, während zugleich der Streßspiegel ansteigt. Wo noch ein Leistungsabfall hinzukommt, wird der langgediente Manager noch verletzlicher in bezug auf Redundanz – genau die Situation, die er dadurch zu vermeiden sucht, daß er sich nicht vom Fleck rührt."[17]

Sorgen Sie für ein gesundes Gleichgewicht zwischen Arbeitseinsatz und Privatleben

Ricardo Semler, Hauptgeschäftsführer von *Semco Brazil* und ständig auf dem Sprung, hat die Feststellung gemacht, daß die Leitung eines in raschem Wandel befindlichen semi-anarchischen Unternehmens gut und schön ist, ihn wegen streßbedingter Krankheiten allerdings schon fast ins Krankenhaus gebracht hätte – im Alter von 25 Jahren.

„Bevor ich *Semco* reorganisieren konnte", erinnert er sich, „mußte ich mich selbst reorganisieren. Lange Arbeitszeiten waren das erste, was ich in Angriff nahm. Sie sind die stärksten Symptome für die Zeitnot-Krankheit, unter der nur zu viele Führungskräfte leiden. So setzte ich mir 7 Uhr abends als den Zeitpunkt, zu dem ich das Büro verlassen würde, was auch immer anstehen mochte. Danach ging ich ins Kino, las Bücher (keine Fachbücher) oder nahm mir irgend etwas anderes vor – nur keine Arbeit. Als nächstes beschloß ich, radikal zu delegieren und unnötigen Papierkram loszuwerden."[18]

Semler hat sich inzwischen so vollständig erholt, daß er nicht einmal eine Armbanduhr mehr trägt. Dies wiederum ist den meisten britischen Managern wohl nicht möglich. Einer vom *Institute of Management* durchgeführten Untersuchung zufolge arbeiten buchstäblich alle britischen Führungskräfte wesentlich mehr als die vertraglich festgelegten Arbeitsstunden; fast alle kommen regelmäßig auf mehr als 50 Stunden in der Woche. Drei Viertel der Führungskräfte machen sich Gedanken wegen der Spannungen, die sich aufgrund ihrer langen Arbeitszeit in ihren familiären Beziehungen ergeben, und 40 Prozent leiden effektiv unter zu hoher Arbeitsbelastung.

Bei graphischer Darstellung der Arbeitszeiten seit Beginn des zwanzigsten Jahrhunderts zeigt sich, daß Führungskräfte wie auch andere Mitarbeiter im Jahr 1900 ungefähr 60 Wochenstunden arbeiteten, und zwar auf sechs Tage in der Woche verteilt. Bis Mitte der 50er Jahre hatte sich die Arbeitszeit im Durchschnitt um etwa ein Drittel verringert. Seither steigt die Kurve für Manager und andere engagierte Mitarbeiter ständig wieder an, wobei ein Abflachen der Kurve keineswegs in Sicht ist. Vielmehr stehen wir unmittelbar vor der Gefahr, daß sich die arbeitende Bevölkerung in zwei Gruppen teilt: Die eine Gruppe arbeitet 30 Wochenstunden oder weniger und kommt dadurch in weitaus geringerem Maß in den Genuß von Schulung und Weiterbildung, Empowerment und Rechtsschutz; die andere Gruppe arbeitet vielleicht dreimal soviel – auf Kosten der eigenen Gesundheit und ihrer familiären Beziehungen.

„Das ist doch heller Wahnsinn", sagt Charlie Monkcom von der Gesellschaft *New Ways to Work*, einer gemeinnützigen Einrichtung, die sich für flexible Arbeitszeiten einsetzt. „Die einen arbeiten sich halbtot, während andere überhaupt keinen bezahlten Job haben. Das muß einfach anders werden."

Diejenigen, die irrsinnig viel arbeiten, laufen zudem Gefahr, daß die Qualität ihrer Arbeit leidet. Shaun Tyson, Professor für Personalmanagement an der *Cranfield School of Management*, hat in diesem Zusammenhang festgestellt, daß die umgekehrte „U"-Leistungskurve mit Müdigkeit und beginnendem Leistungsabfall nach Überstunden für Führungskräfte ebenso gilt wie für Assistenzärzte oder Mitarbeiter bei der Überwachung des Straßenverkehrs aus der Luft.

Was hält die Leute so lange in ihrem Büro? Semler führt übermäßig lange Arbeitszeiten auf die irrige Annahme zurück, Arbeitsanstrengung und Arbeitsergebnis seien direkt proportional, das Arbeitsquantum zähle mehr als die Arbeitsqualität und Delegation von Arbeit sei gleichbedeutend mit leichter Ersetzbarkeit. Alles Unfug, meint Semler: „Wenn es tatsächlich zuträfe, daß ein erfolgreiches Unternehmen allein dadurch gegründet werden kann, daß man früh zur Arbeit erscheint und bis spät abends bleibt, dann könnte jeder Postbote ein Howard Hughes sein." Doch viele Arbeitgeber verlangen genau dieses von ihren Führungskräften. Tyson vertritt dazu folgende Ansicht: „Nachwuchskräfte und Mittelmanager arbeiten Überstunden, weil sie nicht mehr die Elite sind. Sie verhalten sich – und werden behandelt – wie irgendein anderer Mitarbeiter, wie eine Ressource, die man käuflich erwerben und nach Bedarf wieder abstoßen kann."

Empowerment der eigenen Person bietet einen Ausweg aus dieser demotivierenden Falle. Das haben auch die Juristen bei *F.J. White & Co.* erkannt. Das Unternehmen wurde vor viereinhalb Jahren von einer Gruppe von Anwälten gegründet, die mehr Flexibilität in ihrem Arbeitsleben anstrebten; es handelt sich um eine der wenigen Anwaltskanzleien im Land, die weitgehend Mitarbeiter auf Teilzeitbasis oder mit flexiblen Arbeitszeiten beschäftigen.

„In einer traditionellen Kanzlei machen die Leute eher Überstunden, weil das nach außen hin einen besseren Eindruck macht. Bei uns wird akzeptiert, daß Sie vielleicht um drei Uhr weg müssen, um eines Ihrer Kinder von der Schule abzuholen", sagt Catrin Burton, eine der Anwältinnen bei *F.J. White*.

„Natürlich haben wir alle schon eine Menge Überstunden gemacht, wenn es erforderlich war, aber wir bleiben nie im Büro, um damit Eindruck zu machen. Vielmehr arbeiten wir in der Zeit, die wir hier sind, mit hoher Intensität; wir verzichten auch auf den Plausch mit den Kollegen und auf ein gemütliches Mittagessen im *Pub*; wir straffen unseren Arbeitstag. Wenn man von neun bis drei konzentriert arbeitet, wird sehr schnell deutlich, wieviel Zeit an einem Arbeitstag von neun bis sieben vergeudet wird."

Konzentrieren Sie sich auf eine Arbeit, die Ihnen Freude macht

Die Ermächtigung der eigenen Person fällt leichter, wenn man eine Arbeit gern tut. Aber auch das Umkehrte trifft zu: Ermächtigte Leute haben Freude an ihrer Arbeit.

242

Gemeinhin wird angenommen, daß die meisten Leute arbeiten, um ihre Hypotheken abzuzahlen oder an Macht und Sicherheit zu gewinnen. Doch viele Untersuchungen in bezug auf Arbeitsmotivation und Empowerment widerlegen diese landläufige Meinung. In den Studien wird immer wieder aufgezeigt, daß sich Mitarbeiter in hohem Maß durch ihre Zufriedenheit mit der Arbeit motivieren lassen – wenn die Arbeit stimmt.

Mihaly Csikszentmihalyi, Psychologie-Professor an der *University of Chicago*, kam in einer 1989 unter 1000 amerikanischen Arbeitnehmern durchgeführten Studie zu folgendem Ergebnis: Fast ein Drittel der Informanten sagte aus, sie fühlten sich schon mal im Tagesablauf wie von einer äußeren Macht „beflügelt". Zudem wurde festgestellt, daß Gefühle dieser Art deutlich häufiger während der Arbeitszeit und weniger in der Freizeit empfunden wurden – besonders dann, wenn die Betroffenen einen komplexen und anspruchsvollen Job hatten.[19] Csikszentmihalyi ermittelte, daß sich die Menschen in jeglicher Hinsicht in Höchstform befinden, wenn sie das erleben, was er als „Fließzustand" („*flow*") bezeichnet: Sie erfahren eine Aktivität mit solcher Intensität, daß nichts anderes mehr zu zählen scheint. Signifikant ist, daß solche Hochgefühle in erster Linie am Arbeitsplatz erlebt werden. Und sie sind häufiger, wenngleich keineswegs ausschließlich, auf höheren Ebenen mit offiziellen Verantwortlichkeiten anzutreffen.

In seinem Buch *Flow – The Psychology of Optimal Experience* beschreibt Csikszentmihalyi den Fall von Joe, einem Schweißer aus einer Fabrik in Chicago:

„Joe beherrschte offensichtlich alle Phasen des betrieblichen Ablaufs und war inzwischen in der Lage, notfalls an jedem Arbeitsplatz zu arbeiten. Darüber hinaus konnte er jedes defekte Maschinenteil auswechseln – von riesigen mechanischen Kränen bis hin zu winzigen elektronischen Monitoren. Was die Leute aber am meisten erstaunte, war, daß Joe diese Arbeiten nicht nur meisterte, sondern sich wirklich freute, wenn man ihn holte."

Eine Arbeit, die Hochgefühle auszulösen vermag, weist Csikszentmihalyi zufolge wenigstens einige der nachstehend aufgelisteten Bedingungen auf:

- Die Arbeitsaufgabe ist so geartet, daß wir sie leisten können.
- Wir sind in der Lage, uns voll auf die anstehende Arbeit zu konzentrieren.
- Die Arbeit hat eine klare Zielsetzung, auch wenn sie nicht notwendigerweise im Detail vorbestimmt ist.
- Sie ermöglicht ein spontanes *Feedback*.
- Sie vermittelt uns das Gefühl einer tiefen, mühelosen Konzentration, die uns alle Sorgen und Frustrationen des täglichen Lebens vergessen läßt.
- Sie ermöglicht uns vollständige Kontrolle über unser Vorgehen.
- Bei der Durchführung unserer Arbeit vergessen wir unser eigenes Ich, spüren es dafür aber mit verstärkter Kraft, wenn die Arbeit beendet ist.
- Sie verändert unsere Zeitwahrnehmung, so daß uns Stunden wie Minuten oder Minuten wie Stunden vorkommen.

Ein solches Hochgefühl ist seinen Untersuchungen zufolge nicht durch extern herangetragene Konditionen wie zusätzliche Bezahlung auszulösen. Ein Hochgefühl ist vielmehr ein gänzlich internes Phänomen – die Erfahrung echter Freude an persönlichem Wachstum durch Aneignung immer komplexerer Fähigkeiten.

Als wesentliche Voraussetzung für das persönliche Erlebnis eines derartigen Hochgefühls müssen Sie erkennen, was Sie aus eigenem Antrieb gern tun, um dann eine Arbeit zu finden, die Ihnen entsprechende Motivation bietet.

Fühlen Sie sich motiviert, wenn Sie eine komplexe Aufgabe zu erledigen haben, wenn Sie Kreativität zur Problemlösung einsetzen müssen oder wenn Sie anderen helfen können? Bei den meisten Arbeitsplätzen sind solche Elemente in der einen oder anderen Weise vorgegeben; bauen Sie auf diesen auf, und versuchen Sie, Ihre Karriere in die entsprechende Richtung zu steuern.

Wichtig ist auch, daß Sie Ihre Motivation beibehalten, wenn Sie sonst eher nachlassen würden: Entwickeln Sie größere Selbstdisziplin, setzen Sie sich Ziele bei Ihrer Arbeit und in Ihrem Leben, und verschaffen Sie sich Klarheit darüber, welche Belohnung Sie für Ihre Arbeit erwarten – von sich selbst wie von anderen.

Bemühen Sie sich um ständiges Weiterlernen

Ermächtigte Menschen lernen bei ihrer Arbeit wie auch hinsichtlich ihrer privaten Aktivitäten ständig weiter – das ganze Leben lang. Ermächtigte Menschen haben anderen etwas voraus: Sie wissen, *wie* man lernt.

Chris Argyris von der *Harvard Graduate School of Business and Education* schreibt in diesem Zusammenhang:

„Jedes Unternehmen, das sich im härteren Wirtschaftsklima der 90er Jahre behaupten will, muß zuerst ein grundlegendes Dilemma lösen: Erfolg auf dem Markt ist in zunehmendem Maß lernabhängig, doch die meisten Leute wissen nicht, wie man lernt. Hinzu kommt, daß gerade diejenigen Mitglieder der Organisation, von denen viele meinen, sie seien besonders lernfähig, in Wirklichkeit gar nicht so gut im Lernen sind. Ich spreche von den hochgebildeten, hochmotivierten und einsatzfreudigen Akademikern, die in modernen Unternehmen die wichtigsten Führungspositionen bekleiden."[20]

Gerade die erfolgreichsten Leute haben vielfach die größten Lernschwierigkeiten, meint Argyris, weil sie kaum je Mißerfolge hatten und folglich kaum gelernt haben, aus ihren Mißerfolgen zu lernen. „Sobald mit ihren Lernstrategien etwas nicht stimmt, gehen sie in die Defensive, lassen Kritik nicht an sich herankommen und weisen jedem anderen, nur nicht sich selbst, die Schuld zu. Mit anderen Worten: Ihre Lernfähigkeit läßt sie genau in dem Moment im Stich, wo sie ihrer am meisten bedürfen."

Ein weiteres Problem in bezug auf das Lernen ist Argyris zufolge darin zu sehen, daß die meisten Menschen den Lernprozeß zu eng als einen reinen Problemlösungsprozeß definieren und entsprechend bemüht sind, Fehler im äußeren Arbeitsumfeld zu suchen und zu beheben. Gewiß ist die Ermittlung von Problemlösungen wichtig, aber wenn Lernen ein kontinuierlicher Prozeß sein soll, müssen die Führungskräfte und Mitarbeiter auch ihren Blick nach innen richten. Sie müssen kritisch das eigene Verhalten reflektieren und zu erkennen versuchen, in welcher Weise sie unabsichtlich zu den Problemen im Unternehmen beitragen, um dann ihr Verhalten entsprechend zu ändern. Insbesondere müssen sie lernen, inwieweit ihr eigener Ansatz zur Definition und Lösung von Problemen problematisch sein könnte.

Der Unternehmensberater Milo Lynch hat eine Erklärung dafür: „Unsere Gesellschaft und unser Bildungssystem zielen in erster Linie auf die Entwicklung operativer Fähigkeiten ab – Fähigkeiten, die uns eigenständiges Handeln und Problemlösen ermöglichen; dagegen haben viele Leute nie Gelegenheit gehabt, Fähigkeiten in bezug auf Kooperation oder Teamarbeit zu erlernen oder zu erwerben."

Insbesondere die „Überflieger" unter den jungen Führungskräften sind seiner Ansicht nach gute Problemlöser, aber schlechte Teamkollegen. Und er fügt hinzu, bei solchen Leuten stelle sich dann im nachhinein oft heraus, daß sie weit weniger eindrucksvolle Leistungen erbrächten, als man vor der Beförderung von ihnen erwartet hatte. Eine mögliche Ursache sieht er darin, daß diese Jungmanager weiterhin Problemlöser bleiben, obwohl sie in ihrer neuen Position Probleme an die ihnen unterstellten Mitarbeiter delegieren müßten.

Andere Lernschwierigkeiten gerade bei jungen Führungskräften sieht er in folgenden Unzulänglichkeiten: Konzentration auf eine einzige Problemdimension, kurzfristige Perspektive, vorschnelle Fehlerermittlung, ausgeprägte Argumentations- und Diskussionsfreudigkeit und Unfähigkeit, anderen zuzuhören.

Lynch fordert solche Führungskräfte auf, sich über ihre Zweckbestimmung Klarheit zu verschaffen (warum führe ich eine bestimmte Aufgabe aus?) sowie Endresultate und Erfolgskriterien zu definieren:

„Ich lege Wert auf die Entwicklung von Fähigkeiten in bezug auf Voraussicht, Vorstellungsvermögen und Weitblick. Ich halte diese Charakteristika für unabdingbar bei Managern, deren Interessen zwangsläufig darauf hinauslaufen, die Zukunft zu bewältigen, sich ein Bild von ihr zu machen und diese Vision den Kollegen mitzuteilen. Dies sind lediglich Erweiterungen grundlegender kooperativer Fähigkeiten, die sich für jedes Individuum als äußerst wertvoll erweisen. Und sie sind notwendig, um mit anderen zusammenzuarbeiten, zu führen, zu motivieren, zu begeistern, aufmerksam zuzuhören, Erfahrungen zu nutzen, gemeinsame Visionen zu schaffen, die Fähigkeiten anderer zu erkennen und zu nutzen und ihnen zu größerem Selbstvertrauen zu verhelfen.

Mit anderen Worten: Es bedarf kooperativer Fähigkeiten, wenn man seine Mitarbeiter ermächtigen will."

Viele Akademiker lernen diese Dinge erst, wenn sie durch eine Krisensituation dazu gezwungen werden, sagt J.B.M. Kassarjian, ein Management-Professor am *Babson College* in Wellesley, Massachusetts:

„Auf die Frage hin, welche Lernsituationen in ihrer Karriere ein besonderes Schlüsselerlebnis gewesen seien, nennen die meisten leitenden Führungskräfte ein Schockerlebnis, das sie zu verarbeiten hatten: eine unerwartete Herausforderung, ein bestürzendes Ergebnis oder einen unerwarteten Mißerfolg. Entsprechend stieg ihre Erwartungshaltung stark an und verlagerte sich zuweilen in ganz andere Richtungen. Sie mußten ihre noch nie erprobten Fähigkeiten erst einmal selbst kennenlernen, indem sie sich auf das äußerste anstrengten, eine bislang ungewohnte Hürde zu nehmen."[21]

Erarbeiten und verfolgen Sie einen persönlichen Entwicklungsplan

Ermächtigte Leute arbeiten daran, ungewohnte Hürden zu nehmen, indem sie sich an einen persönlichen Entwicklungsplan halten.

Die Möglichkeiten hierzu sind in den einzelnen Organisationen unterschiedlich. Ein wichtiger erster Schritt ist jedoch allemal die Erkenntnis, daß sämtliche Aspekte Ihres Lebens einer Weiterentwicklung bedürfen. Beispielsweise mag ein Manager als Experte auf seinem Fachgebiet zu Weltruhm gelangen, aber dennoch nicht die Reife erlangen, die erst ein Engagement außerhalb des Arbeitsplatzes zu vermitteln vermag.

Unser Modell sieht eine Entwicklung in vier Richtungen vor:

1. *Beruf*: derzeitiger Arbeitsplatz einschließlich der Anforderungen der nächsten Zukunft.
2. *Karriere*: häufig – aber nicht zwangsläufig – identische Überlegungen.

3. *Familie*: Die Arbeiten von Edgar Schein (*Alfred P. Sloan School of Management* mit Sitz in Boston) sowie anderer Pioniere in bezug auf Untersuchungen zum Bigamieverhältnis von Familie und Beruf deuten darauf hin, daß die familiären Ansprüche häufig zu derselben Zeit ihren Höhepunkt erreichen wie die Ansprüche in Beruf und Karriere.
4. *Freizeit und Selbstverwirklichung*: Bedürfnis nach Leistungserbringung außerhalb von Beruf und Karriere.

Ein wichtiger Grundstein eines jeden Selbstentwicklungsprogramms ist die Fähigkeit des einzelnen, alle diese konfligierenden Ansprüche und Bedürfnisse zu verstehen und miteinander in Einklang zu bringen. Zugleich muß erkannt werden, warum es notwendig ist, sich persönliche Ziele zu setzen und darauf hinzuarbeiten. Die einzelnen Schritte zur Erarbeitung eines persönlichen Entwicklungsplans werden im folgenden beschrieben.

Setzen Sie sich anspruchsvolle, aber realistische Ziele

Hier gilt es, einen Ausgleich zwischen Enthusiasmus und Vision einerseits und Klugheit und Erfahrung andererseits zu finden. Halten Sie sich an die folgenden Schritte:

– Ermitteln Sie Ihren derzeitigen *Status quo*.
– Erkennen, verstehen und akzeptieren Sie die Realität persönlicher Stärken und Schwächen.
– Ermitteln Sie Entwicklungsoptionen.
– Legen Sie hinsichtlich dieser Entwicklungsoptionen im Rahmen klar definierter persönlicher Ziele eindeutige Prioritäten fest.

Das Ganze ist ein iterativer Prozeß. Es ist schwer zu ermitteln, wo Sie jetzt stehen, wenn Sie nicht ein klares Ziel als Maßstab vor Augen haben. Zugleich gilt es, Ziele unter Berücksichtigung Ihres persönlichen Potentials zu bestimmen.

Ruth Hartley, Leiterin der Materialplanung und Lagerwirtschaft in der Betriebsabteilung der *Hiram-Walkers*-Zentrale in Horsham, hat das vom Unternehmen angebotene Programm für individuelles Lernen absolviert. Sie hat die Feststellung gemacht, daß es produktiver war, sich eher arbeitsbezogene als allgemeine Ziele zu setzen. „Es ist besser, Lernziele zu bestimmen, die eng mit dem jeweiligen Arbeitsplatz verbunden sind – und sei es nur, weil der Zeitdruck sie realistischer werden läßt."[22]

Ermittlung von Realisierungsmöglichkeiten:
Die meisten Leute sind in der Lage, mit vergleichsweise geringer Unterstützung von außen Mittel und Wege zur Erreichung ihrer Ziele ausfindig zu machen – über Beförderungen oder Aus- und Weiterbildung. Diese Möglichkeiten sind keineswegs auf rigide Art und Weise wahrzunehmen. Sie nehmen mit der Bestimmung der Prioritätsziele ihren Anfang und fächern sich dann immer mehr in praktische, sofort zu ergreifende Aktionsschritte auf. Dazu gehören auch eindeutige Meilensteine, die im Gespräch mit anderen Leuten, die ein Interesse an der Entwicklung des Betreffenden haben, als Bezugspunkte gelten können.

Überprüfung der bisherigen Fortschritte:
Da die meisten Leute Schwierigkeiten haben, sich strikt an einen persönlichen Entwicklungsplan zu halten, kann das Unternehmen mit verschiedenen Methoden motivierend und fördernd behilflich sein. In solchem Zusammenhang ist ein Beurteilungsprozeß ausgesprochen wichtig. Auch Ausübung von Druck seitens der Kollegen sowie das Angebot einschlägiger Beratungsdienste spielen eine Rolle. Vor allem aber kann das Unternehmen seine Anerkennung zum Ausdruck bringen, wenn die Mitarbeiter ihre individuell gesetzten Meilensteine erreichen.

3. Schlußfolgerung

Die Ermächtigung der eigenen Person ist eine wichtige Herausforderung, die sich bei jedem Empowerment-Programm stellt. Der erste Schritt ist die Erkenntnis, daß Sie bereits eine Menge Macht besitzen – ungeachtet Ihrer Position in der Organisation. Es geht lediglich darum, die erforderlichen Fähigkeiten zur Nutzung dieser Macht zu entwickeln.

Mit dem Empowerment Ihrer eigenen Person sollten Sie folgendes erreichen: Sie leisten an Ihrem Arbeitsplatz effektivere Arbeit, pflegen als Vorgesetzter einen angenehmeren Umgang mit Ihren Mitarbeitern und verspüren größere persönliche Zufriedenheit. Als Schriftsteller, Vagabund,

Gärtner, Küchenjunge und ausgesprochen ermächtigte Person hat Maxim Gorkij einmal sinngemäß festgestellt: „Wenn Arbeit Vergnügen ist, ist das Leben Freude! Wenn Arbeit Pflicht ist, ist das Leben Sklaverei."

4. Literaturhinweise

[1] Oddey, G. (1993) „Take a horse to water, but ..." *Managing Service Quality*, November 1993

[2] Marshall, C. (1990) „Flat, not flatulent", *Management Today*, April 1990

[3] Rosener, J.B. (1990) „Ways women lead", *Harvard Business Review*, November/Dezember 1990

[4] Kempner, T. (1990) „Guidelines to life as a subordinate", *The Times*, 23. August 1990

[5] McNamara, J. (1993) „Ford's engineers become lateral thinkers", *Financial Times*, 10. Mai 1993

[6] Matson, J.B. (1992) „From entrepreneurship to intrapreneurship – the problem of organization rejection", *MBA Update*, Mai 1992

[7] Martin, P. (1990) „How to become indispensable", *Financial Times*, 2. Juni 1990

[8] *Ibid.*

[9] *Ibid.*

[10] Dearlove, D. (1993) „Shout if you see it's wrong", *The Times*, 25. November 1993

[11] Pickard, J. (1993) „The real meaning of empowerment", *Personnel Management,* November 1993

[12] Dearlove, D. (1993) „Shout if you see it's wrong", *op. cit.*

[13] Matejka, J.K./Dunsing, J.R. (1989) „Managing the baffling boss", *Personnel*, Februar 1989

[14] Dearlove, D. (1994) „Rewards on the level", *The Times*, 20. Januar 1994

[15] Schofield, P. (1993) „Take ownership of your career", *The Sunday Times*, 14. November 1993

[16] Ehrenfeld, T. (1993) „Bottoms up", *Inc*, Juli 1993

[17] Dearlove, D. (1993) „Fresh steps that dodge job fatigue", *The Times*, 1. April 1993

[18] Semler, R. (1993) *Maverick!* (London: Century)

[19] Dixon, M. (1991) „The spiritual dimension of high performance", *Financial Times*, 3. April 1991

[20] Argyris, C. (1991) „Teaching smart people how to learn", *Harvard Business Review*, Mai/Juni 1991

[21] Kassarjian, J.B.M. (1991) „Jolt your managers out of their comfortable groove, they may learn to lead change", *Perspectives for Managers*, Nr. 4., 1991

[22] Cunningham, I./Hurley, B. (1993) „Imbibing a new way of learning", *Personnel Management*, März 1993

Kapitel 9

Fallstudien

Oticon

Oticon, ein auf dem Weltmarkt führender Hersteller für Hörhilfen, hat ein grundlegend neues Management- und Kommunikationssystem entwickelt: „Wir versuchen, von einer Kommandostruktur zu einer Problemlösungsstruktur zu gelangen. Projekte, Management und Mitarbeiter sind eng ineinander verschlungen. Wir nennen das ‚Spaghetti-Organisation‘", sagt Lars Kolind, geschäftsführender Direktor von *Oticon.*

Das Unternehmen *Oticon* mit Sitz in Kopenhagen weist eine „fließende" Organisationsstruktur auf, die den Mitarbeitern auch Problemlösungen außerhalb ihres eigenen Bereichs ermöglicht. „Wir haben eine integrierte, keine strukturierte Organisation, aber sie ist schnell und kreativ, und sie funktioniert", meint Kolind.

Der erste Schritt bei *Oticon* bestand darin, sämtliche Trennwände zwischen den Bürozellen herauszureißen. Die 130 Führungskräfte und Mitarbeiter arbeiten jetzt in einem einzigen großen, offenen Büro. „Früher", erklärt Kolind, „wurde viel zu viel Energie auf Abteilungsegoismus verschwendet." Jetzt, wo alle in einem Großraumbüro vereint sind, hofft er, daß die alte Machtstruktur zerfällt.

Bei *Oticon* sind auch alle Schreibtische abgeschafft worden. Jeder Mitarbeiter hat einen mobilen Arbeitsplatz, den er dorthin rollt, wo er jeweils gebraucht wird. Alle Arbeitsplätze sehen identisch aus: Schreibtischplatte ohne Schublade und persönliche Utensilien, lediglich mit einem Computer darauf.

„Die Mitarbeiter müssen mobil sein, weil ihre Arbeitsfunktionen veränderlich sind", sagt Kolind. „Ein Ingenieur arbeitet unter Umständen den einen Tag am Design von Superchips und den nächsten an einem völlig anderen Projekt, wo er Marktuntersuchungen durchführt oder telefonisch Auskünfte erteilt."

Diese „fließende" Organisationsstruktur hat erhebliche Auswirkungen auf die einzelnen Arbeitsplätze. So sagt einer der Funktionsleiter: „Ich bringe jetzt mehr Zeit für Gespräche mit anderen Mitarbeitern auf, meine Arbeitsaufgaben variieren weitaus stärker als bisher, und alles läuft viel schneller und glatter als früher."

Die einzigen Pflichtaufgaben am Tag sind die Lektüre der betriebsinternen Nachrichten und die Durchsicht der Post, die schon frühmorgens geöffnet und über Scanner-Einrichtungen in das Computersystem eingegeben worden ist. Bei *Oticon* wird alles Material im Rahmen einer unternehmensweiten Kriegsführung gegen die Papierflut im Computer erfaßt. „Wir sind von seitenlangen Memos zum Direktgespräch übergegangen, wenn wir etwas zu regeln haben", sagt Kolind. Wichtige Dokumente werden in den Computer „gescannt" und dann zusammen mit allem unwichtigen Kram in den Reißwolf gesteckt. Nun rotieren die in Fetzen zerrissenen Memos und Dokumente symbolisch durch die Kantine des Unternehmens.

„Dadurch", so meint eine Sekretärin, „hat sich die Qualität meiner Arbeit verbessert. Ich vergeude viel weniger Zeit mit trivialen Aufgaben wie Abtippen von Memos oder Kopierarbeiten – also mit Papierkram – und nutze den so entstandenen Freiraum, um meine Fähigkeiten zu verbessern und sie bei qualifizierteren Arbeiten einzusetzen."

Da alle Projektdetails wie auch sämtliche Finanzdaten im Computer abgespeichert sind, kann sich jeder Mitarbeiter in Minutenschnelle über den Status irgendeines laufenden Projekts informieren und sich einen Überblick über die Unternehmensleistung verschaffen, wenn er sich nur eine halbe Stunde vor den Bildschirm setzt.

Der Projektleiter Steen Davidson meint, diese absolut offene Informationsstrategie biete völlig neue arbeitsorganisatorische Möglichkeiten. Die Projekte werden nicht mehr von verschiedenen Abteilungen betreut; statt dessen gilt jedes Projekt bis zu seiner Beendigung als eine geschlossene Einheit, in der verschiedene Spezialisten arbeiten. Die Projektteams bil-

254

den sich ständig neu und bestimmen von sich aus, welche Aufgaben von welchem Interessenten durchgeführt werden sollen, und auch die einzelnen Mitarbeiter wählen selbst die Projekte aus, an denen sie mitarbeiten wollen: Sie können sich für jede Arbeit bewerben, bei der sie ihrer Ansicht nach einen nützlichen Beitrag leisten können.

Dennoch ist das System keineswegs so chaotisch, wie es auf den ersten Blick erscheinen mag. Die Projektleiter sind für die gesamte Durchführung des Vorhabens verantwortlich, und bei jedem Projekt gibt es meßbare Zielsetzungen, die monatlich überprüft und erfolgskritisch bewertet werden: minimaler, akzeptabler oder, recht häufig, exzellenter Erfolg. Und um sicherzustellen, daß auch die langweiligen Arbeiten getan werden, sind alle Mitarbeiter, von den Sekretärinnen bis zu den Führungskräften, verpflichtet, ihr Pensum an weniger beliebten Arbeiten zu erledigen – zum Beispiel im Rahmen der umfassenden Postaktion, die das Unternehmen zweimal im Jahr vornimmt.

Zuerst, sagt Davidson, seien die Mitarbeiter in bezug auf die neue Strategie verunsichert gewesen. Und Kolind fügt hinzu: „Einige Führungskräfte waren zunächst nicht einverstanden, daß sie nun den ganzen Tag über von ihren Mitarbeitern beobachtet werden konnten." Doch die meisten haben sich inzwischen damit abgefunden. „Kürzlich erklärte eine Sekretärin, sie fände ihre Arbeit jetzt viel interessanter und zöge die neue Arbeitsform der alten eindeutig vor", sagt Davidson. Doch diese Akzeptanz war nicht so leicht zu erreichen: Das Unternehmen brauchte sechs Monate Überzeugungsarbeit, um den Mitarbeitern die neue Strategie transparent zu machen – mit Hilfe von Gruppengesprächen und externen Beratern, die Kritikpunkte am alten System aufzeigten und zur weiteren Diskussion anregten.

Gewiß – *Utopia* ist noch lange nicht in Sicht, aber immerhin wiegen die konkreten Vorzüge der neuen Struktur die bisherigen Probleme auf. Arbeitstempo und Kreativität sind die Vorzüge, die am unmittelbarsten in Erscheinung treten – und am dringendsten benötigt werden. Als kleiner Hersteller, der sich gegen die immer stärkere Konkurrenz multinationaler Konzerne behaupten muß, konnte *Oticon* nicht auf Kostenvorteile hoffen. Kolind setzte statt dessen auf Produktivitätsvorteile: „Das Ziel dieser Umstrukturierung bei *Oticon* war eine 30prozentige Produktivitätssteigerung

innerhalb von drei Jahren. Dieses Ziel haben wir erreicht, und die Zeitspanne bis zur Vermarktung unserer Produkte konnte um 50 Prozent reduziert werden."

Davidson zufolge will das Unternehmen dem Experiment Erfolgschancen
„bis in alle Ewigkeit" geben. Kolind räumt allerdings auch ein, daß es sich
nur um ein Experiment handele. Wenn es auf Dauer keinen Bestand hat,
will das Unternehmen wieder zum alten System zurückkehren. Doch dies
wird so schnell nicht geschehen: „Unser System mag für Außenstehende
wie eine Art organisiertes Chaos aussehen", sagt Kolind, „aber es ist ein
organisiertes Chaos, das funktioniert."

Nissan Motor (GB) Ltd

Im Jahr 1990 traf die *Nissan Motor Company* die Entscheidung, ein Unternehmen mit eigener Zielsetzung zu gründen: Die *Nissan Motor (GB)
Limited (NMGB)* sollte Autos und Nutzfahrzeuge im Vereinigten Königreich vertreiben. Das neue Unternehmen hatte sich das ehrgeizige Ziel gesetzt, einen 10prozentigen Anteil am britischen Markt zu gewinnen und
bis zum Jahr 2000 aufgrund einer besonders hervorragenden Kundenbetreuung als bester Fahrzeugvertreiber anerkannt zu werden.

Allerdings ging es nicht nur darum, daß die *NMGB* diesen Aufgaben gerecht zu werden vermochte – das Unternehmen mußte innerhalb von weniger als einem Jahr auf die Beine kommen: In der kurzen Zeit von April
bis Dezember 1991 galt es, ein ganzes Unternehmen mitsamt Händlernetz
zu organisieren.

Anthony Eastwood, Personalleiter bei *NMGB* und zuständig für Öffentlichkeitsarbeit, meint dazu:

„Wir wußten, daß die Gründung des Unternehmens und die Erreichung
der Ziele, die wir uns gesetzt hatten, nur mit Hilfe guter Leute möglich
waren. Wir sind ein Dienstleistungsunternehmen – wir stellen ja nichts
her; man kann zwar die Prozesse effizienter gestalten, aber letztlich sind
es die Mitarbeiter, die die eigentliche Leistung erbringen. Der einzige Weg
zum Erfolg bestand also darin, ein Unternehmen zu gründen, in dem die

Mitarbeiter den Freiraum und die Fähigkeit besaßen, unsere weitreichenden Ziele zu erfüllen."

Eastwood und seine Kollegen schlugen vor, *NMGB* von Anfang an als eine auf Empowerment ausgerichtete Organisation zu gründen. Die Empowerment-Version von *Nissan* umfaßt vier entscheidende Faktoren:

- eine Empowerment-Kultur,
- eine unterstützende Struktur,
- aufgeschlossene Mitarbeiter,
- ein „Verbundsystem".

„Alle vier Faktoren sind erforderlich, wenn wir Erfolg haben und die Vorteile einer ermächtigten Belegschaft nutzen wollen", sagt Eastwood.

Empowerment-Kultur

„Wir wollten eine Organisation schaffen, in der Verlaß darauf ist, daß die Mitarbeiter eigene – und richtige – Entscheidungen treffen, auch wenn häufig nur recht undeutliche Hintergrundinformationen verfügbar sind", sagt Eastwood.

„Wir strebten eine Kultur an, in der das japanische *Kaizen*-Prinzip einer kontinuierlichen Verbesserung praktiziert wird und in der sich die einzelnen Mitarbeiter unterstützt sehen, ihre Tätigkeiten ständig zu beurteilen und sich zu fragen, ob sie irgend etwas besser machen können.

Dazu brauchten wir sowohl hochqualifizierte Mitarbeiter als auch Leute, die im Team arbeiten konnten; beide Ansprüche sind nicht immer miteinander vereinbar. Vor allem mußten wir von allen unseren Mitarbeitern Flexibilität verlangen. Die Leute sollten natürlich auf ihre Aufgaben vorbereitet werden, aber sie mußten auch damit rechnen, daß sich die Anforderungen an die einzelnen Funktionen mit der Zeit ändern würden."

Eine durch Teamarbeit geprägte Unternehmenskultur erweist sich zuweilen für Führungskräfte und Vorarbeiter als schwierig – besonders dann, wenn enge Lieferfristen einzuhalten sind: „Manchmal muß man schon die

Zähne zusammenbeißen und die Teams arbeiten lassen; es geht einfach nicht an, daß man deren Befugnisse zurücknimmt und die Arbeit selbst macht."

NMGB führt keine spezifischen Empowerment-Schulungskurse durch. „Wir betrachten Empowerment als einen allmählichen Prozeß – nicht als etwas, was man sich durch Schulung aneignen könnte. Doch Schulungsmaßnahmen als solche spielen bei der Schaffung einer Empowerment-Kultur eine wichtige Rolle, und wir bringen unsere Empowerment-Vorstellungen durchaus in die Planung unserer Kurse ein", sagt Eastwood.

Unterstützende Struktur

Die zur Förderung einer solchen Empowerment-Kultur eingerichtete Struktur umfaßt viele Elemente, wie sie bei den meisten ermächtigten Unternehmen anzutreffen sind.

Als erstes gibt es keine festen Arbeitsplatzbeschreibungen. „Das heißt aber nicht, daß die Mitarbeiter nicht wüßten, was sie zu tun haben", sagt Eastwood.

„Wir haben ein umfassendes leistungsorientiertes Managementsystem, das Mitarbeitern wie Führungskräften einen genauen Überblick über die jeweiligen Anforderungen vermittelt. Allerdings waren wir der Meinung, daß eine formale Stellenbeschreibung für jeden einzelnen Arbeitsplatz die Flexibilität, die wir bewußt fördern möchten, einschränken würde. Wenn wir zu jemandem sagen, ‚Sie sind für A, B und C zuständig‘, so bedeutet das doch zugleich: ‚Sie sind nicht für E, F und G zuständig.‘ Jeder Mitarbeiter muß bereit sein, alles Notwendige zu tun, um die Unternehmensanforderungen zu erfüllen. Wir haben keine Zeit für Abgrenzungsdispute."

Die Organisationsstruktur bei *NMGB* ist vergleichsweise flach. Es gibt fünf Arbeitsplatzkategorien, aber auch diese Abstufung wird keineswegs rigoros gehandhabt – es gibt durchaus Überlappungen. „Viele Unternehmen im Land sind derzeit dabei, durch Abbau von Führungsebenen zu einer weniger hierarchischen Struktur zu gelangen. Wir hatten den Vorteil, daß wir von Null anfangen konnten; wir haben von Anfang an eine flache Organisation entwickelt und mußten nicht erst den zuweilen schmerzlichen Prozeß des Abbaus von Führungsebenen durchlaufen", meint Eastwood.

„Wie bei einer so geringen Anzahl von Arbeitsplatzkategorien zu erwarten ist, sind mit jeder dieser Kategorien vielfältige Verantwortungen verbunden", fügt er hinzu.

„Wir haben Sachbearbeiter in der Verwaltung, die für den Abschluß von Verträgen im Wert von mehreren hunderttausend Pfund mit externen Agenturen verantwortlich sind. Und wenn ein Manager am dichtesten am Kopierer sitzt, ist er derjenige, der eben mal 200 Fotokopien macht. Jeder Mitarbeiter hat den Freiraum, seine Verantwortlichkeiten zu erweitern und seine Funktionen optimal im Rahmen der eigenen Zielsetzung zu nutzen."

NMGB wollte auch sicherstellen, daß die angestrebte Flexibilität nicht durch lästige Vorschriften und Verfahren behindert würde; entsprechend war das Unternehmen bemüht, den bürokratischen Aufwand auf ein Minimum zu beschränken.

„Offensichtlich läßt sich Bürokratie in einigen Bereichen nicht umgehen, aber aus demselben Grund, aus dem wir den Mitarbeitern keine festen Arbeitsplatzbeschreibungen vorgeben wollten, haben wir detaillierte Ausführungen zur Art der Aufgabendurchführung nach Möglichkeit vermieden. Wir sind der Meinung, daß unsere Mitarbeiter intelligent genug sind, selbst zu entscheiden, wie sie ihre Ziele erreichen wollen. Schließlich kennen sie sich mit ihrem Job besser aus als irgendein anderer. Auch unsere internen Kommunikationen halten wir so informell wie möglich. Wenn jemand einem Kollegen etwas mitzuteilen hat, soll er es gleich tun und nicht erst hochtrabende Memos verschicken, die dann womöglich noch für Hinz und Kunz kopiert werden."

Auch die Raumgestaltung in Form eines Großraumbüros soll Flexibilität fördern. Eastwood meint dazu: „Hier hatten wir ebenfalls den Vorteil, daß wir unsere Vorstellungen schon räumlich verwirklichen konnten. Man braucht Großraumbüros, um eine Atmosphäre zu fördern, wie wir sie anstreben, aber Großraumbüros allein reichen nicht. Mehr als alles andere braucht man aufgeschlossene Mitarbeiter."

Aufgeschlossene Mitarbeiter

Die *NMGB*-Manager legen besonderen Wert darauf, die „richtigen" Mitarbeiter einzustellen. „Struktur und Personal müssen zueinander passen, und deshalb war es wichtig, daß wir geeignete Mitarbeiter für unsere Empowerment-Kultur und die unterstützende Organisationsstruktur fanden", sagt Eastwood.

Bei *NMGB* bedeutet dies unter anderem, daß die Leute hochqualifiziert sein müssen. Über ein Drittel der Mitarbeiter sind Akademiker oder weisen vergleichbare Qualifikationen auf.

Dazu erläutert Eastwood: „Wir stellen nur selten jemanden für eine ganz spezifische Aufgabe ein – wir sind eher an Leuten interessiert, die aufgrund ihrer Fähigkeiten eine langfristig angelegte Karriere bei *Nissan* ins Auge fassen." Und er fügt hinzu:

„Wir suchen Leute, die imstande sind, außerhalb der traditionellen Arbeitsgewohnheiten zu denken, die aufgeschlossen und bereit sind, sich einer Herausforderung zu stellen. Das ist absolut notwendig in einer Empowerment-Organisation. Es gibt Menschen, die gar nicht daran interessiert sind, mehr Verantwortung zu übernehmen oder Verbesserungsvorschläge zu machen. Sie wollen lediglich zum Dienst kommen, ihr tägliches Arbeitssoll erfüllen und dann wieder nach Hause gehen. An sich ist daran auch nichts auszusetzen, und manche Organisationen brauchen genau solche Mitarbeiter. Aber in einem Unternehmen wie *NMGB* brauchen wir eben Mitarbeiter, die willens und fähig sind, selbständig zu denken.

Es mag vielleicht überraschen, aber wir suchen auch Leute mit Erfahrung in der Motorbranche. In einer idealen Welt wäre es verlockend gewesen, viele Mitarbeiter von außerhalb zu holen, die bisher noch nichts von den eingefleischten Traditionen dieses Industriezweigs mitbekommen haben. Da wir aber nur neun Monate Zeit hatten, um ein voll funktionsfähiges Unternehmen auf die Beine zu stellen, brauchten wir Mitarbeiter, die sich in der Branche auskannten – besonders in den leitenden Positionen."

Bei der Personaleinstellung wird den potentiellen *NMGB*-Mitarbeitern auch deutlich gesagt, was auf sie zukommt: „Wir weisen in aller Klarheit darauf hin, welcher Art unsere Kultur ist und daß eine flache Struktur unweigerlich bedeutet, daß nicht jedes Jahr mit einer Beförderung zu rechnen ist. Vielleicht verlieren wir dadurch den einen oder anderen guten Kandidaten, aber andererseits haben wir dann letztlich auch Mitarbeiter, die sich in ihrem Unternehmensalltag bei *Nissan* wohlfühlen“, sagt Eastwood.

„Verbundsystem“

Zusammengehalten wird die *NMGB*-Struktur durch ein leistungsorientiertes Managementsystem *(Performance Management System, PMS)*. Dieses System stellt die Verbindung zwischen den einzelnen Aktivitäten und den Unternehmenszielen her; außerdem trägt es dazu bei, daß sich ein Team mit ermächtigten Teammitgliedern, die gemeinsam auf bestimmte Unternehmensziele hinarbeiten, zu einer Gruppe von „freien“ Mitarbeitern entwickelt, denen die Arbeit Freude macht.

Kurz gesagt: Das leistungsorientierte Managementsystem bringt die individuellen Ziele mit den Unternehmenszielen in Einklang. „Die Mitarbeiter müssen sich darüber im klaren sein, was das Unternehmen erreichen will und welche Rolle die einzelnen Abteilungen dabei spielen, so daß jeder einzelne in der Lage ist, seine Entscheidungen im besten Interesse des Unternehmens zu treffen“, erläutert Eastwood.

Das leistungsorientierte Managementsystem gewährleistet klar definierte Zielsetzungen sowohl auf organisatorischer als auch auf individueller Ebene und überprüft mit Hilfe eines Kontrollsystems, ob und wie gut diese Zielsetzungen erreicht werden.

Zunächst macht die Unternehmensleitung Zielvorgaben auf der Organisationsebene. Diese Zielvorgaben werden allen Mitarbeitern, nicht nur den leitenden Führungskräften, mitgeteilt.

„Ein solches Kommunikationsverhalten ist in einer Empowerment-Organisation unerläßlich. Die Mitarbeiter müssen wissen, wo die Zielpfosten stehen und was die Organisation erreichen will, damit sie ihrerseits eine

Vorstellung davon entwickeln können, welchen persönlichen Beitrag sie leisten müssen", sagt Eastwood.

Im weiteren wird dann eine Abfolge von Zielen aufgestellt, wobei jeder Mitarbeiter seine persönliche Beitragsleistung kennt und befürwortet: Die Direktoren bestätigen ihren Funktionsbereich bei der Realisierung der Unternehmensziele; die Manager stimmen mit ihren Direktoren ab, wie ihre Abteilungen zur Erreichung der funktionalen Ziele beitragen können; die einzelnen Mitarbeiter schließlich vereinbaren mit ihren Führungskräften, welche Aufgaben sie bei der Erreichung der Abteilungsziele übernehmen sollen. Dies sei kein sonderlich neuer oder radikaler Ansatz, meint Eastwood, aber er habe sich aus drei Gründen bewährt:

– Das leistungsorientierte Managementsystem betont eine gemeinsam vereinbarte Zielsetzung: Individuelle, abteilungsbezogene, funktionsbezogene und unternehmensweite Ziele werden nicht von oben diktiert, sondern mit den jeweils Verantwortlichen abgestimmt.
– Das leistungsorientierte Managementsystem läßt eine Selbsteinschätzung zu: Die einzelnen Mitarbeiter können selbst abschätzen, wie gut sie ihre Ziele erreicht haben, zugleich aber auch von ihren Führungskräften beurteilt werden.
– Das leistungsorientierte Managementsystem ist ein Gemeinschaftswerk der Direktoren und Führungskräfte des Unternehmens. „Das Management-Team war ein wesentlicher Bestandteil bei unseren Beratungen über das neue Konzept", sagt Eastwood. „Die Direktoren und Führungskräfte nahmen an einem eintägigen Schulungsprogramm teil, damit eine einheitliche Durchführung der Beurteilungen gewährleistet war. Dies mag zunächst als nicht so wichtig erscheinen, aber wir alle wissen, wie schwer es ist, leitende Führungskräfte zur Teilnahme an Weiterbildungskursen zu bewegen."

Eastwood zufolge profitiert *NMGB* bereits vom Empowerment:

„Der größte Vorteil ist darin zu sehen, daß wir unsere Verkaufsziele erreicht haben. Schließlich sind wir ja angetreten, um Autos zu verkaufen. Der zweite große Vorteil ist die Schaffung eines dynamischen und anregenden Arbeitsklimas, in dem sich die meisten Mitarbeiter dadurch motivieren lassen, daß die Erreichung ihrer individuellen Ziele auf der Basis von

Teamarbeit und Flexibilität zur Unternehmensleistung insgesamt beiträgt. In einer solchen Arbeitsatmosphäre können wir unsere Ziele in den kommenden Jahren mit großer Zuversicht in Angriff nehmen. Übrigens: Wenn wir nicht den Empowerment-Ansatz gewählt hätten, wäre unser Vorhaben vermutlich gar nicht gelungen. Ganz bestimmt hätten wir nicht die hervorragenden Mitarbeiter, mit denen wir jetzt unser Prinzip einer kontinuierlichen Verbesserung nachhaltig verfolgen können."

British Maritime Technology

Im Jahr 1992 entwickelte Andrew Tyler, ein 24 Jahre alter Marineforscher bei der Forschungseinrichtung *British Maritime Technology (BMT)*, ein neues Informationssystem, mit dem sich die Ölverschmutzung des Meeres feststellen läßt. Produktentwicklungen waren in seiner Stellenbeschreibung ebensowenig vorgesehen wie Marketing oder Verkaufsförderung; dennoch ist Andrew Tyler inzwischen für sämtliche Aspekte der Vermarktung und Weiterentwicklung des neuen Systems verantwortlich. Nach *BMT*-Sprachgebrauch ist er der *Champion* für das neue Informationssystem.

„So viel Freiheit und Verantwortung würde mir wohl nirgendwo sonst zugestanden", sagt Tyler, der inzwischen 26 ist und die Abteilung für Technologie und Wirtschaftsentwicklung bei der *BMT*-eigenen *Marine Information Systems Group* leitet. „*BMT* ist ein Unternehmen, das seine Mitarbeiter an einer extrem langen Leine führt; und man wird nach seinen Ergebnissen, nicht nach Titel oder Alter, beurteilt."

Noch fünf Jahre zuvor wäre bei *BMT* ein derartiges *Championat* für eine solche Idee „völlig undenkbar" gewesen, sagt Andrew Docherty, *BMT*-Service-Direktor. „Dafür hätten zu viele bürokratische Ebenen durchlaufen werden müssen. Die Organisation war für solche Aktionen einfach nicht geeignet."

BMT hat drastische Veränderungen vorgenommen, seit das Unternehmen 1985 begann, seine bürokratischen Fesseln abzuwerfen. In dem Jahr waren das *National Maritime Institute (NMI),* ein soeben privatisiertes und früher staatliches Labor, und die *British Ship Research Association*

(BSRA) zum *BMT*-Unternehmen zusammengelegt worden. Das neugegründete Privatunternehmen sollte kommerzielle Beratungsdienste, Vertragsforschung und Software im Bereich der Meeresforschung vermarkten.

Die neue Organisation trat ein beträchtliches Erbe in Form von Mitarbeitern, Ressourcen und fortgeschrittenem Know-how an und sollte nach einer Übergangsperiode mit befristeter, aber schnell zu reduzierender staatlicher Subventionierung finanziell auf eigenen Füßen stehen. Allerdings schien man kaum darüber nachgedacht zu haben, daß beide Organisationen ihre Aufträge bisher von den jeweiligen Muttergesellschaften zugewiesen bekommen hatten und noch keine Möglichkeit hatten nutzen können, von sich aus Klienten zu werben.

Es sei ein schwieriger Übergang gewesen, sagt Tyler: „Die Umstellung von einem staatlichen Unternehmen zu einem Privatunternehmen hat viel länger gedauert als erwartet."

1988 geriet *BMT* endgültig in eine Krisensituation. „Wir waren nahe daran, aus dem Geschäft auszusteigen. Unsere langfristige Zukunft war in Frage gestellt; und die zeitlich befristete staatliche Subventionierung sollte in Kürze auslaufen. Wenn wir nicht bald etwas unternahmen, mußte der Himmel über uns zusammenbrechen", sagt Docherty.

Anfang 1989 war *BMT* völlig umstrukturiert. Zur Verwaltung der finanziellen Vermögenswerte der Gruppe wurde eine *Holding*-Gesellschaft, die *British Maritime Technology Group*, gebildet. Das restliche Unternehmen wurde in sechs eigenständige Tochterunternehmen aufgeteilt, die jeweils eine eigene Geschäftsführung hatten und ihre strategische Zukunft selbst bestimmen und planen konnten. Auch die Funktionen *Marketing, Finanzwesen* und *Personalwesen* waren weitgehend den Töchtern überlassen. Auf diese Weise blieb die *Holding*-Zentrale vergleichsweise klein: Sie beschäftigte nur etwa 20 Leute der insgesamt 450 *BMT*-Mitarbeiter und beschränkte sich im wesentlichen auf die Anleitung und Beratung der Töchter, ohne irgendwelche Kontrollfunktionen auszuüben.

Auch die Tochtergesellschaften bauten verschiedene Führungsebenen in ihren Strukturen ab: Neben der Geschäftsführung weist die Mehrzahl der

264

BMT-Unternehmen nur noch eine Führungsebene auf, der alle Mitarbeiter unterstellt sind. „Wir waren bemüht, unsere Mitarbeiter so eng wie möglich an ihre Arbeit und ihre Kunden zu binden. Zum ersten Mal erkannten die Mitarbeiter an den einzelnen Standorten, daß die Unternehmensleistung von ihnen abhing und ihr Beitrag somit für den eigenen Erfolg und das eigene Weiterkommen wichtig war", fügt Docherty hinzu.

Die meisten *BMT*-Mitarbeiter haben eine technisch qualifizierte Hochschulausbildung und gehen mit einiger Selbstverständlichkeit davon aus, daß ihnen die Fähigkeit, zum Unternehmenserfolg beizutragen, auch zugetraut wird – eine Anerkennung, die ihnen in der früheren *Kommando/Kontroll*-Struktur weitgehend versagt geblieben war. Heute fühlt sich jeder bei *BMT* dazu aufgerufen, neue Verantwortung zu übernehmen und als Mini-Geschäftsführer kleinere Projekte oder einzelne Komponenten eines größeren Projekts eigenverantwortlich zu leiten. Die Projektstruktur eines Großteils der Arbeit vermittelt den Leuten auch Erfahrung in der Zusammenarbeit mit Kollegen aus anderen Disziplinen, mit anderem Hintergrund und mit anderen Persönlichkeitsmerkmalen.

Es besteht auch die Möglichkeit zur Wahrnehmung weitaus größerer Geschäftstransaktionen. Die durchschnittliche Unternehmensgröße mit 20 bis 100 Mitarbeitern wird von den meisten *BMT*-Direktoren als die maximal praktikable Größe angesehen – was darüber hinausgeht, wirkt den Vorzügen eher entgegen. Geschäftsführende Direktoren, deren Unternehmen an diese Größe herankommen oder in einigen Teilen ein unverhältnismäßiges Wachstum erkennen lassen, ziehen es meist vor, die betroffene Aktivität als getrennten, eigenständigen Betrieb auszugliedern.

„Dies ist natürlich ein ganz offensichtlicher Anreiz für das Personal", meint Docherty. „Die Mitarbeiter wissen, daß sie unter Umständen die Möglichkeit haben, sich selbständig zu machen, wenn ihre Bemühungen zum Erfolg führen." Solche neuen Geschäftsmöglichkeiten werden zur weiteren Entwicklung einem „*Champion*" übertragen, der dann gute Aussichten hat, zu gegebener Zeit Geschäftsführer zu werden, wenn sich der Betrieb als erfolgreich erweist. Diese neugegründeten Betriebe können auf die vorhandenen Ressourcen der *BMT*-Gruppe zurückgreifen, sind ansonsten aber frei, ihre Entwicklungsrichtung selbst zu bestimmen.

Die Empowerment-Kultur bei *BMT* und die flache Organisationsstruktur bedeuten zugleich, daß die Mitarbeiter schon sehr früh in ihrer Karriere eine Menge Verantwortung übernehmen können. „Bei uns heißt es also nicht: ‚Sie sind erst 23, und deshalb geht das nicht.' Wenn jemand die entsprechenden Fähigkeiten mitbringt, geben wir ihm eine Chance. Unsere Erfahrung hat gezeigt, daß die wirklich fähigen Leute unter solchen Umständen erst richtig loslegen und sich um so schneller entwickeln", sagt Docherty.

Bei Andrew Tyler ist dies mit Sicherheit der Fall gewesen: „Mir wurde schon nach einjähriger Mitarbeit im Unternehmen die Verantwortung für ganze Projekte mit allem Drum und Dran übertragen."

„Bei dem von mir entwickelten System zur Ermittlung der Ölverschmutzung im Meer hat das Unternehmen die Entwicklungskosten getragen, aber für alles Weitere hatte ich selbst zu sorgen. Wenn ich aus Marketing-Gründen eine Reise in den Fernen Osten für nötig halte, fahre ich eben. Ich muß die Reise am Jahresende dienstlich rechtfertigen, aber ich brauche keineswegs im voraus Antragsformulare in dreifacher Ausfertigung einzureichen. In anderen Unternehmen müßte ich erst alle möglichen Führungsebenen durchlaufen, bevor ich etwas erreiche."

Die Vergütung bei *BMT* erfolgt leistungsabhängig. Die Gesamtleistung des einzelnen Unternehmens entscheidet darüber, wieviel Geld für Gehaltserhöhungen zur Verfügung steht; diese Entscheidung ist das einzige Element, das der Genehmigung durch die Zentrale unterliegt. Die Gewinnbeteiligung ist ebenfalls ein Zeichen des Bemühens, allen Mitarbeitern ein Partizipationsbewußtsein zu vermitteln.

Die leistungsabhängige Vergütung hat sich Docherty zufolge bezahlt gemacht:

„Mitarbeiter, die den Eindruck haben, daß ihre Fähigkeiten auf einem bestimmten Gebiet nicht ausreichen, sind schnell und nachhaltig um Weiterbildung bemüht – um Schwächen auszugleichen oder um sich neue Fähigkeiten anzueignen. Wenn ein Unternehmen keine guten Ergebnisse erzielt, wird den Mitarbeitern viel deutlicher bewußt, daß sie sich anstrengen müssen, denn solche Probleme werden nunmehr als direkte Gefährdung des eigenen „Besitzstandes" erkannt. Wandel wird daher angesehen als etwas, was in jedermanns Interesse liegt. Und wenn damit verbunden ist, daß der eine oder andere neue Funktionen übernehmen muß, dann verstehen die Betroffenen wenigstens, warum derartige Veränderungen notwendig sind."

Dennoch gab es Docherty zufolge auch einen gewissen Widerstand gegen verstärkte Partizipation:

„Wie jede Veränderung bedeutete die Umstrukturierung eine gewisse Verunsicherung, die besonders einigen der technischen Mitarbeiter zu schaffen machte. Sie waren es bisher gewohnt, mit Kunden nur aus der Entfernung zu verhandeln; nun aber sollten sie für den Kundendienst verantwortlich sein, weil die Führungsebenen, die sie erfolgreich abgeschirmt hatten, inzwischen abgebaut worden waren. Sie konnten also nicht mehr sagen: ‚Ich bin lediglich für die Kalkulation da – für die Vermarktung sind andere zuständig.' Es gibt auch Leute, deren Einstellung sich nicht geändert hat, aber die meisten haben sich auf die größeren Verantwortlichkeiten sehr gut einzustellen vermocht."

Auch haben sich die einzelnen Unternehmen mehr oder weniger schnell umgestellt:

„Diejenigen Unternehmen, die seit der Umstrukturierung finanziell erfolgreich waren, sind schneller zum Empowerment übergegangen, weil sie erkannt haben, daß es funktioniert; Unternehmen, die immer noch zu kämpfen haben, weil sie beispielsweise auf einem eher gedrückten Markt arbeiten, sehen die Vorzüge, sind aber noch nicht so ganz vom Empowerment überzeugt."

Jedes Unternehmen hat die Freiheit, selbst zu bestimmen, in welchem Ausmaß eine Ermächtigung der Mitarbeiter stattfinden soll. „Wir machen unseren Töchtern keine Strukturvorgaben", sagt Docherty. „Die Grundelemente wie abgeflachte Struktur, leistungsabhängige Vergütung und Freisetzung des Mitarbeiterpotentials sind überall in der Gruppe vorhanden, aber darüber hinaus hat jedes Unternehmen sein eigenes Profil. Die Unternehmen sind auf verschiedenen Märkten tätig und haben folglich unterschiedliche Bedürfnisse." Die Unternehmenspolitik der

BMT-Gruppe soll flexibel sein und jedem Unternehmen die Möglichkeit geben, die bestgeeignete Struktur und die besten Systeme zu entwickeln.

Eine entscheidende Erfahrung haben die *BMT*-Gruppe und ihre Mitarbeiter seit der Umstrukturierung gemacht: Partizipation und Engagement kann man nicht erzwingen.

Wichtig ist auch die Erkenntnis, daß ein Wandel von oben her initiiert werden muß: „Es bedarf eines Geschäftsführers, der seinen Mitarbeitern grundsätzlich vertraut, der davon überzeugt ist, daß man seinen Leuten Chancen geben muß, und der letztlich auch bereit ist, hier und da Fehlentwicklungen hinzunehmen", sagt Docherty.

Aber zu Anfang habe wohl keiner bei *BMT* derartige Überlegungen angestellt, fügt er hinzu:

„Wir vertreten keine Empowerment-Philosophie – wir praktizieren Empowerment. Wir sind deshalb zu unserer jetzigen Arbeitsweise gekommen, weil ein paar Manager davon überzeugt waren und weil wir aus Versuch und Irrtum gelernt haben – aus reinem Zufall und vielleicht auch aus einer gewissen Verzweiflung heraus.

1989 dachten wir, wenn überhaupt etwas geht, dann dies, und wir waren zum Experimentieren bereit, weil wir kaum etwas zu verlieren hatten. Unser größter Anreiz war schlicht der Kampf ums Überleben."

Colgate

Im Jahr 1990 setzte sich das Management-Team bei *Colgate UK*, einem Tochterunternehmen des für seine Toilettenartikel bekannten Multikonzerns *Colgate Palmolive*, ein anspruchsvolles Ziel: Im unternehmenseigenen Betrieb in Salford sollte so schnell wie möglich eine auf Teamarbeit basierende Fabrikanlage entstehen.

Die erste Aufgabe bestand darin, den Mitarbeitern die Techniken zu vermitteln, die sie für Problemlösungen in Teams mit Vertretern ganz unterschiedlicher Disziplinen brauchen. In einem einwöchigen Schulungskurs

unter Leitung der *Coverdale Organization*, einer auf Teamarbeit speziali-
sierten Beratungsfirma, eigneten sich die 100 Mitarbeiter aus ganz unterschiedlichen Funktionsbereichen hinreichende Problemlösungsfähigkeiten an, um mit einer Reihe von *Ad-hoc*-Teams beginnen zu können.

Die erste Gruppe – ein gemischtes Team mit Vertretern aus Buchhaltung
und Produktion – bildete ein Projektteam, dessen Aufgabe in der Verbesserung des ineffizienten manuellen Bestellsystems bestand. Insbesondere
sollten Probleme bei der Vorbereitung der Umstellung auf ein *Online*-
Computersystem gelöst werden. „Unter Nutzung der Fähigkeiten, die sie
sich während des Kurses angeeignet hatten, erzielten die Mitarbeiter aus
Buchhaltung und Produktion eine ausgesprochen erfolgreiche Zusammenarbeit", sagt John Nicholls, der bei *Colgate* für kontinuierliche Verbesserungen zuständig ist.

Im Verlauf des Jahres 1991 bis Anfang 1992 lernten die Mitarbeiter in allen Bereichen der Fabrik die neuen Techniken der Problemlösung und
Teamarbeit kennen und anwenden. Spontan wurden funktionsübergreifende *Ad-hoc*-Teams gegründet – unter anderem mit dem Ziel, neue Produkte einzuführen.

Der auf Teamarbeit ausgerichtete Ansatz funktionierte so gut, daß sich die
Colgate-Unternehmensleitung entschied, die „auf der grünen Wiese" neugegründete Fabrikanlage ganz auf der Basis von Teamarbeit zu führen.

1992 nahm das Unternehmen ein weiteres Projekt in Angriff: In der unternehmenseigenen *Mouthrinse Focus Factory* sollte eine neue Fertigungsanlage errichtet werden. „*Mouthrinse* [ein Mundwasser] ist eine unserer neuesten Produktentwicklungen", sagt Nicholls. „Wir haben beschlossen, die neue Fertigungsanlage von Anfang an mit ermächtigten,
funktionsübergreifenden Teams zu betreiben, und erstmalig haben wir den
Ansatz der Teamarbeit auch auf der Produktionsebene verwirklicht."

Dreißig Techniker – sowohl Mitarbeiter der vorhandenen Anlage als auch
neu eingestelltes Personal – wurden in dem neuen Werk eingesetzt.
„Früher hätten wir diese Leute als Produktionsarbeiter bezeichnet", sagt
Nicholls.

„Sie hätten nur eingeschränkt Verantwortung und Vorarbeiter und Meister als Vorgesetzte gehabt. Wir bezeichnen sie jetzt aber als Techniker, weil wir damit die Vorstellung fördern wollten, daß der Techniker letztlich für die gesamte Arbeit verantwortlich ist. Wie wollten auch dazu beitragen, daß sie die dazu erforderlichen Fähigkeiten entwickeln."

Heute wird von diesen Technikern – nach entsprechender Schulung – erwartet, daß sie die früher getrennten Aufgaben der Produktionsarbeiter *und* der Mechniker übernehmen und daß die Teammitglieder selbst entscheiden, wer welche Arbeit macht.

In Teamarbeit nahmen die Techniker auch eine Reihe von Projekten und Aufgaben in Angriff, die abgeschlossen sein mußten, bevor das Werk seinen Betrieb aufnehmen konnte. Mit Unterstützung von einigen Stabsexperten, zum Beispiel Ingenieuren, teilten die Teammitglieder die Aufgaben so auf, daß die Anlage innerhalb eines knapp veranschlagten Zeitraums von fünf Monaten betriebsbereit war.

„Inzwischen ist die Anlage seit einem Jahr in Betrieb, und wir haben mit einem zweiten Produktprogramm begonnen. Die Produktion des neuen Mundwassers hat sich in bezug auf Qualität und Flexibilität als ein Erfolg erwiesen. Wie bei jedem gerade erst begonnenen Produktprogramm wird das Leistungspotential aber noch nicht in vollem Umfang genutzt. In den meisten neugegründeten Betrieben muß auch mit einem hohen Risiko in bezug auf Sicherheitsprobleme gerechnet werden, aber gerade in diesem Produktionsbetrieb hatten wir ausgesprochen gute Sicherheitsstandards."

Auch in bezug auf die Stabilität der Belegschaft war ein Erfolg zu verbuchen: Von den zu Anfang eingesetzten 30 Mitarbeitern sind 28 immer noch dem Unternehmen treu geblieben, und die Fehlzeiten liegen mit 4 Prozent nur halb so hoch wie der Unternehmensdurchschnitt.

Allerdings hätten die Mitarbeiter unterschiedlich auf das Empowerment-Konzept reagiert, sagt Nicholls.

„Einige Techniker ziehen das neue System vor und haben sich schnell daran gewöhnt, Produktionsarbeiter und Mechaniker in einer Person zu sein; andere wären lieber Spezialisten geblieben. Es wird immer Mitarbeiter geben, die sich nur schwer an Teamarbeit und an die Ausübung unterschiedlicher Funktionen gewöhnen können. In aller Regel sind es die Produktionsarbeiter mit niedrigerem Ausbildungsniveau, die der neuen Arbeitsweise mehr Vorzüge abgewinnen, während manche Mechaniker einen vermeintlichen Statusverlust beklagen."

Colgate strebt letztlich an, daß die Techniker auch die Materialbeschaffung und die Produktionspläne selbst regeln und nur zu 60 Prozent ihrer Arbeitszeit mit der Produktion als solcher befaßt sind. Sie sollen zudem für Projektarbeit und Schulung verantwortlich sein und ihren Bedarf an neuen Ausrüstungen eigenständig ermitteln und in Auftrag geben.

Colgate hat auch mit einem einheitlichen Vergütungssystem experimentiert, um ein Team-Konzept mit einheitlichem Status zu fördern. „Wir haben aber festgestellt, daß es wichtig ist, den Einsatz von Elektrikern und Mechanikern anzuerkennen, die einen größeren Beitrag leisten, so daß wir jetzt dabei sind, das Vergütungssystem entsprechend neu zu gestalten", sagt Nicholls.

Der auf Teamarbeit ausgerichtete Ansatz als solcher ist aber keineswegs nur ein Experiment. Das Unternehmen plant, diesen Ansatz auf die meisten Bereiche des ursprünglichen *Salford*-Betriebs auszudehnen – angefangen mit der Abfüllung und Verpackung von Zahnpasta, wo ebenfalls Techniker im Team zusammenarbeiten.

Einer der größten Vorteile des neuen Ansatzes sei die Art und Weise, wie die Teams mit ihren Problemen selbst fertig werden, sagt Nicholls. Ein aufschlußreiches Beispiel gab es 1992, als Nicholls zehn Techniker auf eine Recherchen-Tour nach Deutschland schicken wollte. „Das bedeutete eine Woche ‚Urlaub' vom Betrieb, und jeder meinte, er habe guten Grund, einer dieser zehn zu sein", sagt er. „Wir stellten die Leute also vor die Wahl: Entweder machten sie unter sich aus, wer die zehn Kandidaten sein sollten, oder die Geschäftsführung würde zehn bestimmen. Schließlich wählte das Team selbst zehn Techniker für die Tour aus, und die Gruppe brachte ausgesprochen nützliche Informationen mit nach Hause." Auch der Auswahlvorgang als solcher erwies sich für das Team als eine nützliche Erfahrung:

„Da die Techniker selbst für die Wahl der Kandidaten zuständig waren, lernten sie eine ganze Menge in bezug auf zwischenmenschliche Beziehungen. Sie befaßten sich damit, warum eine solche Informationstour unternommen werden sollte, wer am besten dafür geeignet war und wer den besten Überblick über die anstehenden Probleme hatte. Die Diskussion dauerte mehrere Stunden, aber schließlich erreichten die Teammitglieder einen Konsens in ihrer Entscheidungsfindung und machten die Erfahrung, daß man zu einer solchen Entscheidung auch geschlossen stehen muß."

Ein weiterer Vorteil des neuen Systems ist darin zu sehen, daß die *Colgate*-Mitarbeiter inzwischen in der Lage sind, kurzfristiger als je zuvor Teams zu bilden. „Wenn wir zum Beispiel in ein neues Geschäft eingestiegen sind und einen engen Zeitplan einhalten müssen, ist Verlaß darauf, daß wir aus allen Bereichen des Werks Leute zusammenrufen und das Problem in der gemeinsam erlernten Sprache durchsprechen können", sagt Nicholls. „Jetzt ist es viel leichter, eine Aufgabe festzulegen, ihren Zweck zu bestimmen und das Problem systematisch anzugehen."

Harvester Restaurants

Harvester Restaurants, eine Gastronomiekette mit 78 Restaurant-Betrieben, hat innerhalb eines Jahres seine gesamte Hierarchie im Rahmen eines zentral strukturierten Systems abgebaut. Die *Harvester*-Mitarbeiter sind inzwischen ermächtigt, eine weitaus größere Palette an Aufgaben eigenverantwortlich durchzuführen – innerhalb eines vorgegebenen Strukturrahmens und mit anspruchsvollen Zielen und klaren Zuständigkeiten.

Die Umstellung begann im November 1990, als die Kette in eine flache Organisation ohne hierarchische Strukturen umgewandelt wurde. Zwischen dem geschäftsführenden Direktor und dem Personal vor Ort, das für das Wohl des Kunden sorgt, gibt es nur noch zwei Führungsebenen.

Der geschäftsführende Direktor Stephen Evans liefert dazu die folgende Erklärung:

„Es reicht nicht, daß nur die Führungskräfte ermächtigt werden – zugleich gilt es, auch alle anderen Mitarbeiter zu ermächtigen. Um eine Organisation in eine Empowerment-Organisation umzuwandeln, muß man allen klarmachen, daß eine solche Umstellung erfolgen wird – und dann alles auf einmal veranlassen. Man muß einfach den Sprung ins Ungewisse wagen und den Mitarbeitern Vertrauen entgegenbringen."

Die effektive Umstrukturierung bei *Harvester* umfaßte vier Schritte:

- Abbau der Führungsebenen bis zu dem Punkt, an dem Verantwortung individuell und eindeutig zuzuordnen ist;
- Umstrukturierung der verbleibenden Führungsebenen in multifunktionale, eigenverantwortliche Teams;
- Schaffung einer wertorientierten Organisation, die ihren Zweck erfüllt;
- Aufbau effektiver Systeme zur Unterstützung von Organisationsstruktur und Unternehmenswerten.

Die wichtigsten Systeme betreffen:

1. Kommunikation
2. Beurteilung
3. Belohnung
4. Anerkennung
5. Beförderung – eines der größten Probleme in einer flachen Struktur, da es so aussieht, als ob den Mitarbeitern sämtliche Aufstiegsmöglichkeiten genommen wären *(Harvester* hat ein horizontales Beförderungsprogramm eingeführt, so daß jeder nach seinen persönlichen Verdiensten befördert werden kann und nicht erst darauf warten muß, daß ein Posten frei wird)
6. Messung von Umsatz- und Gewinnergebnissen
7. Qualitätsmessung.

Um Führungsebenen abbauen zu können, mußten zunächst einmal die entscheidenden Arbeitsplatzfunktionen ermittelt werden. Begonnen wurde bei den Mitarbeitern mit direktem Kundenkontakt *(Harvester* spricht von *Gästen).* Auf diese Weise wurden diejenigen Aufgaben festgelegt, die das Unternehmen in jedem Fall leisten muß, um seinem Auftrag gerecht zu werden. Maßgeblich war, daß Zuständigkeiten niemals gemeinsam übernommen wurden, auch wenn jeder Mitarbeiter eine mehr oder weniger große Mitverantwortung trägt. „Zuständigkeiten sind das, was der einzelne Mitarbeiter tun oder veranlassen muß und woran er in bezug auf das Gesamtergebnis gemessen wird. Jeder ist für mindestens einen Bereich zuständig – etwa für Personaleinstellung, Aufstellung von Dienstplänen oder Überprüfung der Umsatzziele im Restaurant-Betrieb (im Gegensatz zu Küche oder Bar)", erläutert die Personalleiterin Diane Ashness.

Beispielsweise ist nur eine einzige Person, der Produktmanager, für die *Harvester*-Speisekarten zuständig. Er ist ermächtigt, das Speisekartenangebot abzuändern, und keine Kommission muß diese Änderung genehmigen. Mit anderen Worten: Eine Einzelperson trägt die volle Verantwortung dafür, daß die Speisekarte geschickt zusammengestellt ist – nicht nur im Interesse des Gastes, sondern auch im Interesse reibungsloser Lieferantenbeziehungen. Als *Harvester* einen neuen Lieferanten für eine bestimmte Brotsorte suchte, wurde ein Bäcker in den Midlands ausfindig gemacht, dessen Produkt genau den Anforderungen entsprach. Leider stellte sich dann heraus, daß dieser regional orientierte Bäcker kein Vertriebssystem hatte, um alle 78 *Harvester*-Betriebe beliefern zu können; aus diesem Grund zog er bereits in Erwägung, doch nicht in das Geschäft einzusteigen. Dann aber schlug der Produktmanager von *Harvester* vor, der Bäcker solle vielleicht einmal mit dem Unternehmen reden, das Frischgemüse lieferte und täglich die verschiedenen Betriebe anfuhr; daraufhin trafen die beiden Lieferanten eine Regelung, nach der nunmehr gemeinsam ausgeliefert wird.

Die Organisationsstruktur sieht vier Ebenen vor: die Teammitglieder vor Ort, den Teamleiter, den Bezirksleiter und den geschäftsführenden Direktor. Drei der vier Ebenen arbeiten mit eigenverantwortlichen Teams. Die einzige Ausnahme ist die Ebene des Teamleiters, der direkt dem Bezirksleiter unterstellt ist. In der Zentrale leisten Teams Stabsdienste in den Bereichen *Personalwesen, Schulung, Organisationsentwicklung, Verkauf* und *Werbung* – jeweils mit unterschiedlichen Zuständigkeiten.

Angefangen bei den Mitarbeitern mit unmittelbarem Kontakt zum Gast, arbeiten Teams im Restaurant, in der Bar, in der Küche und in einigen Fällen auch im Hotelbetrieb. Alle diese Teams sind jeweils zu einem Filialteam – dem *Harvester*-Team – zusammengefaßt.

Bernard O'Neill, Leiter der *Globe Tavern* in Dulwich, erläutert dazu:

„Wir haben kein Personal, wir haben Teammitglieder. Jedes Teammitglied übernimmt andere Verantwortlichkeiten; so ist Vanessa, eine unserer Kellnerinnen, Teamexpertin für Kinder; eine andere, Halinka, ist speziell für Familientage verantwortlich."

In jeder Schicht gibt es für jedes Team einen Koordinator. Dieser Koordinator trifft alle plötzlich anfallenden Entscheidungen, wie sie in der hektischen Atmosphäre eines voll besetzten Restaurants unvermeidlich sind. Keiner übernimmt diesen Job auf Dauer; vielmehr kommen mit der Zeit alle Teammitglieder einmal dran. Derjenige Mitarbeiter, der für die Aufstellung des Dienstplans im jeweiligen Team zuständig ist, entscheidet, wer bei einer bestimmten Schicht Koordinator sein soll.

Die Filialteams sind für Personaleinstellungen und Beförderungen verantwortlich. Jeder Filiale ist ein Berater zugeordnet, der alle Schulungsfragen und andere Personalangelegenheiten regelt. Der Filialleiter selbst übernimmt den Marketing-Bereich und betreibt in seinem Bezirk „Werbung" für sein Restaurant. Der Leiter nimmt auch insofern eine koordinierende Funktion wahr, als er die Mitarbeiter in der Überzeugung unterstützt, daß sie sich im Rahmen ihrer neuen Arbeitsweise eigenverantwortlich organisieren können. Selbst die Verantwortung für Neueröffnungen – traditionsgemäß eine Aufgabe der leitenden Führungskräfte – wird von besonders ernannten Mitarbeitern gemeinsam getragen.

Das nächsthöhere Team arbeitet auf Bezirksebene und umfaßt 25 *Harvester*-Teams. Die Mitglieder in diesem Team arbeiten nicht so eng zusammen, treffen sich aber zu regelmäßigem Erfahrungsaustausch. Ziel solcher Treffen ist nicht nur, daß Erfolge gebührend Anerkennung finden und gefeiert werden, sondern daß auch andere Teammitglieder, die keinen so positiven Beitrag geleistet haben, zur Leistungsverbesserung und Leistungssteigerung angespornt werden. Viel Mühe wird darauf verwendet, allen Bezirksteams ein Gefühl des Stolzes für den jeweiligen Teambeitrag zum *Harvester*-Erfolg insgesamt zu vermitteln. Jedes Bezirksteam wird von einem Mini-Zentralbüro mit einem Teamleiter, einem Ausbildungsleiter, einem Kontrolleiter und einer Sekretärin unterstützt. Diese Mitarbeiter sind selbständige Funktionsträger und haben ein eigenes Büro, um ihre Aufgaben im Dienste des *Harvester*-Unternehmens wahrzunehmen.

In den ersten sechs Monaten nach Einführung der Empowerment-Initiative erhöhte sich die Personalfluktuation. Einige der bisherigen *Harvester*-Leute betrachteten das neue System als ausgesprochen bedrohlich – was kaum überraschen konnte, zumal viele Mitarbeiter das Gefühl hatten, an Status verloren zu haben.

„Weiterhin spielte bei der Fluktuation auch der sogenannte ‚Schmerzfaktor' eine Rolle", wie Andrew Jones, einer der Bezirksteamleiter bei *Harvester* kommentiert. „Wir können inzwischen wohl alle die Vorzüge unserer Umstrukturierung – sowohl für die einzelnen Mitarbeiter als auch für das Unternehmen insgesamt – erkennen, aber für einige Mitarbeiter war die Umstellung vom Chef zum Teamleiter beziehungsweise vom Unterstellten zum Teamleiter nicht eben einfach." Welcher Verhaltensänderungen es bedurfte, wird im nachstehenden *Harvester*-Planungsmodell veranschaulicht (siehe Seite 277).

Nach Ansicht des *Harvester*-Direktors Stephen Evans kann Empowerment nur dann effektiv sein, wenn sich die Teammitglieder die von der Restaurantkette vertretenen Wertvorstellungen bei ihrem Vorgehen zu eigen machen. Aus diesem Grund wird jeder neu in die Organisation eintretende Mitarbeiter – Personal im Zentralbüro ebenso wie Geschäftsführer, Teamleiter oder Kellnerinnen – in die Mission des Unternehmens eingewiesen. Selbst Lieferanten besuchen eine eintägige Schulung, bei der Mission, Wertvorstellungen, Verpflichtungen und Vorzüge erörtert werden. Bei einer solchen „Missionsschulung" setzt *Harvester* Videos ein, in denen Unternehmen mit hohem Engagement im Kundendienst gezeigt werden – darunter *Federal Express, Disney, United Airlines, Worthington Industries* und *McDonald's.*

Die Schulungsteilnehmer werden dann aufgefordert, ihrerseits zu überlegen, was die Mission für sie bedeuten könnte. Für Kellner und Kellnerinnen ist die Mission in vier knappen Sätzen zusammengefaßt:

1. Unser Unternehmen setzt auf Gastlichkeit.
2. Wir verhelfen unseren Mitarbeitern zum Erfolg.
3. Wir alle sind bemüht, unseren Gästen einen angenehmen Aufenthalt zu sichern.
4. Die Zufriedenheit unserer Gäste fördert das Geschäft.

Harvester-Planungsmodell

KULTUR

Theorie X	Theorie Y
geringes Qualitätsinteresse	hohes Qualitätsinteresse
verschlossen und	offen und
geheimniskrämerisch	vertrauensvoll
konservativ und risikoscheu	unternehmerisch
wenig Teamgeist	viel Teamgeist
aufgabenorientiert	ergebnisorientiert
Schwerpunkt: Organisation	Schwerpunkt: Gast
statusorientiert	leistungsorientiert

ORGANISATION

Top-down	*Bottom-up*
ausgeprägte Rollendefinition	geringe Rollendefinition
statisch	ständig im Wandel
dient den Mitarbeitern	dient dem Gast
Linienorganisation	Gruppenorganisation
formalisierte Weisungsstrukturen	autonome Arbeitsgruppen
konkurrenzorientiert	kooperativ

MITARBEITER

ungelernt	gelernt
begrenztes Potential	großes Potential
wenig Engagement	hohes Engagement
reaktiv	pro-aktiv
geringes Interesse an	großes Interesse an
Organisation	Organisation
antagonistisch	kooperativ
Widerstand gegen Wandel	Befürwortung von Wandel

SYSTEME

organisationsorientiert	geschäftsorientiert
starr	flexibel
unorganisch	organisch
hemmend	fördernd

Anschließend wird überlegt, wie die Mitarbeiter diesen vier Kernsätzen Rechnung tragen können. So nehmen sich viele vor, jedem Gast mit einem freundlichen Lächeln zu begegnen und Augenkontakt zu ihm aufzunehmen. Die Lieferanten haben beschlossen, ihre Lieferungen außerhalb der kritischen Mittagspause von 12 Uhr bis 14 Uhr zuzustellen. Bei ihren Besuchen in den verschiedenen *Harvester*-Betrieben parken die Mitarbeiter des Zentralbüros auf Parkplätzen, die am weitesten von der Eingangstür zum Restaurant entfernt sind, damit die besten Plätze den Gästen zur Verfügung stehen.

Harvester setzt auch „Spitzel" zur Beurteilung der Service-Qualität ein: Solche „Gäste" sind keine extern angeheuerten Agenten, sondern Teammitglieder aus anderen *Harvester*-Betrieben. „Das hat auch noch einen weiteren Vorteil", erklärt Diane Ashness. „Solche ‚Gäste' kommen unter Umständen von einem Besuch in einem anderen Betrieb zurück mit der Beobachtung, das eine oder andere sei schlecht gewesen, aber andererseits stünde es auch im eigenen Restaurant nicht zum besten damit. Oder sie bringen einfach ein paar gute Ideen mit."

Der *Harvester*-Ansatz beruht auf dem grundsätzlichen Vertrauen, daß die Mitarbeiter das Geschäft zum Erfolg führen; und dieses Vertrauen scheint sich auszuzahlen: Die Fluktuation unter den Mitarbeitern ist seit 1991/92 um 20 Prozent zurückgegangen. Die Rezession mag dazu beigetragen haben, aber Diane Ashness ist überzeugt, daß insbesondere der Abbau der Führungsebene der geschäftsführenden Assistenten und die Übertragung größerer Verantwortung an die Mitarbeiter vor Ort von Vorteil waren.

Sie hält es auch für ausgesprochen wichtig, daß gerade die Stabilität des vollzeitig beschäftigten Mitarbeiterstamms erhöht werden konnte. Die Umsätze sind seit der „Verflachung" der *Harvester*-Organisation Jahr um Jahr gestiegen – trotz der Rezession; vor allem aber sind die Netto-Betriebsgewinne enorm in die Höhe gegangen, weil sich jedes Teammitglied mit voller Kraft für „sein" Geschäft einsetzt.

Harvester stellt nur Mitarbeiter mit einer positiven Grundhaltung gegenüber den Unternehmenswerten ein. Zu diesen Werten zählt vor allem, daß sich bei *Harvester* alles um den Gast dreht. Ebenfalls von zentraler Bedeutung ist das Vertrauen: *Harvester* vertraut seinen Mitarbeitern.

278

Beim Interview mit potentiellen Mitarbeitern versucht *Harvester* herauszufinden, ob der Kandidat diesem Wert Rechnung trägt. Wenn ein solcher Kandidat bisher in einem Unternehmen gearbeitet hat, in dem grundsätzlich die Annahme vorherrschte, alle Mitarbeiter seien nur auf den eigenen Vorteil aus und müßten durch jede Menge Vorschriften eingeengt werden, dann könnte der Betreffende Schwierigkeiten haben, sich in einer durch Vertrauen geprägten Arbeitsatmosphäre zurechtzufinden. Die Zielvorstellung bei *Harvester* ist die, nur Leute einzustellen, die einander vertrauen und alle *Harvester*-Werte befürworten; nur solche Mitarbeiter sind in der Lage, mit Erfolg in einer Empowerment-Organisation zu arbeiten.

Es überrascht nicht, daß bei *Harvester* vor allem die Prozesse der Auswahl, Einweisung und Schulung des Personals im Vordergrund stehen – nicht nur zu Anfang, sondern auch betriebsbegleitend. In Anbetracht der Tatsache, daß die Bewerber in eigenverantwortlichen Teams arbeiten sollen, gilt es als ausgesprochen wichtig, daß die Mitglieder des betroffenen Teams in den Auswahlprozeß einbezogen werden: Ein neues Teammitglied soll den anderen nicht einfach vorgesetzt werden; vielmehr will man erreichen, daß der neue Mitarbeiter auch zum Team paßt.

Wer die Absicht hat, als potentieller Teamleiter oder Berater bei *Harvester* einzusteigen, wird aufgefordert, an regelmäßig stattfindenden „Schnuppertagen" teilzunehmen, an denen auch Gespräche mit den derzeitigen Teamleitern stattfinden. Anschließend erfolgt die Teilnahme an einer eintägigen „Begutachtung". Von Bewerbern, die noch nie in der Gastronomiebranche gearbeitet haben, wird darüber hinaus ein zweitägiges Praktikum vor Ort erwartet, das ihnen Einblick in die branchenüblichen Gepflogenheiten gewährt, bevor sie sich auf einen Karrierewechsel einlassen.

Die letzte Hürde ist ein partnerschaftliches Gespräch mit dem künftigen Linienvorgesetzten, damit auf beiden Seiten Bereitschaft zu effektiver Zusammenarbeit gewährleistet ist.

Der Prozeß kann sich insgesamt über zwei bis drei Monate hinziehen und mag für ein Einstellungsverfahren etwas langatmig erscheinen; auf diese Weise wird aber eher gewährleistet, daß die richtigen Kandidaten ausgewählt werden und vor allem die übrigen Teammitglieder die Entscheidung mit tragen.

Auch die Einweisung der neuen Mitarbeiter kann ein längerer Prozeß sein – insbesondere im Fall von Teamleitern und Beratern. Abgesehen von der Vermittlung genereller wie spezifischer Fähigkeiten und Kenntnisse in bezug auf den Restaurant-Betrieb wird dafür gesorgt, daß die neuen Mitarbeiter fest zur Mission und zu den Unternehmenswerten von *Harvester* stehen, und dieser Prozeß währt bis zur Pensionierung. Nach *Harvester*-Schätzungen belaufen sich die Durchschnittskosten für die Einweisung eines Teamleiters auf 7000 Pfund; um so verständlicher ist, daß der Auswahlprozeß so sorgfältig durchgeführt wird. Die *Harvester*-Kette sieht die Zufriedenheit des Gastes als vorrangiges Ziel an und ist überzeugt, daß diesem Ziel am besten gedient ist, wenn sich berufliche Qualifikationen mit persönlichem Engagement verbinden.

Als die leitenden Führungskräfte bei *Harvester* ihre Vorstellungen von einem besseren Service-Angebot mit Unternehmensberatern von der *Tom Peters Group* diskutierten, stellte sich heraus, daß die *Harvester*-Betriebe besser abschnitten, als zunächst angenommen worden war. Sie wurden gewissermaßen zum Vorbild für andere und können mit Fug und Recht davon ausgehen, daß „hochqualifizierte Leute Schlange stehen, um einen Posten bei *Harvester* zu erobern".

Nuclear Electric

Das Unternehmen *Nuclear Electric* sah sich infolge der Privatisierung der Elektrizitätsindustrie zu seinem Veränderungsprogramm gezwungen. Die Regierung plante die Umwandlung von *Nuclear Electric* in ein Privatunternehmen zusammen mit drei anderen Unternehmen, doch im November 1989 wurde die Organisation aus dem Verkauf gezogen und aufgefordert, ein in vollem Umfang staatlich betriebenes Unternehmen zu bilden. Man war übereingekommen, daß es wirtschaftlich nicht tragbar wäre, *Nuclear Electric* als Privatunternehmen zu betreiben.

Im März 1990 wurde *Nuclear Electric* als öffentlicher Versorgungsbetrieb eingerichtet: Viel mehr als der Auftrag, die Situation zu verbessern, wurde ihm nicht mit auf den Weg gegeben. Dr. Clive Smitton, Direktor des Veränderungsprogramms, erläutert den Zusammenhang:

„Die Situation war ausgesprochen unglücklich. Wir hatten einen Stab von fähigen Mitarbeitern, denen man zuvor gesagt hatte, sie seien die große Hoffnung für die Zukunft und produzierten die preiswerteste Elektrizität. Nachdem *Nuclear Electric* aus dem Verkauf genommen worden war, stand fest, daß man auch den Konkurs des Unternehmens hinnehmen würde, wenn keine wirtschaftlichen Erfolge erzielt würden."

Die Privatisierung kündigte ein neues Zeitalter intensiven Wettbewerbs in der Elektrizitätsindustrie an. *Nuclear Electric* stand in unmittelbarer Konkurrenz zu neu privatisierten nichtnuklearen Stromerzeugern, regionalen Elektrizitätsunternehmen im Verbundnetz sowie neuen Stromproduzenten – insbesondere solchen mit kostengünstigen Gasanlagen.

Hinzu kam, daß die öffentliche Meinung nach Tschernobyl der Kernenergie nicht gerade günstig gesonnen war. *Nuclear Electric* mußte der Öffentlichkeit unter Beweis stellen, daß das Unternehmen die Bedenken der Bürger im Hinblick auf ihre Sicherheit verstand, daß gegen seine Sicherheitsstandards aber nichts einzuwenden war und daß die Kernenergie sauberer ist als fossile Brennstoffe wie Kohle und Erdgas.

Smitton fügt hinzu:

„Es bestand kein Zweifel daran, daß wir mitten in einer Krise steckten, aber wir verfügten über ein sehr großes Potential – vor allem über unsere technischen Qualifikationen. Wir hatten die fähigsten Arbeitskräfte im ganzen Land und brachten eine Menge Engagement auf, um zu beweisen, daß *Nuclear Electric* mit fossilen Brennstoffen konkurrieren konnte. Im ersten Jahr überprüften wir unsere Strategie."

Nuclear Electric hatte alle britischen Einrichtungen zur nuklearen Stromerzeugung und 16 Prozent Anteil am Elektrizitätsmarkt sowie ein teilweise errichtetes Kraftwerk *(Sizewell B)* geerbt. Weitere Kraftwerksplanungen wurden zunächst eingestellt, und vor 1994 sollten auch keine weiteren Mittel in die Kernenergie investiert werden. Bis dahin mußte die Kernenergie ihre Sicherheit und Konkurrenzfähigkeit unter Beweis gestellt haben. Bis 1998 sollte *Nuclear Electric* durch eine Pflichtabgabe von 10 Prozent auf die Stromerzeugung mit fossilen Brennstoffen subventioniert werden: Im Jahr 1990 produzierte *Nuclear Electric* Strom zu 5 Pence je Stromeinheit, während sich die Kosten in den fossilen Stromerzeugungsanlagen auf 2 Pence je Stromeinheit beliefen. Das Ziel bestand nun darin, die Einheitspreise zu senken und auch ohne die Abgabe ein konkurrenzfähiger Stromlieferant zu werden.

Bis 1993 hatte das Unternehmen seine Leistung um 50 Prozent und die Produktion um 55 Prozent verbessert; im März 1994 war die Produktion um 90 Prozent gestiegen. *Nuclear Electric* hatte seinen Anteil am Elektrizitätsmarkt von 16 Prozent auf 22 Prozent erhöht, und 1995 wird das Unternehmen auch ohne die Pflichtabgabe rentabel sein.

Erzielt wurde diese radikale Wende durch technische Verbesserungen in den Anlagen sowie durch Umstrukturierungen und Empowerment-Initiativen.

Dr. Smitton nennt einige Details:

„Wir führten Gewinnzentralisierung ein und reduzierten unsere Belegschaft von 14500 auf 9500 Mitarbeiter. Wir hatten schließlich auch nur noch eine Unternehmenszentrale und konzentrierten uns auf ein Technologiezentrum. Wir besuchten die Konzerne *Nissan, Shell* und *BP*, um von ihnen zu lernen. Wir hielten *Workshops* ab, um in Teamarbeit erfolgversprechende Strategien zu entwickeln. Die Kraftwerksdirektoren bezogen sämtliche Mitarbeiter in die Entscheidungsfindung ein. Wir faßten den Entschluß, die Verantwortlichkeiten auf die jeweils unterste Ebene zu delegieren, die Qualifikationsbasis zu erweitern und den einzelnen Mitarbeitern größere Verantwortung zu übertragen. Wir beschlossen, das eine oder andere einfach auszuprobieren – und nicht alles funktionierte. Wir wiesen nachdrücklich darauf hin, daß nicht jedes winzige Detail von den Direktoren der Kraftwerke genehmigt werden mußte. Zum Beispiel konnten die Vorarbeiter die Überstunden-Frage regeln, und die Leute durften auch ohne Genehmigung Faxe abschicken. Und wir haben jeder Führungskraft ein Exemplar des Buches *Zapp, the Lightening Power of Empowerment* von William Byham überreicht."

Zur Durchführung seines Veränderungsprogramms zog *Nuclear Electric* Mitte 1991 die Unternehmensberatungsfirma *Kinsley Lord* hinzu. Die Bemühungen galten in erster Linie *Wylfa* auf der *Isle of Anglesey* als Pilotanlage für die acht älteren Magnox-Reaktoren sowie *Hartlepool* für die neue Generation fortgeschrittener gasgekühlter Reaktoren.

Tony Capp, Direktor in *Hartlepool,* informierte seine Belegschaft über die derzeitige Situation, indem er sich mit kleineren Gruppen zusammensetzte, bis schließlich alle Mitarbeiter Bescheid wußten. Dann sorgte er dafür, daß alle regelmäßig auf dem laufenden gehalten wurden. Mittlerweile sind in der gesamten Anlage Fernseher installiert, über die ständig Informationen zur Leistung des Kraftwerks verbreitet werden.

Die Machtbefugnisse wurden nach unten hin verlagert, und davon zeugen auch verschiedene symbolische Gesten: Die blauen Overalls der Arbeiter und die weißen Overalls der Ingenieure haben nunmehr dieselbe Farbe, und die Trennung zwischen dem Direktoren-Eßraum und der Betriebskantine ist ebenso abgeschafft wie die Parkplatzreservierung für die leitenden Führungskräfte.

Die Festlegung eindeutiger und anspruchsvoller Ziele für nahezu jede Aufgabenstellung war eines der wichtigsten Kriterien für die erfolgreiche Krisenbewältigung. So heißt es im Handbuch zum Veränderungsprogramm, in dem alle Details des Wandels festgehalten sind:

„Erst als wir wirklich anspruchsvolle Ziele für unsere Stillstandszeiten – die gesetzlich vorgeschriebenen Zeiten für das Abstellen und Warten der Turbinengeneratoren – festlegten und diese Ziele bis auf den Tag genau einhalten konnten, wurde uns so richtig die Bedeutung einer klaren und ehrgeizigen Zielsetzung bewußt. Gemeinhin wird beklagt, die Leute erbrächten nicht die von ihnen erwarteten Leistungen. Tatsache ist aber schlichtweg, daß ihnen niemand unmißverständlich erklärt hat, was von ihnen erwartet wird und aus welchem Grund. Bei jeder Organisationsebene und jeder Art von Problem besteht der ausschlaggebende Erfolgsfaktor in der Festlegung klarer Ziele und der Einbeziehung der Mitarbeiter."

In *Hartlepool* entstand allmählich eine neue Art von partizipativem Arbeitsstil. Betrachten wir zum Beispiel die jährliche Stillstandsregelung.

Früher wurden alle Vorbereitungen vom Kraftwerksdirektor und den Ingenieuren getroffen, die so etwas wie die mittlere Führungsebene im Kraftwerk darstellen. 1992 wurde ein „Stillstandszeit-Team" gebildet, funktionsübergreifend und mit Vertretern aller Ebenen – von den Maschinenschlossern bis zu den leitenden Ingenieuren. Der Kraftwerksdirektor genehmigte lediglich die Ausgaben und gab Endtermine vor. Das neugebildete Team wurde nach Schweden geschickt, wo die Mitarbeiter die Arbeiten im Rahmen einer ähnlichen Stillegung beobachten konnten. Anschließend wurde es ihnen freigestellt, die besten Vorgehensweisen zu imitieren. Die Ergebnisse waren beeindruckend. Früher hatte man für die Wartungsarbeiten 17 Wochen gebraucht. Nun waren nur noch zehn Wochen erforderlich. Die zusätzliche Stromerzeugung in den eingesparten sieben Wochen brachten zusätzliche 11,6 Milliarden Pfund ein. Der Erfolg dieser Initiative war auch ein Ansporn für andere Projekte.

Des weiteren überprüfte ein Vollzeit-Team die Arbeitsabläufe in sämtlichen Abteilungen, um die potentiellen Vorteile einer Umstrukturierung zu ermitteln. Der Schwerpunkt der Untersuchungen galt der Brennstoff-Route – dem Weg, den der Brennstoff im Kraftwerk von seiner Ankunft bis zur Wiederverarbeitung durchläuft. Im früheren Arbeitsablauf umfaßte der Prozeß im wesentlichen die Fähigkeiten und Dienstleistungen von Mitarbeitern ganz unterschiedlicher Abteilungen. Der Arbeitsablauf geriet häufig stundenlang ins Stocken, bis schließlich jemand aus der zuständigen Abteilung frei war, um einen zehn Sekunden dauernden Arbeitsschritt zu verrichten.

Nach Befragung aller Beteiligten und Festlegung des tatsächlich erforderlichen Arbeitsablaufs stellte das Team alle notwendigen Schritte vom Beginn des Prozesses bis zu seinem Abschluß zusammen. Dabei kam heraus, daß rund 59000 Mannstunden im Jahr eingespart werden konnten. Die jetzigen Teammitglieder fühlen sich selbst für den Prozeß verantwortlich und sind stolz, dem Management zuvorgekommen zu sein.

Im Handbuch wird dieser Zusammenhang besonders hervorgehoben:

„Wir haben festgestellt, daß unsere Teams – unter der Voraussetzung, daß die Mitglieder kompetent sind und gut angeleitet werden – signifikante Ergebnisse erreichen können, wenn wir sie im wahren Sinne des Wortes ermächtigen und ihnen Ziele, Ressourcen, Informationen und Verantwortung vermitteln. Dies gilt sowohl für Projektteams als auch für ständige Arbeitsteams, die bereit sind, ihre normalen Funktionen oder hierarchischen Grenzen auch mal zu durchbrechen und Probleme konzentriert und engagiert anzupacken. Unserer Erfahrung nach ist es dabei besonders wichtig, daß die Teams nicht nur für die Empfehlung von Veränderungsvorschlägen, sondern auch für die Umsetzung ihrer Ideen verantwortlich sind."

Viele Mitarbeiter, die von dem Veränderungsprogramm unmittelbar betroffen sind, geben zu, anfangs eher skeptisch gewesen zu sein. Erst als sie sahen, daß die „falschen" Leute – Hofdiener und Jasager – das Wort führten, erkannten sie, daß es mit ihnen allen bergab gehen würde, wenn sie sich nicht selbst engagierten.

Die Grundüberlegung bei der Umstrukturierung war, daß ein großer Teil der Arbeitsaufgaben auf den verschiedenen Ebenen ebenso gut von der nächsttieferen Ebene erledigt werden konnte. Nachdem die Arbeiter dann umfassender ausgebildet waren, konnten sie den 180 Ingenieuren viele zeitraubenden und routinemäßig anfallenden Arbeiten abnehmen.

Nick Hasel schreibt in *Management Today* (Juli 1993): „Nicht alle Mitarbeiter waren überzeugt. Es gibt immer noch zahlreiche Mitarbeiter, die anzweifeln, daß die Leistungserfolge unmittelbar auf das Programm (und nicht etwa auf die allmähliche Beseitigung von Konstruktionsfehlern) zurückzuführen sind; sie halten es nicht für gut, daß die Machtbefugnisse von den Ingenieuren und Technikern auf Mitarbeiter mit umfassenderen Managementfähigkeiten übertragen worden sind."

Doch Ian Tomlin, Leiter des Veränderungsprogramms in *Dungeness B,* weiß Gegenteiliges zu berichten:

„Ich war früher als Gruppenleiter für die Aus- und Weiterbildung zuständig. Ich unterstand dem Ressourcen-Leiter, der seinerseits Mitglied des Management-Teams unter Vorsitz des Kraftwerksdirektors war. Vor Einführung des Empowerment-Programms konnte ich keine Ausgaben zu Lasten meines Budgets selbständig tätigen – ich mußte alles gegenzeichnen lassen. Alle Dokumente, die den Namen des Kraftwerks trugen, mußten

285

vom Kraftwerksdirektor persönlich unterschrieben werden. Ich verlor wertvolle Zeit damit, meine Mitarbeiter loszuschicken, damit sie die entsprechenden Unterschriften ergatterten. Nach der Ermächtigung konnte ich über alle Ausgaben selbst entscheiden und über ein Budget in Höhe von einer Million Pfund verfügen. Dies hat mir eine ungeheuer große Arbeitszufriedenheit verschafft. Vorher hatte ich mich geradezu erniedrigt gefühlt, daß ich alle diese Gegenzeichnungen einholen mußte. Das neue System entlastet aber auch die Führungskräfte, die jetzt keine Berge von Bestellungen mehr unterschreiben müssen."

Lisa Jones, Sachbearbeiterin für externe Schulungsmaßnahmen, arbeitet seit fast fünf Jahren in *Dungeness B:*

„Bei der Buchung von Kursen und Hotelunterkünften müssen verschiedene Antragsformulare ausgefüllt werden. Früher mußte ich die gegenzeichnen lassen, aber jetzt kann ich selbst unterschreiben. Das erspart mir viel Wartezeit. Außerdem können die Leute vom Reisebüro oder die Kursleiter jetzt direkt mit mir verhandeln und brauchen nicht an meinen Chef weitervermittelt zu werden. Auch die Post geht jetzt gleich an mich. Ich fühle mich für alles viel zuständiger als früher und freue mich, daß ich selbst verantwortlich bin."

Marriott

In den späten 80er Jahren sah sich *Marriott* in Anbetracht eines weltweit verstärkten Wettbewerbs in der Hotelbranche, eines Überangebots an Hotelzimmern in den USA und insgesamt härterer Wirtschaftsbedingungen zu Überlegungen veranlaßt, wie das Unternehmen seine Marktposition verbessern könnte.

Die Hotelkette erkannte, daß ein Erfolg nicht von einer Veränderung des Produkts oder einem günstigeren Preisangebot abhängig war: Ausschlaggebend war ein im Vergleich zur Konkurrenz besseres, stärker am Kunden orientiertes Verhalten des Service-Personals. Also leitete *Marriott* 1987 ein *Total-Quality*-Programm ein – mit dem Ziel, den bisherigen Kundendienstschwerpunkt des Unternehmens von einem ablaufbezogenen Ansatz auf einen Ansatz nach dem Motto „Koste es, was es wolle" zu verlagern.

Das Unternehmen war sich zwar über die Zielsetzung im klaren und hatte auch schon mit verschiedenen Initiativen begonnen, wußte aber nicht recht, wie es vorgehen sollte; also wandte sich das Unternehmen an seine Lieferanten und fragte dort um Rat.

Im Lauf des Jahres 1990 besuchten die meisten leitenden Führungskräfte von *Marriott* einige Lieferanten des Unternehmens, darunter *Milliken*, *AT&T* sowie *Fed Ex,* um zu ermitteln, wie dort die Qualitätsprogramme funktionierten. Auf der Basis dieser Leistungsvergleiche und seiner bisherigen Erfahrungen entwickelte *Marriott* seine eigene Version von *Total Quality Management (TQM)*.

Marriott untersuchte auch mit aller Sorgfalt solche Faktoren, die einen Einfluß auf den Eindruck der Kunden vom Service in den unternehmenseigenen Hotels hatten. Berücksichtigt wurde auch, daß die Hotelgäste in erster Linie mit dem Personal am Empfang, der Hausverwaltung und der Bedienung im Restaurant zu tun haben; der Eindruck der Gäste vom Hotel und vom Unternehmen insgesamt wird somit vorrangig durch das Verhalten der Mitarbeiter vor Ort geprägt. Folglich konnte die Service-Qualität nur dadurch verbessert werden, daß den Mitarbeitern im direkten Kundenverkehr größere Verantwortung zugestanden wurde; entsprechend galt Empowerment als eines der wichtigsten Elemente im *TQM*-Programm von *Marriott*. Der formale Veränderungs- und Schulungsprozeß betraf vor allem die folgenden drei Bereiche:

– Begeisterung der Mitarbeiter für die Erreichung eindeutig definierter Ziele;
– Entwicklung von Problemlösungsfähigkeiten;
– Schaffung einer Unternehmenskultur mit Ausrichtung auf kontinuierliche Verbesserung und nicht nur Realisierung statischer Leistungsziele.

Die Schulung erfolgt in drei Teilen – *TQM 1* bis *TQM 3*. *TQM 1* war mit Empowerment befaßt. Ausgewählte Mitarbeiter nahmen an externen Kursen teil, die unter anderem auch Rollenspiele, Seminare und Diskussionsrunden vorsahen. Zu den behandelten Themen zählten Psychologie, Motivation, Beratung und Fehlerkorrektur.

Anschließend wurden die Mitarbeiter von denselben Kursleitern in ihren jeweiligen Hotels unterrichtet. Wieder fanden in erster Linie Rollenspiele und Übungen statt. Die Zweckbestimmung von Empowerment-Initiativen wurde unter Bezugnahme auf die Gäste, die Kollegen und *Marriott* als Gesamtunternehmen erläutert.

Beispiele für *TQM* und Empowerment im Hotelalltag werden in *Share it,* einer betriebsinternen Qualitätszeitung, gesammelt und veröffentlicht. Die Zeitung führt alle wichtigen Ergebnisse im Detail auf und trägt zur Verbreitung von *TQM* in allen *Marriott*-Hotels bei. Zugleich dient sie als „Ideenbörse" für die verschiedenen Hotels.

Im Rahmen des Empowerment sind alle *Marriott*-Mitarbeiter dafür verantwortlich, stets zum Wohl des Kunden zu handeln: Das Personal kann eigenständig Maßnahmen ergreifen, um Probleme abzuwenden oder zu lösen, ohne zuerst die Genehmigung ihres Vorgesetzten einholen zu müssen. Auf diese Weise lassen sich die meisten Kundenprobleme und -beschwerden von vornherein vermeiden. Sofern dennoch Probleme auftreten, sind die Mitarbeiter ermächtigt, diese unverzüglich zu lösen und gegebenenfalls auch Wiedergutmachungen vorzunehmen.

Eine Situation, die einem Gast einen schlechten Eindruck von *Marriott* hinterlassen könnte, kann bei geschicktem Vorgehen seitens der Mitarbeiter durchaus in einen positiven Eindruck umgekehrt werden und die Kundenloyalität festigen. Dazu aber müssen die Mitarbeiter die einem Empowerment zugrundeliegenden Prinzipien verstehen und selbst abschätzen können, was in einer Situation zu tun ist. Neue Managementverfahren, Schulungsmaßnahmen für das Personal und ein grundlegender Wandel in der Unternehmenskultur waren ebenso entscheidend wie ein behutsames, angemessenes Vorgehen bei der Bewältigung von Fehlern. Mitarbeiter, die Situationen falsch eingeschätzt oder sich übereifrig für einen Ausgleich bei vergleichsweise geringfügigen Problemen eingesetzt hatten, mußten vernünftig beraten werden – ohne sie zu entmutigen, bei einem nächsten Mal wieder die Initiative zu ergreifen.

Empowerment setzt Vertrauen und Zuversicht voraus – bei den Führungskräften ebenso wie beim Personal. Das System sichert den Mitarbeitern zu, daß ihre Vorschläge berücksichtigt und ihre Aktionen „von oben" unterstützt werden.

Die Einbeziehung der Mitarbeiter in den Prozeß der Entscheidungsfindung erhöht deren Selbstwert in der Organisation und zahlt sich einmal mehr in Form von Kostenreduzierung und Service-Verbesserung aus: Mitarbeiter, die mit der eigentlichen Durchführung der Arbeiten vor Ort befaßt sind, wissen häufig viel besser als ihre Vorgesetzten, was „läuft"; entsprechend können sie auch am besten beurteilen, wie Arbeitsabläufe zu straffen sind.

Ein Beispiel hierfür ereignete sich kürzlich im *London Marriott Hotel* am *Grosvenor Square:* Das Problem bestand darin, daß die abgestellten Raumservice-Tabletts möglichst schnell aus den Fluren geräumt werden sollten. Eigentlich waren die Mitarbeiter vom Raumservice für das Einsammeln der Tabletts verantwortlich, aber es erwies sich dennoch als schwierig, die Flure stets in aufgeräumtem Zustand zu halten. Ein Mitarbeiterteam nahm sich des Problems an, untersuchte die Situation und entwickelte Lösungsmöglichkeiten. Das Ergebnis bestand schließlich in einer Änderung der Verantwortlichkeiten: Jeder Mitarbeiter, der irgendwo abgestellte Tabletts in den Fluren sah, mußte diese nun sofort mitnehmen. Um die Mitarbeit des Personals zu fördern, trägt jedes Tablett einen Aufkleber, der von demjenigen, der das Tablett wegräumt, abgelöst wird. Die Aufkleber werden gesammelt und können gegen Gratifikationen wie eine Flasche Wein oder ein Essen im Restaurant eingetauscht werden.

Auf diese Weise verschwanden die Tabletts nicht nur schneller aus den Fluren; auch das Raumpflegepersonal konnte sich die Zeit sparen, nach abgestellten Tabletts zu suchen, und sich entsprechend anderen Aufgaben zuwenden. Ein Mitarbeiter äußerte sich folgendermaßen: „Mit der Meinung, der eigene Job sei nicht weiter wichtig, liegt man falsch. Nicht der Job macht einen wichtig – entscheidend ist die Art und Weise der Durchführung."

Ein weiteres *TQM*-Element war die Einweisung der Mitarbeiter in bezug auf andere Arbeitsplätze: *Marriott* hat die Feststellung gemacht, daß die Befähigung des Personals zur Durchführung verschiedener Funktionen im Hotel motivierende Auswirkung hat – die Mitarbeiter konnten vielfältigere Aufgaben verrichten und übernahmen in einigen Fällen auch mehr Verantwortung in ihren Arbeitsbereichen. Insgesamt gereicht dem Hotel ein flexibleres und besser geschultes Personal zum Vorteil.

Es gibt zahlreiche und vielfältige Beispiele für praktisches Empowerment*; Marriott* hat im vergangenen Jahr einige Beispiele in der Werbung benutzt:

- Ein Gast in einem *Marriott*-Hotel in Washington, D.C., hatte die Aufforderung erhalten, Präsident Clinton bei seinem morgendlichen Jogging zu begleiten. Der Gast hatte nicht damit gerechnet und weder einen Trainingsanzug noch Turnschuhe dabei. Es war schon spät abends, und die Geschäfte waren geschlossen; also lieh ein Mitarbeiter dem Gast seinen Trainingsanzug und ein Paar brandneue Laufschuhe. Der Gast konnte am folgenden Morgen in passender Kleidung am Präsidenten-Lauf teilnehmen.
- Ein anderer Gast im *Romulus-Marriott* in Michigan hatte ein Gepäckstück im Flughafenbus liegenlassen. Allerdings bemerkte er das Malheur erst bei seiner Ankunft in Miami, wo er an Bord eines Kreuzfahrtschiffes gehen wollte. Er wendete sich an eine Mitarbeiterin des *Marriott*-Flughafenhotels in Miami, die umgehend ihren Kollegen im *Romulus* anrief. Dieser Kollege sorgte dafür, daß der Koffer mit dem nächsten Flug mitgehen konnte, schickte ihn zum Flughafen und faxte den Gepäckabholschein ins Hotel in Miami. Die Mitarbeiter dort holten den Koffer ab und brachten ihn noch rechtzeitig vor Abfahrt des Gastes an Bord des Schiffes.
- Ein Raumpfleger in einem *Marriott*-Hotel in San Francisco hörte einmal zufällig, wie sich ein Gast beklagte, er habe 50 Cent in einem Getränkeautomat verloren. Unverzüglich griff er in die eigene Tasche und gab dem Gast die 50 Cent – sehr zur Überraschung und Zufriedenheit des Gastes.

Ausschlaggebend war weniger die Lockerung der Vorschriften als vielmehr ein allmählicher Wandel in der Unternehmenskultur. Es gibt nach wie vor Richtlinien in bezug auf Empowerment und Qualität. Aber schon die Tatsache, daß Vorschläge seitens des Personals begrüßt werden, ist den Mitarbeitern ein Anreiz, über ihre Arbeit und ihren Eindruck auf Gäste und Kollegen nachzudenken. Und nachdem dieser Denkprozeß einmal eingesetzt hatte, konnten die Mitarbeiter die Empowerment-Ziele auch besser verstehen und von sich aus überlegen, wie sie ihren Service dem Gast gegenüber verbessern konnten. So äußerte einer der Mitarbeiter: „Ich fühle mich eher einem Team zugehörig – ich kann selbst Entscheidungen treffen und Vorschläge machen, und ich werde von meinem Vorgesetzten anerkannt."

Je deutlicher zu erkennen war, daß sich die Führungskräfte und Vorgesetzten an den neuen Arbeitsstil hielten, desto mehr veränderten auch die einzelnen Mitarbeiter ihr Verhalten und ihre Arbeitsweise. Ein Ereignis im September 1992 fügte dem *Marriott*-Qualitätsprogramm eine weitere Dimension hinzu: Das Unternehmen schloß im Vereinigten Königreich einen Mantelkonzessionsvertrag mit *Scott's Hotels Ltd.* ab, und über Nacht wurden 13 *Holiday-Inn*-Hotels in *Marriott*-Hotels umbenannt.

In den Monaten unmittelbar vor und nach der Umstellung wurden die Mitarbeiter in den *Scott's*-Hotels umfassend geschult und in die *Marriott*-Prinzipien nach dem Motto „Koste es, was es wolle" eingewiesen. Es wurde ein Schulungsprogramm mit Schwerpunkt auf dem Service gegenüber internen Kunden entwickelt, und in verschiedenen Qualitätszirkeln mit Vertretern aller Unternehmensbereiche wurde vermittelt, wie die Kollegen auf den Qualitätsprozeß einzustimmen waren. Die hausinternen *Marriott*-Kursleiter und ausgewählte Mitarbeiter waren an den Schulungsmaßnahmen im Vereinigten Königreich beteiligt, und umgekehrt verbrachten wichtige Mitarbeiter der *Scott's*-Hotels einige Zeit in den USA, um auf diese Weise einen nahtlosen Übergang zu gewährleisten.

Bei einem so großen und vielfältigen Vorhaben wie der *Marriott*-Qualitätsinitiative – die Kette umfaßt 750 Hotels in 22 Ländern – war kaum zu vermeiden, daß es hier und dort Hindernisse zu überwinden galt – darunter auch den anfänglichen Widerstand gegen Veränderungen schlechthin. *Marriott* ging zunächst davon aus, das Problem müsse „von unten nach oben" gelöst werden: Wenn die einfachsten Mitarbeiter einen neuen Arbeitsstil hätten, würden auch die leitenden Mitarbeiter mehr Vertrauen zu dem Programm gewinnen.

Es stellte sich dann aber heraus, daß auch eine behutsame Einflußnahme „von oben nach unten" erforderlich war: Das Personal mußte erkennen können, daß sich auch die Geschäftsführung voll und ganz zu den neuen Prinzipien bekannte.

Es kam zu Anfang auch zu Verärgerung bezüglich des Zeitaufwands für die Umsetzung der neuen Initiative: Einige Mitarbeiter waren der Meinung, daß sie die Zeit für Problemlösungen, Sitzungen und Schulungen in Anbetracht ihrer vorhandenen Arbeitsbelastung nicht erübrigen konnten. Doch diese Vorbehalte verloren mit fortschreitendem Prozeß an Bedeutung.

Mit Schwierigkeiten dieser Art hatte man gerechnet, aber es gab auch „nicht eingeplante" Probleme zu bewältigen: Man mußte die Mitarbeiter erst davon überzeugen, daß es sich bei der Umstrukturierung nicht etwa um das „Mitarbeiter-Motivationsprogramm des Jahres" handelte, sondern um einen kontinuierlichen Prozeß des Wandels.

Der Empowerment-Prozeß bei *Marriott* hat zu einer dynamischeren, kreativeren und kommunikationsbereiteren Belegschaft geführt: In allen Funktionsbereichen und auf allen Unternehmensebenen werden von den Mitarbeitern Vorschläge vorgebracht. Auch die Rolle der Führungskräfte hat sich geändert: Die Vorgesetzten sind ihren Mitarbeitern gegenüber viel aufgeschlossener – Empowerment verträgt sich nicht mit einem diktatorischen Führungsstil.

In einigen Bereichen bleibt noch eine Menge zu tun – zum Beispiel gilt es, in allen *Marriott*-Hotels einen einheitlichen Service-Standard zu wahren. Dies ist ein zentrales Anliegen bei *Marriott:* In San Francisco und Warschau ist die Raumausstattung genauso wie in Hongkong, was besonders für Geschäftsreisende wichtig ist.

Einige Hotels haben mehr Service-Verbesserungen eingeführt als andere. Entsprechend müssen einerseits die Initiativen in den besonders aktiven Hotels behutsam gebremst werden, ohne deren Begeisterung allzusehr zu dämpfen; andererseits soll den Leuten an anderen Orten, die noch ein bißchen „hinterherhinken", unter die Arme gegriffen werden.

Qualität ist bei *Marriott* ein kontinuierlicher Prozeß: Die Mitarbeiter werden rund um die Welt laufend mit Schulungsmaßnahmen und Aus- und

Weiterbildung konfrontiert. Das Unternehmen verfolgt ein aggressives internationales Entwicklungsprogramm mit dem Ziel, in allen wichtigen Hauptstädten der Welt vertreten zu sein. Qualität ist für Entscheidungen in diesem Zusammenhang von zentraler Bedeutung – gleich, ob die neuen Objekte von *Marriott* oder von Franchisepartnern betreut werden.

Kimberly Clark

Der *Service and Industrial Sector* von *Kimberly Clark* wurde gegründet, nachdem der Konzern in Wirtschaftsbereichen aktiv geworden war, die ganz Europa umfaßten. Die Unternehmensleitung im *Service and Industrial Sector* vertiefte sich in die derzeitigen Managementtheorien, entschied sich schließlich für eine Reihe neuer Managementprinzipien und nahm eine entsprechende Umstrukturierung vor. Dabei entstand – gewissermaßen über Nacht – eine Empowerment-Organisation.

Kimberly Clark ist ein Weltkonzern mit 7 Milliarden Pfund Jahresumsatz, der vorwiegend eine breite Palette an Produkten für Privatverbraucher, Geschäftskunden und Industrieabnehmer fertigt und vertreibt: Fließstoffe aller Art; Windeln, Damenbinden und Inkontinenzprodukte; Wischer für Industriezwecke; Krankenpflegeprodukte; Zeitungspapier; Druckpapier; Papier für technische Anwendungen; und sogar Dienstleistungen im Flugverkehr und Luftfrachttransport.

Der *Service and Industrial Sector* war als einer von vier europäischen Marktsektoren im Jahr 1988 gebildet worden. Zuvor hatte der Konzern seine Geschäfte in den einzelnen Ländern autonom abgewickelt. Jetzt aber mußte Brian Howes, Bereichsleiter für den *Service and Industrial Sector,* eine kundenorientierte Geschäftsabwicklung organisieren – mit vollintegrierten Funktionsbereichen für Verkauf, Marketing, Vertrieb, Fertigung sowie Forschung und Entwicklung.

Die neue Organisation entschied sich für eine neue Struktur. So wurden drei Gruppen von Teams mit drei verschiedenen Schwerpunkten gegründet: Die erste Gruppe war lokal orientiert und umfaßte Teams in den Bereichen *Verkauf* und *Marketing;* die zweite Gruppe galt der Fertigung unter paneuropäischem Aspekt; und eine dritte Gruppe von Teams befaßte sich mit globalen Aspekten der Technologieanwendung.

„Wir haben aber mehr Positives als Negatives von der alten Organisationsstruktur übernommen", sagt Howes. „Fünfundzwanzig bis dreißig Jahre Geschäftstätigkeit auf verschiedenen Märkten bedeuten, daß wir auf gute Mitarbeiter zurückgreifen, einige Marktlizenzen nutzen und viele Werte gemeinsam vertreten konnten – darunter die bereits gut eingeführten Prinzipien zum Qualitätsmanagement und ein allmähliches Bewußtsein für die Bedeutung einer sogenannten ‚Weltklasse-Fertigung'. Auch wurde uns immer deutlicher bewußt, daß sich die Wettbewerbsbasis in einem raschen Wandel befand. In der ‚Weltklasse-Welt' galt die Flexibilität der Organisation und ganz besonders der darin arbeitenden Mitarbeiter als Grundvoraussetzung für organisatorisches Überleben. Ich stellte fest, daß die personelle Besetzung der Organisation keine Schwierigkeiten bereitete. Unsere große Managementaufgabe war vielmehr eine kulturelle Revolution, in der die Macht unserer Leute vorrangig war. Mir wurde klar, daß alle Kenntnisse und Erfahrungen in bezug auf unsere Kunden, unsere Fertigungsprozesse, unseren Vertrieb, unsere Systeme – kurz, nahezu alles, was für den Unternehmenserfolg ausschlaggebend war – bei unseren Mitarbeitern lagen. Wir begannen, dieses Potential freizusetzen."

Die Unternehmensleitung und Brian Howes gingen für einige Tage in Klausur, um ihre Gedanken zu sammeln. Auf dieser Klausurtagung entstanden vier richtungweisende Prinzipien für die Entscheidungsprozesse – gewissermaßen als Ecksteine für alles Weitere. Howes erläutert: „Es handelt sich keineswegs um einmalige Prinzipien, aber wir haben sie uns selbst gewählt, und sie verbinden uns bis auf den heutigen Tag in unserer Ausrichtung auf eine gemeinsame Zielsetzung."

Die vier Entscheidungsprinzipien lauten:

– Kennenlernen der Kunden;
– kontinuierliche Wertsteigerung bei allen Tätigkeiten;
– schnelle Innovation;
– Aufgabendelegierung und Einbeziehung der Mitarbeiter; Vertrauen und Gelassenheit.

Das Management-Team sorgte für die Beseitigung der alten Hierarchie und ersetzte sie durch „Netze". Die wichtigsten Aktionsteams wurden in den Bereichen *Produktion, Entwicklung, Verkauf* und *Marketing, Stütz-*

dienste und *Logistik* gebildet. Die europäische Organisation mit 1000 Mitarbeitern wurde auf 100 Teams aufgeteilt. Die Teammitglieder bildeten ihre eigenen „Netze", ohne daß diese von den leitenden Führungskräften vorgeschrieben wurden. „Wir verglichen ein ermächtigtes Team mit einem Orchester, in dem die Unternehmensleitung die Noten bereitstellt, der Teamleiter als Dirigent fungiert und die Teammitglieder hochqualifizierte Musiker sind."

Die Prinzipien wurden in einer neuen Fabrik bei Coleshill im nördlichen Wales getestet und sogar auf die Bereiche *Design* und *Konstruktion* übertragen. Damit wurde beabsichtigt, den Teams ein Gefühl des Stolzes auf ihr Unternehmen und ihren Arbeitsplatz zu vermitteln. Die Räumlichkeiten sind inzwischen so angelegt, daß Teamarbeit gefördert wird – es gibt keine Trennwände zwischen den betrieblichen Bereichen, und die Büros sind in den Arbeitsplatz integriert und nicht mehr in einem getrennten Gebäude untergebracht.

In der Fabrik selbst wurde der Prozeßablauf so umgestaltet, daß Komplexitäten verringert wurden und eigenverantwortliche Teams unter Vermeidung unnötiger Gemeinkosten die Verantwortung übernehmen konnten. Auf dem Boden wurden Markierungen angebracht, aus denen ersichtlich wurde, wohin das Produkt in den verschiedenen Stadien des Fertigungsprozesses transportiert werden mußte. Die Teams wußten, daß sie genug produziert hatten, wenn die Lager (die sogenannten *Kan Bans*) voll waren. Waren die Lager leer, wußte das Team, daß weiter produziert werden mußte. (*Kan Ban* ist ein *JIT*-Fachausdruck, und tatsächlich wurde die gesamte Fabrik auf der Basis einer beständelosen Materialwirtschaft betrieben. Die Teams waren auch für die Durchführung eines vorbeugenden Wartungsdienstes zuständig.)

Schulungsmaßnahmen waren besonders angebracht im Fall einer Gruppe, die eine 30-Millionen-Pfund-Anlage betreiben sollte. Die Teams begannen sechs Monate vor Inbetriebnahme mit der Schulung. Dazu zählten auch Kurse über Qualitätsmanagement sowie externe Schulungsmaßnahmen, um sicherzustellen, daß die Teammitglieder ihre Aufgaben im Team kennenlernten. Die Mitarbeiter werden als Mitglieder des Fertigungsteams bezeichnet und arbeiten im Schichtbetrieb. Sie erhalten ein Jahresgehalt und werden für Überstunden nicht besonders entlohnt. Damit wird eine Aufhebung der Unterscheidung zwischen den auf Stunden-basis bezahlten Arbeitern einerseits und den Angestellten andererseits be-zweckt. Auf 100 Mitglieder der Fertigungsteams kommen 20 Angestellte mit unterstützenden Funktionen.

Auch in seinem neuen Geschäfts- und Technologiezentrum in Northop im nördlichen Wales ist das Unternehmen um Schaffung einer Empower-ment-Atmosphäre bemüht. Dort gibt es ebenfalls keine abgeschlossenen Büroräume; die Großraumbüros vermitteln ein interaktives Arbeitsklima, während für Netz- und Teambesprechungen Sitzungsräume zur Verfügung stehen. Vier Leute erledigen die Sekretariatsarbeiten für 40 Mitarbeiter. Howes sagt dazu: „Sie werden als gleichwertige Teammitglieder angese-hen. Sie sind keine Untergebenen. Zu ihrem Arbeitsbereich zählen Ver-waltungsarbeiten und Einkauf ebenso wie die Erledigung des Schriftver-kehrs und die Anfertigung von Anschauungsmaterial. Wenn Empower-ment funktionieren soll, kann man die Leute nicht mit allzuviel Bürokra-tie belasten; entsprechend machen wir auch umfangreichen Gebrauch von *E-Mail,* um übermäßigen Papierkram zu vermeiden."

Nachdem sich die neuen Prozesse in den Neugründungen „auf der grünen Wiese" als wirksam erwiesen haben, gehen auch die anderen Fabriken zu-nehmend zu den neuen Arbeitspraktiken über.

Howes gesteht freimütig, *Kimberly Clark* arbeite immer noch an seinen Ideen. Er erläutert die grundlegenden Schritte: „Wir begannen mit der

- Festlegung hoher Standards und Unterstützung der Mitarbeiter in dem Bemühen, diesen Standards gerecht zu werden.

Dann befaßten wir uns mit den folgenden Prinzipien:

- Mitarbeitereinbeziehung;
- Einsatz geschulter, flexibler Mitarbeiter als wichtigstes Werkzeug zur Schaffung von Mehrwert;
- Empowerment.

Heute sprechen wir über:

– Freisetzung von Eigenmotivation durch Einbeziehung der Mitarbeiter, Aktivierung von Energien und Belohnung von Initiative."

Zwecks Verstärkung von Empowerment beseitigte der *Service and Industrial Sector* von *Kimberly Clark* auch alle äußeren Machtsymbole, die nach Meinung der Unternehmensleitung eher einschüchtern und insoweit herabwürdigend wirken, als sie in einer von Teamarbeit geprägten Arbeitsatmosphäre keinen Platz haben: also weg mit Titeln, Parkprivilegien, imposanten Büros, Direktoren-Eßräumen, diktatorischem Verhalten und anderen Statusindikatoren. Vielmehr konzentrierte sich die Unternehmensleitung auf die Abschaffung bürokratischer Vorgänge. So wurde jeder Mitarbeiter aufgefordert, darüber zu befinden, ob ein Treffen wichtig war oder nicht, und wer ein solches Treffen nicht für wichtig hielt, konnte auch beschließen, diesem fernzubleiben.

Die Berichterstattung wurde sorgfältig überprüft, um festzustellen, ob sie im Einzelfall überhaupt erforderlich war. Manchmal wurden Berichte zusammengestellt und verfaßt, die hinterher niemand benutzte. Diese unnötigen Arbeiten sind inzwischen weitgehend eingestellt. Die Mitarbeiter wurden auch aufgefordert, jeweils zu überlegen, inwieweit der auf ihrem Schreibtisch landende Papierkram tatsächlich für sie von Nutzen war. Wer feststellte, daß bestimmte Unterlagen für ihn nicht mehr relevant waren, sollte sich von der Verteilerliste streichen lassen.

Die Führungsebenen wurden abgeschafft, die Schulungsebenen dafür aufgestockt; und das Unternehmen stellte eine gewisse Beschäftigungsgarantie für diejenigen in Aussicht, die tatkräftig mitmachten. Gleichzeitig wurden die Mitarbeiter aufgefordert, ihre Aufmerksamkeit auf den Kunden als eine Quelle der Stärke, nicht aber nach innen auf organisatorische Belange zu konzentrieren.

Howes zufolge hat sich der *Service and Industrial Sector* seit dem Wandel zu einer produktiven, kundenorientierten und flexiblen Organisation mit motivierten Mitarbeitern entwickelt, deren Leitung geradezu Freude bereitet.

In den letzten fünf Jahren sind allerdings einige Probleme aufgetaucht. Zum Beispiel stellt sich die Frage, ob Teamleiter ernannt werden sollen oder ob die Teamleitung je nach anstehender Thematik wechseln muß. Howes meint dazu: „Die Antwort hängt vermutlich vom Entwicklungsstadium des Teams beziehungsweise von der Reife der Teammitglieder ab. Bei unserer Entwicklung in Richtung Selbsteinschätzung haben wir die Erfahrung gemacht, daß einige Leute auch weiterhin auf Anleitung und Beratung angewiesen sind, und mittlerweile befürworte ich einen vierstufigen Empowerment-Ansatz: Das Teammitglied wird von seinem Teamleiter zunächst angeleitet, dann beraten, dann nur noch unterstützt und schließlich ermächtigt. Empowerment in vollem Umfang wird nur erzielt, wenn die Teammitglieder als kompetent anzusehen sind. Dies mag selbstverständlich erscheinen, aber in der Praxis ist dies keineswegs gegeben."

Nach fünf Jahren führte *Kimberly Clark* eine Umfrage unter den Teammitgliedern durch, um zu erfahren, ob das Programm als erfolgreich gilt: 59 Prozent der Mitarbeiter meinen, in einem gewissen oder auch hohen Maß ermächtigt zu sein. Merkwürdigerweise halten sich die Führungskräfte in höherem Maß ermächtigt als ihre Teams. Im Gegensatz zu den Bereichen *Fertigung* und *Forschung und Entwicklung*, wo die Leute meist eng in Teams zusammenarbeiten, ist der Eindruck von echtem Empowerment im Außendienstbereich, wo häufig Einzelkämpfer auf Anleitung von oben arbeiten, noch nicht so stark ausgeprägt.

Wörtliche Kommentare des Teamleiters im Bereich *Verkauf und Marketing* in Deutschland vermitteln einen weiteren Einblick, wie Empowerment in die Praxis umzusetzen ist:

– Der Prozeß braucht vier bis fünf Jahre lang einen „Treiber" aus der Unternehmensleitung.
– Mittelmanager versuchen lange Zeit, ihre Machtposition zu wahren.
– Es müssen alternative Karrieremöglichkeiten geschaffen werden.
– Statussymbole der einen oder anderen Art wird es immer geben.
– Empowerment bedarf kontinuierlicher Verstärkung und ständiger Unterstützung.
– Die Teams müssen sich mit dem Ergebnis ihrer Aktivitäten identifizieren und entsprechende Anreize erhalten.

Die Führungskräfte von *Kimberly Clark* stehen auch vor der schwierigen Aufgabe, alternative Karrieremöglichkeiten an die Stelle einer hierarchischen Struktur zu setzen. Das Unternehmen hat spezielle Teams mit der Erkundung solcher Karrieremöglichkeiten beauftragt, um einen Strukturrahmen für die persönliche Karrierelaufbahn zu erarbeiten. Die einzelnen Mitarbeiter sollen auf der Karriereleiter entsprechend ihrer Fähigkeiten und ihres Wertes für die Organisation befördert werden können.

Zu den besonders interessanten Schwierigkeiten zählt ein Problem, mit dem niemand gerechnet hatte: Was geschieht, wenn eine Empowerment-Organisation mit einer weniger fortschrittlichen Organisation zu tun hat? Die von ihrer neuen Mission begeisterten und ermächtigten Teammitglieder stießen bei ihren weniger ermächtigten Kollegen auf

– Mißtrauen,
– Verärgerung,
– Ungeduld und
– Vorbehalte.

Ein weiteres Problem, für das der *Service and Industrial Sector* von *Kimberly Clark* immer noch eine Antwort sucht, ist die Schaffung von angemessenen Anreizen.

Derzeit wird eine Art Ausgleich angestrebt – ein Ausgleich zwischen Gewinnbeteiligung beziehungsweise gewinnabhängiger Vergütung auf Basis des Erfolgs des Unternehmens oder der Unternehmenseinheit einerseits und leistungsabhängigen Anreizen auf Basis der Erreichung bestimmter kurzfristiger Ziele andererseits.

„In der ersten Zeit hielten wir es für richtig, die Teams insgesamt für gute Zusammenarbeit zu belohnen", sagt Howes. „Doch inzwischen werden die Teams aufgefordert, sich selbst einzuschätzen. Sie stimmen sich über ihre eigenen Ziele ab, stellen Erfolgskriterien auf und liefern am Jahresende einen Bericht ab. Der Bonus wird als prozentualer Anteil am Gehalt berechnet. Probleme entstehen allerdings, wenn Dutzende von Teams unterschiedliche Zielsetzungen verfolgen. Das kann natürlich zu Unstimmigkeiten führen. Die Unternehmensleitung muß also den Überblick behalten und für eine Gleichgewichtigkeit der Ziele in den verschiedenen Teams sorgen. In dem Bemühen, dieses Problem in den Griff zu bekommen, tendieren wir mittlerweile zu umfassenderen Zielsetzungen und größeren Teams. Es ist fairer, Anreize auf einer breiteren Basis zu schaffen – für Teams mit etwa vierzig und nicht sechs Mitarbeitern. Dennoch müssen wir auch sicherstellen, daß der einzelne Mitarbeiter nach wie vor das Gefühl hat, Einfluß auf sein Team nehmen zu können. Wir sind bemüht, ein Arbeitsklima zu schaffen, in dem sich die Mitarbeiter aktiv und interessiert engagieren, weil sie davon ausgehen, daß ihr Verhalten ihnen persönlich etwas einbringt."

Eines steht für die Führungskräfte beim *Service and Industrial Sector* von *Kimberly Clark* allerdings fest: Es muß Anreize der einen oder anderen Art geben, um Teamleistung zu erzielen. „Die einzelnen Mitarbeiter müssen sich wie die Teams eindeutig mit dem Endprodukt identifizieren können – andernfalls verliert Empowerment immer mehr an Substanz", sagt Howes.

„Ich gehe davon aus, daß die Veränderungen, die wir in unserer Organisation vorgenommen haben, Bestand haben. Ich hätte überhaupt keinen Mut mehr, mich der heutigen harten Wettbewerbssituation noch mit einer hierarchisch strukturierten, bürokratischen Organisation zu stellen. Ich bin fest davon überzeugt, daß Empowerment der Schlüssel für den Erfolg unserer kulturellen Revolution im Unternehmen gewesen ist und uns heute die Flexibilität ermöglicht, derer wir für erhöhte Wettbewerbsfähigkeit in der Zukunft bedürfen. Meiner Erfahrung nach gibt es fünf Ecksteine beim Empowerment, die für eine erfolgreiche Umsetzung von entscheidender Bedeutung sind:

– Verständnis der Unternehmensstrategie;
– Schaffung eindeutiger Richtlinien;
– Zugang zu Informationen;
– Kompetenz der einzelnen Mitarbeiter;
– Belohnung auf der Basis von Teamresultaten."

Chiat/Day

Gelten schon Werbeagenturen schlechthin als „Kreativschmieden", so ist eine kalifornische Werbeagentur als völlig „von der Rolle" zu bezeichnen: *Chiat/Day,* eine Agentur mit Sitz in Los Angeles, hat ihre Organisationsstruktur buchstäblich umgekrempelt.

1976 schaffte Jay Chiat, der Vorsitzende der Agentur, die geschlossenen Büroräume ab und richtete ein Großraumbüro mit Nischen ein, wo auch die leitenden Führungskräfte arbeiteten. Nun hat er auch die Büronischen abgeschafft – mitsamt Schreibtischen, Telefonen, Computer-Terminals und Aktenablagen.

Die Mitarbeiter arbeiten jetzt immer dort, wo sie gerade gebraucht werden: mit einem Kunden in einem der Projekt- oder Sitzungsräume von *Chiat* (wobei jedem Kunden ein bestimmter Raum vorbehalten ist); an einem der nach Bedarf gemeinsam zu nutzenden Computer-Arbeitsplätze; zu Hause; oder auch im Auto. Verstärkt werden die Mitarbeiter auch aufgefordert, bei ihren Kunden im Büro zu arbeiten. „Wir wollen die Aufmerksamkeit unserer Mitarbeiter auf das Kundenunternehmen ausrichten und sie von internen Angelegenheiten wie der Frage, wer das schönere Büro hat, abbringen", teilte Chiat der *Financial Times* mit.[1]

Diese Mobilität wird zum großen Teil durch die kreative Technologieanwendung bei *Chiat/Day* ermöglicht: Anstatt fest installierter Telefone trägt jeder Mitarbeiter ein „Handy" mit einer eigenen Nummer mit sich herum und arbeitet mit einem *Notebook*-Computer anstatt an einem festen Terminal. Projektunterlagen und Unternehmensinformationen werden über Scanner-Geräte in den Computer eingegeben und in einer Zentralbibliothek erfaßt.

Jay Chiat bezeichnet die neue Struktur als „Team-Architektur" und hofft, auf diese Weise die Interaktionen unter den Mitarbeitern zu fördern und so Teamarbeit und Kreativität zu verbessern. Er rechnet auch mit einem finanziellen Gewinn, zumal die Agentur weniger Büroraum für ihre Mitarbeiter benötigt.

Die Team-Architektur und der entsprechende Arbeitsstil sind im Vergleich zu einer traditionellen Büroatmosphäre das, was ein Universitätsleben gegenüber dem Schulalltag ausmacht: Man sitzt nicht den ganzen Tag am Schreibtisch und arbeitet unter strenger Aufsicht, sondern kann auch einfach gehen und dort arbeiten, wo man eben am besten arbeiten kann.

Jay Chiat gibt allerdings zu, daß ein derart radikaler Wandel auch riskant ist: „Die Umstellung ist ungeheuer groß. Ich glaube, niemand der Betrof-

fenen hat auch nur eine Vorstellung davon, welch traumatische Erlebnisse
es zu bewältigen gilt und wie lange es dauert, bis sich die Mitarbeiter mit
dem Konzept wirklich angefreundet haben."

Aber er ist guten Muts, daß dies eines Tages der Fall ist.

Literaturhinweis

[1] Dickson, M. (1994) „Dismantling the office", *Financial Times*, 28. Januar 1994

Stichwortverzeichnis

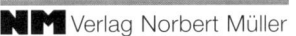